Lady of the Lotus-Born:
The Life and Enlightenment of Yeshe Tsogyal

佛法女性大成就者◆西藏

伊喜・措嘉佛母傳

修道上的追尋與成就

嘉華・蔣秋、南開・寧波◎伏藏書錄
伏藏師塔香・桑天・林巴◎取藏
普賢法譯小組◎中譯
白玉・秋竹仁波切◎審定
特別推薦／宗薩・欽哲仁波切

目次

【中文版前言】

宗薩・欽哲仁波切關於伊喜・措嘉佛母的開示❶

誰是、或說何爲佛陀？從歷史上來看，悉達多太子來到人間，示現證悟而成佛。然而，這是個象徵性的教導。在實相中，「佛陀」是由三種層面而成：法身、報身、化身。這三身從未與我們分離，而最顯而易見或注意到的即是化身。化身可能顯現爲小鳥、妓女、某種物品等；而事實上，伊喜・措嘉佛母本身即是化身的顯現。

續部的法教強調女性的「接受性」，乃因「接受性」此特質對男性或具分別心者較爲缺乏，而在接受加持之時，「接受性」是十分重要的。因此在象徵性的意義上，伊喜・措嘉是由赤松德贊王獻予蓮花生大士的供養；然而於實相中，伊喜・措嘉與我們自己的佛性並無分別。由於伊喜・措嘉的努力不懈，才會有這麼多鮮活溫暖的金剛乘法教得以存續至今，例如普巴金剛的法教，這一切都要歸功於她。

宗薩·欽哲仁波切

二〇一一年三月於台北

編按：內文的註號●為中譯註；〇為英譯註。

❶仁波切於「伊喜·措嘉」與「普巴金剛」灌頂法會上的開示，英文由仁波切定稿並開許為本書序文。

審定者序言

伊喜·措嘉是藏地一位偉大的女性，她的故事在藏地家喻戶曉，並廣爲人們所稱頌。不論是對上師的信心、對佛法的精進修行、對佛行事業的宏揚，以及爲後世留下伏藏法教，伊喜·措嘉都全力以赴，做得盡善盡美，展現出旺盛的生命力與示現應化的意義。其艱苦卓絕的苦行，更令人肅然起敬，精采程度更勝於密勒日巴的苦修。

金剛乘最注重師徒傳承，如何與上師保持清淨的三昧耶，又能完成對上師三悅意服侍，在本書中處處可以見到其蹤跡。在生活上、修行上、法教上、續承上，伊喜·措嘉豎立了一個很好的佛教行者典範，值得我們學習模仿。

當今華人世界學密風氣日漸盛行，很多藏地偉大修行者的傳記陸陸續續翻譯成中文，然專屬於修行女性的傳記較缺乏。欣逢「蓮師翻譯小組」已將藏地偉大女性伊喜·措嘉的傳記譯成英文本，又有「普賢法譯小組」趙雨青、楊書婷、宋伯瑜居士發心將此精采傳記譯成中文，讓大家認識伊喜·措嘉的偉大行持，讓更多的人藉由此書，知道如何當個好弟子、如何好好修行佛法，相信本書對大家在修行上有很大的幫助。

在此我讚歎所有翻譯人員的發心，也勉勵翻譯小組能再發行更多對大眾有益的書籍，讓更多人可以了解佛法偉大之處，進而實踐佛陀教導，提升大家的心靈，豐富生命的價值。

白玉．秋竹仁波切

英文版前言

伊喜·措嘉的生平故事不僅是一則引人入勝的歷史記載，最重要的是，對於如何實踐佛陀教導而言，是最能啓發人心的典範之一。

在佛教傳入藏地的早期，許多神聖的經典多次由梵文譯爲藏文，每一份版本都補足其他版本而更有助於對原著的完整理解。同樣的，雖然這份極重要的文典已由塔唐仁波切（Tharthang Rinpoche）和他的學生，以及我們的友人凱思·道曼（Keith Dowman）兩方的善巧努力而介紹給英文讀者們，但我們覺得現在尙處佛教傳入西方的早期，進行另一次的翻譯也許能多少幫助我們進一步熟悉伊喜·措嘉的生平。在此翻譯的過程中，我們對傳承的所有偉大上師生起了極大的感激，他們的慈悲事業使得伊喜·措嘉的教法持續成爲啓發人心的鮮活泉源，即使到了今日亦然。

有時人們會問，佛教是否爲只在特定社會環境下才適用的信仰和修行體系。然而，此文典卻爲我們描繪出在種種不同境況中對精神自由的奮鬥：無論是身爲公主、出離、苦行、或身爲導師時，而這只是其中幾個例子。在這個故事中，讀者可看到在廣大範圍的各種狀況下，教法如何展現光明，開啓新的機遇。再者，可能有人會說，以伊喜．措嘉佔有如此關鍵地位的藏傳佛教傳統來說，它只適合藏地人。然而，我們再度發現，對伊喜．措嘉自身而言，佛法絕非從印度進口的外來異國修行，而是達致人類經驗眞正本質的方法。同時，我們也不能把此文典視爲對艱鉅磨難的誇讚而擱置，因爲，相反的，伊喜．措嘉顯然是爲了幫助在各自生活中的我們，特意決定敘述她自己的故事。她僅僅只是分享，不求憐憫或崇拜——不把她的經驗作爲「神祕」或超乎人類的展現，而是極度自然且人性的過程。她在年輕時就看清世俗種種的虛幻、進而得到教法的傳授、接著修行，全都依序而平實地直述而出。我們從未看到她在身處絕望的狀況時，曾出現任何的自憐或以烈士自居的磨難感。事實上，她的能力就在於能將無論何種障難都轉爲正面且有創意的用途，在她美妙傳記所含的一切訊息中，這是對我們最大的啓示，這使得她的生命如此非凡。願所有讀者皆能尋得激勵與啓發！

吉美．欽哲仁波切

蓮師翻譯小組，一九九五年三月

英文版誌謝

此版《伊喜・措嘉南塔》（*Namthar*）❶超出了原本僅以法文流通的規劃，這份努力乃出自於愛，而非對尊貴的塔唐祖古與凱思・道曼已有的兩份翻譯❷，表達任何形式的競爭或修正。此文在許多的地方極難翻譯，基於其所涉及的主題，這種困難並不令人驚訝，然而，無論如何，此文歷時悠久且具有許多古老的字彙與措辭。這份翻譯無疑會有許多缺失，不過這與我們盡可能諮詢的卓越權威無關。我們特別希望對已過世的頂果・欽哲仁波切表達至深的感激，在他一九九一年最後一次到訪西方時，仁波切慈悲地回答了相關的困難疑問。同樣的，我們非常感謝凱尊・桑波仁波切（Khetsun Zangpo Rinpoche）慷慨地給予我們時間，釐清許多段落。我們特別要感謝阿勒・增喀仁波切（Alak Zenkar Rinpoche），他仁慈地與我們共同檢視整個文本，並以他驚人的藏文知識闡明許多神祕難解的語句。此文含有許多口語標準藏文與學術標準藏文中已完全消失的字詞，但這些字詞卻留存在藏地北部與東部廣大平原上的牧民語言中，而阿勒・增喀仁波切恰好出生於當地並熟悉他們的方言。最後，一如既往地，我們希望對我們的上師塔隆・澤楚・貝瑪・旺嘉仁波切（Taklung Tsetrul Pema Wangyal Rinpoche）與吉美・欽哲仁波切表達最深的感謝。他們賜予我們此文的傳授，並在翻譯過程中不斷給予我們鼓勵。

《伊喜．措嘉佛母傳》是由蓮師翻譯小組所翻譯，小組成員在此包括海倫娜．布蘭雷德（Helena Blankleder）與烏斯坦．弗萊契（Wulstan Fletcher）。譯者要對提供珍貴建議的讀者們表達謝意：麥克．阿布拉姆斯（Michal Abrams）、芭芭拉．給亭（Barbara Gethin）、拿旺．秋卓尼師（Ani Ngawang Chödrön）、查爾斯．哈思亭思（Charles Hastings）、安．本森（Anne Benson）、雅德利安．更特（Adrian Gunther）、杰弗瑞．更特（Geoffrey Gunther）、薇薇安．庫爾茲（Vivian Kurz）、帕米拉．羅（Pamela Low），以及珍妮．肯恩（Jenny Kane）。

---

❶「南塔」，藏文拼音為 *mam thar*，是一種敘述圓滿解脫故事的文學作品種類。本書的大部分人名、地名基本上採用大陸版，一來較不容易混淆，二來法友們上網搜尋較有可能查到本書。尤其吐番王的稱號「贊普」世系，由於書中敘述藏史部分甚多，故皆根據漢地史料譯名。地名翻譯主要依據原英譯的選擇來決定使用哪個漢譯名稱（或譯自梵文、或譯自藏文），藏地的地名音譯則依據現行大陸地區通用翻譯（例如青埔、岡仁波齊峰）。此外，續部儀軌的名稱依英譯者的決定（見第四章英譯註⑤），大部分使用音譯，意譯部分則放入註釋，並參照另一英譯本的內容加入註釋，希望方便讀者查詢。部分英文原意較不明確的地方，則參照另一英譯本的詮釋來決定方向。

❷此處所指為塔唐．祖古（Tarthang Tulku）翻譯的《智慧母：伊喜．措嘉之覺醒證悟》（*Mother of Knowledge: The Enlightenment of Ye-shes mTsho-rgyal*），以及凱斯．道曼（Keith Dowman）翻譯的《天空舞者：伊喜．措嘉女士之祕密生平與道歌》（*Sky Dancer: The Secret Life and Songs of the Lady Yeshe Tsogyel*）。

英譯者導言

此譯文是關於藏傳佛教傳統中一位祖師的生平故事，她無疑是世界宗教史上最卓越的女性之一。她生於藏地國王的輝煌時代，那時他們的帝國正處於勢力頂峰，在南方支配整個喜馬拉雅山區，在東方擴展至今日的漢地，西面與北面則包括中亞的偏遠地區。她的一生開展於其國家歷史的關鍵時刻。當時，在王室的扶持下，從印度引入了豐富且成熟發展的佛教，經續二部都得到普遍的弘揚。那是個偉大事件與重要人物並存而生的時代。

無論從任何標準來看，《伊喜．措嘉佛母傳》都是一部重要的著作。其敘述多彩生動，文藻優美，教法深奧，在歷史和文化上都有其細緻的藝術完美性。因此，此著作容易閱讀，即使是對藏地或佛法所知甚微的讀者也能感到興味盎然。本書故事情節處理流暢，人物性格刻畫傳神，以致有時容易忘卻此文其實非常古老。雖然並非從一般字面上可看出，但事實上，伊喜．措嘉的生平具有獨特的現代性。這樣說是因爲對於現代讀者而言，無論文中的某些層面是多麼的充滿異國風情或遙不可及，《伊喜．措嘉佛母傳》所屬的精神、文化傳統，至今依然生氣勃勃地存在世上。對於佛法的修行者來說，《伊喜．措嘉佛母傳》所表達的思想與價值，對現今我們所需面對的課題來說，仍然具有重大的現實意義。

與歐美歷史相反，直到二十世紀後半爲止，藏地的政治、社會一直處於變化極度緩慢的階段，這使得佛法的研習與修行能夠在近乎全然穩定的氛圍中，不受外部環境干擾而能繼續穩定發展，也使得西方前所未聞的文化得以延續。這麼說毫不誇張，實質上，中世紀印度的各種佛陀教法，在藏地都被完整保存至今。於現代西方文化、甚至語言存在之前，這些已然普遍勤習的教法與修行，如今仍可見於藏傳佛法之中。藏傳佛法的傳統是如此無間斷地流傳，若把二十世紀末某位上師的著述或是對佛經的論著，與身在十世紀的前輩們相比，就會發現他們的想法、表達方式、態度皆彼此相似，這反映出他們在本質上其實隸屬於同一時代。

因此，《伊喜．措嘉佛母傳》具有超越時光的關聯性。對生疏的讀者而言，無論某些部分看來是多麼神祕，對二十世紀的藏人來說，書頁內所描繪的世界依然是他們能立即感到熟悉的世界。對藏傳佛教修行者而言，伊喜．措嘉的生平故事與其中包含的法教，仍然與在八世紀時一般，切身相關且十分應時。當今西藏上師們仍在傳授蓮花生大士給予伊喜．措嘉、伊喜．措嘉給予其弟子的教法；甚至在二十世紀的現在，仍然有人在修持相同的禪修與瑜伽，仍然有人取得非凡的成果。

《伊喜・措嘉佛母傳》屬於藏地文典中稱爲「南塔」的類別，即「解脫的故事」，記述修道的追尋與成就，主要作爲對佛法修行者的教導，藉由殊勝成就的形象來鼓勵行者的虔敬投入，就內在轉化之漫長艱難道路給予啓發。故而，此文非僅止於是個好故事，也具有深奧的教法內涵，包含對續部之道的敘述和許多修行重點的參照。這些參照大多時候並不明顯可見，往往隱藏在詩歌的隱喻言語之間，只有熟稔續部教法者能了知意義。

以傳統來說，《伊喜・措嘉佛母傳》涵攝「祕密」成份的這個方式相當常見，因爲文章本身所意指的完整修行教導，只能經由具格上師私下授予弟子，這些弟子必須顯現其對教法的投入並有相當修爲，是能接受並實行這些教法的弟子。

然而，具有這些祕密成分，完全不會使一般讀者無法理解此文。相反的，此文的主要意圖是爲了啓發大眾，讓人喜愛。在此理解之下，對於書中部分顯見的主要議題進行討論似爲合宜，因此接下來將介紹對某些讀者來說可能不甚熟悉的宗教文化背景。

前史、出生、早期生活

由於伊喜・措嘉的實際存在無庸置疑，在文中展露出她性格上出眾的眞實與人性，現代讀者可能會對她的出生與早年生活的神奇、甚或是神話般的記述感到困惑。固然，不可思議的狀況看來與其他宗教文化中英雄人物出生時的不凡經歷相似，一切神奇皆相隨而來：流星、奇異夢兆、神祕使者、無痛分娩、天人及其他瑞兆出現，而當其出生之際，她是超乎自然的美麗與成熟。現代學術界基於主要唯物的立場，會將這些事情摒棄為虛構和神話的內容。對此文來說，在跳入如此倉促的結論前，很重要的是要記得，從教法的觀點來看，《伊喜．措嘉佛母傳》開頭敘述的元素深具意義。請謹記，事實上，在尋得祖古（tulku，土庫或轉世喇嘛）時，這依然是藏地文化非常重要的特點，神奇徵兆是被預期發生並被嚴肅看待的。

如同文中明白指示的，伊喜．措嘉是將佛法引入藏地並鞏固法教的重要人物之一，她是蓮花生大士的弟子與助手，蓮師則是受赤松德贊王所邀前來，以密法制服阻礙傳法惡力的印度大師。她是如此深深涉入此事業，以致她的生平幾乎相應於佛法在她國家的設立，特別是續部的傳授。因此，她在這個世界的出現，並不用偶然事件的方式來呈現；她的誕生並非是普通人的偶然誕生，而是個偉大、影響深遠的重大事件。伊喜．措嘉是通常稱為蓮師的蓮花生大士其命定助手；的確，對佛法教導的建立來說，她是不可或缺的。正因如此，《伊喜．措嘉佛母傳》中出現的第一個人物不是伊喜．措嘉自己，而是蓮師。「我可以傳佈密乘教法」，他思忖著，

「妙音天女化身示現的時刻已經來臨。」❶猶如他召喚措嘉的出現一般。因為，若沒有她，如同他後來對國王的解釋，他努力的成果將會是微小緩慢的。

在伊喜・措嘉出生前與降生時的敘述中，可看到兩個獨特且互相貫通的想法。首先，從佛法關於轉世的教導此觀點來看，她應有「出生前」的部分，這並不特別。此外，在佛法傳統中，重要人物的傳記以一連串先前的非凡化身開始，也係屬正常。這麼做的目的顯然是要告訴讀者，在他們面前的是一位偉大聖者。更重要的是，此類細節突顯出因果業報的基本教義，如同在這一生中顯現的人格、能力、喜好與遭遇，對修道的追求或有幫助或有障礙，都被歸為先前的業因。遇見佛法、見到上師、天生就會依循上師的指示修行、能夠如此修行等等，這些都被認為是福德之果——經由過去善行積聚的正面能量而來的結果。因而，她能見到偉大上師，並獲得使上師教法能深度實踐的生命善緣，前提是因為措嘉已經「自可數與不可數的年代以來，她積聚福德且淨化煩惱，為一切眾生散放恩澤之波」。從這個觀點來看，措嘉的生命應被視為一長串業行的最終階段。如同蓮師自己所說①，那是殘餘的障礙被驅除耗盡、儲存的廣大善德潛藏開花的時刻。

這個基本上為演化性的想法，與另一種大乘佛教的基本看法相結合。除了說措嘉具有廣大功德的積聚外，她也被視為化身——已證悟為了以言語、行為示現佛法道途而「來到世間」。

根據這個觀點，她出現在八世紀的藏地，是她「身相的舞姿嬗變」一例，乃為使三世諸佛歡喜。她不只經由自身智慧的偉大顯露來傳法，她的生命也被視為啓發人心的一齣戲，展現了內心發展的可能與最終成果的成就。

化身（已證悟者能被認知的形體）有一項重要的特質：於出自超凡根源的同時，能根據眾生的需求，在他們可覺知的範圍及期望中，圓滿顯現。化身在所顯現的層次上能被完全接近，主要是為了溝通與教導。若對象是人類，就現身為眞實人類關係網絡內的完滿人身，因而使得一般人能與之眞正接觸，並往超越自身桎梏的方向前進。因此，傳統上，措嘉身為化身的看法並不被視為要減弱她的人性、或減少她必須奮鬥以克服弱點障礙的現實。

另一個值得記住的重點是，根據佛陀教法，佛果不屬於輪迴之內，而是超越世俗，無法在未開悟的時空流續中覓得。如同蓮師對國王所說，是「無因、無作」[2]的，超越時間和過去、

❶第一章第三段，參閱本書第五十頁。
①見第四章第四段，參閱本書第八十頁。中譯註：「所餘業力悉盡淨，此後命中僅餘樂。」
②見第三章，參閱本書第七十四頁，蓮師答覆國王請法之偈。

現在、未來的時序。因此，將伊喜．措嘉描述為在她從事「引致」證悟的修行前即已證悟，具有很大的意義。此外，根據寧瑪派（藏傳佛教最古老的教派），如來藏或佛性被認為並非只是潛能，而是具有一切智慧功德的真實心性，雖然受外來染污所遮障，但每位眾生皆有，是已然圓滿完具的。由此觀點，《伊喜．措嘉佛母傳》的開宗明義章節可視為對措嘉莊嚴本質所做的敘述。她在證悟上的進展，絕大部分並非「獲得」什麼原本沒有的，而是顯露已有的內在圓滿。在本書最末，措嘉身為人所光芒外露的東西，是每位眾生都同樣具有、同樣圓滿的，無論在眾生身上是多麼模糊不清。

上師與弟子

一般而言，佛法，特別是藏傳佛法，眾所皆知地，非常強調覓得一位真正導師並依循其教導的重要性。此外，對於一位可能的導師所應具有的資格，更進一步給予詳盡的評估標準，闡明如何判斷其為真正上師，抑或是個騙子。③佛法並非要人改變宗教的信仰，佛法上師不為自己打廣告，也不尋求追隨者。永遠都是弟子要先邁出第一步，而且如此跨步之時應要張大眼睛。一旦選擇了導師，而且導師也接受了弟子，彼此的關係就必須根據特定的重要原則來開展。

這是《伊喜．措嘉佛母傳》的中心主題，措嘉本人為關係的兩端都做了典範，首先她身為弟子，其後她成為上師。在第四章，她對師徒關係所包含的三昧耶（神聖誓言）做出了充分的闡述。

以最根本的層面來說，精神上師的重要性，其實來自於我們本身的人性。想要遇見並吸收能啓發人類全部潛能的知識，便有賴於教法以人類能理解的方式呈現在我們面前，因此，佛法的傳授需要語言、會面、人際關係。這看來似乎十分顯而易見，但實際上，這種遇見佛法而獲益良多的經驗遠非普及，且如同先前所述，此乃與業力和福德緊密相關。有些人輕易尋得佛法且進展迅速，有些人只能偶爾找到並感到困難重重，有的人雖遇見卻無法認出其價值，有的人則永遠都找不到。

於此關聯中，值得思考一般的佛法觀點，所謂每位眾生都有無終且無始的心續流——它無有歸屬的起源，無論是在分析的當下，或依序從無盡流續中回溯至無數劫的時間。眾生受限於虛妄的自我觀念，根據「我」與「別人」、自己與外在現象等二元分別的相互影響，來追尋自

③參見《普賢上師言教》（*The Words of My Perfect Teacher*），紐約：HarperCollins出版社，一九九四年出版；波士頓和倫敦：香巴拉出版社，一九九八年再發行。中譯版：喇榮文化，二〇〇八年。

己目標的達成，以得到快樂且避免痛苦，然因諸顯無常，情況必然不定。因此，眾生經歷一個又一個狀態的無盡續流，這個續流或多或少地持續著，被認定為樂或苦，然而一切都是短暫易逝、無法帶來永久滿足。這個過程不只沒有止盡，而且不可控制又無法預測，儘管若從某種寬廣的參考點來說，這是個不斷重複且毫無目標的過程。這就是輪迴的定義。無明眾生的經驗總是如此，並將不斷持續。然而，根據佛法，輪迴乃受限於自心理解實相的虛妄方式，其本身是虛幻、因緣而生的。輪迴經歷所反映的並非心的自性，而不過是心的無明，無明從外而來、生起於心的真實本性，而心的本性據說是本俱圓滿，不受業力障蔽或煩惱染污。心的自性不由輪迴境遇所損，也不因涅槃解脫而增。對大部分眾生而言，這個本性被完全障蔽，是個尚未發覺的寶藏，埋藏久遠且已然遺忘。但它並不遙遠，乃親密存在每個人心中；它是如此親密，有時正因如此接近以致無法看見。心的本性也非遲鈍、無生氣的，它對刺激會有所反應，在特定的心續流中，依著善良、無私、遠離「自我」（輪迴根源）的業行累積而開展顯現。如此的業行能引生有益的能量，用更好的詞彙來說，我們稱這有益的能量為「功德」（福報、福德）；但在佛法的範圍內談及此詞時，很重要的是其絕不帶有獎懲的概念。

當「功德」增長時，佛性開始非常漸進地有所活動。心中開始形成某種看重靈性修道的興趣，同時，教法的徵示開始如回音般、慢慢顯現於外在經驗中。用比喻來說，這些可被視為內在佛性顯現於外的投射。當這樣的過程開始在心中展開時，弟子便會無意間受精神教導所吸引，發現自己置身於能受教與修習的情境中，遇到能在道途上給予引導的老師們，最終則將得見一位能將他安立於究竟解脫境界的上師，藉由遠遠超越智識了解的方式，將弟子眞實且俱生圓滿的本性引介給他。此最終的會面是在整個輪迴存在中最重要的一次，因爲此時先前所述的因緣相依過程將來到終點而圓滿。如此一位上師的出現，可說是此人的佛性在二元分別階段中的最後一個化現——上師的功能在於帶領弟子直接經驗該本性，發現所謂的內在上師、在心中的上師。

明白這點以後，我們更能了解伊喜・措嘉與蓮師相會的重要性，那是過去無始以來相對層次的過程終點。當完美的上師與完美的弟子相遇時，完整的傳授因而有所可能。如同伊喜・措嘉自己所說：「珍貴的蓮花生大士體現佛陀的一切教導。他就像即將滿溢的容器。在我以侍師三悅的方式長久侍奉他之後，上師給予我（伊喜・措嘉這個女子）他所具有的一切，如同從一個瓶子倒入另一個瓶子，傾流而出。」❷正是當與蓮師相處時，伊喜・措嘉經歷了其精神追尋

❷見第四章，參閱本書第一〇一頁。

的最終階段；是蓮師揭示她對眞實自性的內在證悟。第七章中段敘述了此過程的高潮，當時蓮師正要永久離開藏地。④對伊喜·措嘉而言，那是令人極度痛苦的時刻，我們可略微窺見從人類觀點來說，她與蓮師的關係對她所代表的意義爲何。上師爲了回應她動人的懇求，對她唱出最後的教導，其中他說：

汝以女身已成就；自心即主祈加持。

蓮師攝政別無他……

他接著說明上師相應法，即與上師相融的禪定修行，這是整個佛法教導中最具力量且最爲重要的修行，專爲引介方才所說的高潮過程所設。結束時他讚歎道：

此教法外無能勝！

不退不逝師悲心；慈悲光芒永繫藏。

祈請者前吾現身——永不分離具信者。

他就這樣離開了；對措嘉而言，只留下黑暗。「就像是，」她說，「早晨從夢中醒來。」然而，在極度孤獨中，了悟發生了。「我獲得無畏的信心，希望與恐懼之巢落下而消失，染污煩惱的折磨已被清除。我親身體會到上師與我的不可分離，在極大的虔敬中，我開啓《喇嘛·桑瓦·杜巴》（*Lama Sangwa Düpa*）的壇城。」她以簡單、輕描淡寫的方式，如此敘述這無疑是她生命中最重要的經驗。從此以後，「佛母」與「蓮花生」成爲不可分離的結合。

從那時起，措嘉成爲上師的代表、甚或是上師自己，她被賦予完成事業的任務。她指導國王，引導國家，建立寺廟僧眾與在家團體，封藏佛法伏藏。她辛勤努力經過多年，成爲廣大弟子聚眾的中心。當她自己離開的時刻來臨時，第七章所生動記述的心碎場景再次出現，而這次的敘述更長，並有許多開示與授記。同樣的悼嘆被聽見，同樣的忠告被給予。於是，在對弟子瑪·仁千·秋（Ma Rinchen Chok）的教言中，措嘉尊女建議他修持上師相應法。❸在這個囑咐之後接著是一段驚人的明確聲明，宣說她的眞實身份其實是圓滿正覺的佛，是智慧本性的人間化現。

④見第七章第二一八頁。中譯註：以下兩段引述出自上師乘於日光之上時所說的偈誦。

❸見第四章，參閱本書第二六一至二六二頁。

觀上師為本覺光，上師自身融一時，當此無二寬廣空——等持保任於其處。
若汝真識措嘉吾，輪迴涅槃之女主，即見吾住眾心中。
諸大、諸根吾化現，十二因緣吾即是，吾等本初未嘗離。
若汝視吾為異體，乃因汝實不識吾。

其後，在許多並非如此親近的群眾面前，儘管口氣較為直率輕鬆，措嘉仍再次強調同樣的要點：❹

吾對汝愛全無變，汝行如執常見者！
吾未逝或離汝等，亦未往至他處所，祈禱當確見吾容。

從這些隻言片語能明白確定，存在於真正上師與真實弟子之間的關聯，其性質與任何其他尋常的關係都不同。矛盾的是，由於已說明的原因，如同《伊喜．措嘉佛母傳》所充分顯示的，這是深厚的人性接觸，其實不可能再有別的可能。進一步來說，由於上師必須以人身顯現，這造成「他」必須是男或是女，這對師徒關係便有顯然易見的影響，因為關係必須依此而展。而經驗顯示，這對學生會造成困難。這是個微妙的區塊，具有潛在障礙的肥沃土地。在事物的本質中，上師往往顯為極具吸引力者，而這容易引發輪迴有情的自然情感反應，這些有情都渴求獨佔、互惠的關係。

關於最後這一點，其中牽扯到虔誠的問題，對不同性別的弟子來說，都有其重要性。如同《伊喜．措嘉佛母傳》所闡明的，措嘉虔誠之真切與接近上師之純淨，無論何時都不可動搖、從未退失。對她而言，蓮師無時無刻不是證悟的完美體現：「佛陀化身吾敬禮！」❺而措嘉的生命也無時無刻不是弟子的完美典範。然而，其後她曾對自己的弟子明確指出師徒關係的獨特性質，以及該如何培養正確的態度。在某一時點上，她說道：

> 故當聽取吾教示：
> 禮敬祈禱根本師，淨觀、具信、真虔敬；剎那亦莫內思量，上師為汝平等友。
> 祈賜加持與四灌，觀師生動明顯現，永不離於汝心中。

---

❹見第四章，參閱本書第二八七頁。
❺見第四章第一個偈誦，以下引述同樣出自第四章，參閱本書第二七三頁。

其後，在她對嘉華·蔣秋（Gyalwa Changchub，前世曾為其精神伴侶聖薩雷 Arya Salé）的歌唱中，措嘉歡慶他們緣結的殊勝福報，然而接著依然溫和地加以責備，因為他對上師（措嘉）的觀點受「庸俗」和錯誤的想法所損。從先前的段落，可明顯看出對上師虔信何以至關重要。對上師的虔信是開放心靈接受法教的方式，也是能見到內在上師的唯一所緣。

續部

第四章開頭述及，伊喜·措嘉成為蓮師明妃後即開始向蓮師學習教法，該章並簡短具體地說明她接受完整小乘與大乘教法傳授和三外密[6]教導的歷程。這對於《伊喜·措嘉佛母傳》中談到的主要修行（以瑪哈瑜伽、阿努瑜伽、阿底瑜伽的三內密[7]為主）而言，是開始，也是基礎。

續部[8]幾乎是獨獨保存於藏傳佛法之中，屬於大乘教法的一部分。如同大乘佛經一般，續部的生命力來自於菩提心，即為了一切眾生而求證悟無上佛果的決心。續部，或說是金剛乘，其教導與經部有些不同的特點。其一是續部具有諸多不同的善巧方便，使得成就的進展大大加速。根據經部教導，需要三大「阿僧祇」[9]劫的持續修行，才能集聚證悟所需的福慧兩種資糧。相對的，藉由實修最高深的續部瑜伽，配合自身良好的業緣，行者有可能在一生中獲得佛果。以續部這些來自印度的祕密珍貴法教來說，蓮師是位殊勝的上師，由於他的事業和加持，讓這些教法後來得以在藏地被廣泛修持與透徹了解。

蓮師對國王傳述了續部教法之所以祕密的原因。⑤他表示，保持祕密並非因爲密法在某方面有可恥或缺陷之處，而是因爲其力量使密法相對來說既珍貴又危險。由於密法深奧而易被誤解，故而只能在恰當時間傳授予合適之人。密法被喻爲雪獅的乳汁，是如此具有力量的靈丹，只能用最精純的金器承納，任何其他容器則都會破裂。既然續部的教法與修行有其祕密性，《伊喜．措嘉佛母傳》卻如此公然談論，這看來可能有些奇怪，更奇怪的是這樣的書竟然還譯

---

❻寧瑪派（舊譯派）將佛法分為九乘：聲聞乘與緣覺乘，屬於小乘；菩薩乘；三「外」密（作密、行密、瑜伽密）與三「內」密（瑪哈瑜伽或大瑜伽、阿努瑜伽或無比瑜伽、阿底瑜伽或無上瑜伽），後六者屬於金剛乘。各瑜伽的詳細說明，請參閱「辭彙解釋」。

❼或譯為大瑜伽、無比瑜伽、無上瑜伽。

❽tantra 的原意為連續性，因此可稱為續法或續部，常稱的密續乃因續部本身有其依根器而教的祕密性，故而稱之。

❾「阿僧祇」為梵文音譯，意思是「無量」，因為人類的認知無法測量；若以藏文來看，它的進位數可以到十的六十次方，而這第六十個十，便稱為「無數」。請參考《俱舍論》。

⑤參閱本書第七十二至七十三頁。

成英文且出版。事實上，如前所述，本文論及修行重點的時候，是以暗喻且詩偈的語言予以隱藏，一來能強而有力地引發感動，二來本身卻不包含任何一般讀者能有望了解的法門，更不用說是要修持。對此眞誠具有興趣者，應從具格上師之處請求指導。儘管如此，由於這些書頁的確提及續部的教法與修行，這代表《伊喜．措嘉佛母傳》亦享有續部本身珍貴和危險的性質，因此，我們覺得很重要的是，應當以一般恭敬對待神聖經典的方式來看待此書，這也是爲了那些可能持有此書者的自身利益著想。

金剛乘與小乘教法的苦行方式相反，也不像大乘的經部之道運用禪修作爲一切情感煩惱的對治，金剛乘是以直接利用情感煩惱，以及心、身的精神肉體能量爲其獨特之處。儀式、觀想、持咒和瑜伽等外在所緣，全都非常重要。譬如四灌，這是引導弟子開始體驗圓滿開悟境界不同面向之四種層次的灌頂，以此爲例，可簡要說明續部之道的內容。⑥以最簡單的方式來說，四灌中的第一灌授權弟子從事生起次第的瑜伽，其目的是領悟諸法實性，主要爲觀想與持誦的修行。第二灌引領弟子至圓滿次第的修行，禪修並掌控弟子自身的細微脈、氣、明點。當兩灌圓滿修成之後，弟子才能接受第三灌，受允修行一種類似的瑜伽，但此次是以另一人身如明妃爲助緣。最後，第四灌直接引介心的自性。伊喜．措嘉成功圓滿全部四灌的修持。書中可看到她在領受灌頂及傳法時，通常伴隨有超凡的徵兆與甚深慧觀的體驗。其後，她則密集修持以穩固此覺受，使其成熟，成為完滿且無可消褪的了悟。

在藏傳佛教中，有關第三灌的教導被視為極端高深且受人崇敬。由於下述原因，第三灌的教導本身並未廣傳，且對大多數修行人而言是遠在能力所及的範圍之外。能感受但不貪執、能體驗但不追求更多（或其實不去追求任何事物），這樣的能力是長期訓練的標幟，是偉大精神證量的象徵。第三灌的修持只有那些甚至是在情緒高張之下，能感受卻不貪執的人才能行持。在此前提下，只有極少數人（不同於那些僅是自認有能力修持的人）能真正用此方式修行。另一方面而言，對那些能行持者，第三灌的瑜伽據說具有極大力量並且成效迅速。如同在伊喜．措嘉的生命中所證，第三灌的瑜伽能迅速引生高深成就。在此同時，它也是非常危險的道路，涉及的是人們特別脆弱與容易自欺的領域。即使對高階且誠摯的行者而言，也是危險的，因為貪執的生起可能極端細微，結果可能是誤入歧途並從道上墮落。無疑地，正因如此，很少有人被鼓勵進行這些修行。積極的勸阻，反而較常發生。在對《殊勝功德寶》（*Treasury of Precious Qualities*）的論釋中，堪布雲丹．嘉措說：

⑥對金剛乘的綜合說明，可參見尊者達賴喇嘛所著的《藏傳佛教世界》（*The World of Tibetan Buddhism*），美國麻州 Somervile: 智慧出版社，一九九五年出版。

教法說那些領受並實修第三灌者，必須先藉善巧方便道訓練自身，因此他們氣脈全直、風息已淨、明點受控。他們修持前兩灌之「見地」，以超凡見地與禪定為助，必須是對歡愉之快毫無渴求而行於道上……假若有缺乏此能力的初學者，到處宣揚自己是密法行者卻陷於尋常欲望之中，便注定要落到下三道……根據自己眞正的承受力與能力所限來修行會比較好，同時要堅信業力法則，虔信三寶。⑦

如前所述，第三灌的瑜伽必須是在完全淨化凡常欲念的方式下進行。就《伊喜．措嘉佛母傳》的人物所及，可以不誇張的說，他們之間所發生的完全並非一般字義所及，而且修行所成的彼此關係和一般生活中的關係亦相當不同，本書主要人物之間的關係，完全根植於佛法的修持和三昧耶的承諾。

「我，伊喜．措嘉女」

伊喜．措嘉的一生是至聖的人類成就故事。這是一位女性的故事，並以明顯的女性觀點來講述，因而成為獨特有趣的文獻。雖然書中生動提及諸多世紀以來女性共同的眾多困難和挫折，因而自然對女性具有獨特的重要性，然而很重要的是，應當了解其意義實則更爲廣泛，遠遠超越性別考量的普遍訊息。我們在這裡並不想捲入當代女性主義爭論所引起的複雜敏感議題，然而在佛法的整體範圍之內，我們無法忽視《伊喜．措嘉佛母傳》不尋常的坦率直言。這是非凡的，尤其它是如此古老和傳統的文獻。

與其他宗教傳統相比，佛法一直被批評在組織架構層面上未給予女性相等的地位與機會，以及看來隱隱拒絕承認兩性具有完全平等的精神發展潛能。舉例來說，我們不得不承認，比丘尼僧團（或尼師組織）的成立的確晚於比丘僧團，而且佛陀當時顯然有些不願意。在戒律（**Vinaya**，毘那耶）方面，尼師的誓戒明確使她們在行政管理上必須服從於男性法師的組織，這也是事實。而在藏地，舉例來說，值得注意的是，女性並非沒有資格出任宗教體系裡受人尊敬且具影響力的公職（不像某些宗教），但是公認的女性上師依然稀少（即便從各方面來說，女性具有高度證量者很多）。這些如何與佛法教導中得至解脫證悟境界的目標相合？在那樣的境界中，區分性別的身體和情感差別並不具任何意義。

⑦參見雲丹．嘉措（Yönten Gyaltso），*yon tan rin po che'i mdzod kyi 'grel pa nyi ma'i od zer*，第三卷，第十章，第一八一頁。

首先，値得注意的一個重點是，無論精神內涵爲何，各種宗教的組織團體顯然都是基於純然人類的創立標準而設，不僅受到當代社會的制約，其管理架構也往往反映此社會的現狀。因此，在宗教事務的管理中，兩性關係通常會依循世俗規則，如人類社會傳統上預設女性應私密居家，並以男性參與外部公共活動爲主。雖然社會考量對機關架構具有決定性的影響力，但這當然不代表就要排除女性進行精神修持的可能。儘管如此，雖然幾乎所有的傳統都在理論上承認兩性具有同等獲得高度慧觀與聖性的能力，但事實上在許多社會裡開放給女性的修行機會，依然受限於基本上非宗教性的考量。在佛教，如前所述，追隨佛陀召喚而擁抱無家生活的首批弟子全部都是男性，女性不久之後也表達自己亦欲隨之的願望。然而，從上述觀點來看，佛陀起初對於讓女性出家的猶豫，以及其後堅持比丘尼僧團必須受到比丘的管理，這可被視爲反映方才提出的社會型態。從外在男性至上的架構內區隔出一群無所依屬的女性，會帶來明顯的不安，這可能是當時社會下一種必須採行的措施，以確保尼師僧團可被理解和接受。⑧換言之，這項安排是受制於歷史和文化的考量，在這些考量不再成立的情況下，不需被視爲永久不可更改。

回到《伊喜・措嘉佛母傳》，我們發現對措嘉的第一印象，幾乎就是一名年輕女子拚命對抗當時的社會壓力。她的父親不顧她的請求，也忘了在她還是稚齡兒童時自己所曾思索的評定，堅持要她出嫁；而她，在企望自由時，卻動不動受到冷酷和暴行的對待。之後，她只得做好準備，踏上一條寂寞的道路，而且在那苛刻、缺乏諒解的世界中，從未獲得對女性天生體力弱勢上的包容。從王室大臣們的議論沸騰，可以爲證：「這個卡千的女孩已經毀了自己的聲譽，成了家族的禍患。現在她會不會淪而爲整個王國帶來災難？」措嘉不斷被點名、妄加罪名，如同一個洩憤的對象。⑨在某一時刻，她親口對蓮師，異常坦白地說出心中的想法。場景是在請求某個教導時，但在她的爆發中，我們能輕易感受到背後多年來的掙扎與挫折感。

……由於我是個膽怯的女人，能力不足、條件卑微，是大家嘲弄批評的標靶。若我尋求布施，他們就放狗追我；若食物、財富來到我面前，我就成爲盜賊欲下手的對象；由於貌美，我成爲所有好色無賴垂涎的獵物；若我汲汲營營要做很多事情，老百姓就指責我；若我不照他們的想法去做，人們又非議我；若我踏錯一步，每個人都嫌

---

⑧I. B. Horner 所著的《原始佛教下的女性》（*Women Under Primitive Buddhism*）。新德里：Motilal Banarsidass 出版社，一九三〇年出版。

⑨見第四章，參閱本書第八十六頁與第二二三至二二四頁。中譯註：下一段引述出自第五章末。

惡我。我必須為所做的每件事擔憂，那就是身為女人的遭遇！一個女人怎麼可能在佛法上獲得成就？單單是求得生存就已很困難！

這一切當然只讓伊喜．措嘉的成就更為醒目。由於身體弱勢而易成為暴徒、盜賊、強暴者的加害對象，在此情況下，她卻依然功成圓就；從她和蓮師的師徒關係所得來的堅定內在信心，以及她自己禪修經驗的果實，使得她無視於社會上的重重非難，最終得到確實勝利。在本書的末章尾段，她以一首讓人驚歎的勝利歌，用溫和的幽默取代剛才的苦澀控訴，其中她譏諷地重述那些別人先前議論她的話：

「尊女」狂野堪諸行，歷經諸事不復存；難留己夫放蕩女，今為法身普賢母；
厚顏無恥彼浪女，矯作之姿往西南；風騷潑婦易勾搭，已耍伎倆融法界；
舉國皆棄頹寡婦，今嗣佛果勝威權。

《伊喜．措嘉佛母傳》以類似這樣的話語，徹底反駁了女性此一性別為精神成就障礙的想法。的確，措嘉在面對男性的攻擊時，就像任何女性一樣，偶爾會受縛，但在精神力量、勇氣與毅力方面，她無疑是勝利的。當她在藏地的高山巖穴閉關時，那些苦行幾乎置她於死地，但措嘉仍信守自己的誓言，並且得到勝利——明顯相對於她那「無法繼續忍受而自行離去尋找上師……」的男性伴侶。當她遭到一群暴徒強暴時，她的菩提心與成就的力量是如此強大，使得她能利用此機緣將攻擊她的人安立於道上，化污穢暴力的情況爲書中最驚人且美麗的相會。在另一個場合，當她被怪罪爲帶來一連串自然災害的禍首、且確實成爲女巫獵捕的目標時，她的決心和禪修力使她完全不受任何愚蠢殘酷謀劃的影響——「但是無人能用任何物品對尊女的身體造成分毫損傷」。[10]最後，雖然《伊喜．措嘉佛母傳》以伊喜．措嘉爲主軸，她卻絕非女性成就的唯一典範。在故事開展中，她遇見其他偉大的瑜伽女：曼達拉娃和釋迦德瑪，她們也是殊勝大師。還有措嘉自己的傑出弟子：札西．祁珍、卡拉悉地與雪卡的多傑．措，更別提洛卓．吉，以及措嘉所建立且護持寺院的無數尼師。

[10]見第五章身體苦行中，被稱為「無畏藏地女」之段落。此外，本書中多處以 lady 來稱呼措嘉佛母，為了忠於原文，便以「尊女」或女士來翻譯，而不用佛母來稱呼。

超越障難、克服恐懼和弱點，如此堅忍不拔的英勇故事，在所有偉大佛法僧眾和瑜伽士的生活裡都可找到。這類故事在此出現，乃爲彰顯措嘉在各方各面都與他們旗鼓相當，而她充分發揮了身爲女性的潛力，就如同他們充分發揮身爲男性的潛力一般。甚至蓮師本人也直言精神道上的兩性平等，他明確銷毀傳統上的偏見。在措嘉獨自忍受修行續部瑜伽的極度艱苦並贏得成就之後，他以下列言辭向她致意：

嫻熟密法瑜伽女，解脫基礎即人身，人間色身誠常見，無有種種諸分別，性別等皆無影響。若得菩提心莊嚴，誠然女身爲殊勝！

在性別身份的層面上，並不需要渴望成爲另一性別。女性和男性處於完全相等的地位。唯一勝出的標準在於是否具有菩提心——爲利眾生而成佛的願心。任何單單基於性別差異而較爲優越的宣稱，不過是虛構的謊言與偏見。

然而，此偏見還是根深柢固、難以拔除，措嘉自己完全知道此一事實。在特別重要的時刻，像是接受教導和灌頂時、她對續法的許諾、到尼泊爾的困難旅程、獲得成就等等，她直接了當地提及自己的女性性別，彷彿要強迫那些可能忽視這一點的讀者注意到。她在書中重複說了十多次的「我，伊喜．措嘉女」，這種表達本身即是獨具重要性的教導。

雖然方才所說的這一切與英勇女性的主題相關，但伊喜．措嘉的生平與教導卻具有普遍的重要性。若將《伊喜．措嘉佛母傳》僅僅當成一部女性主義的宣傳手冊來讀，不僅是個錯誤，也是個損失。它無疑是對女性潛能的一個辯證，卻也是對續部之道上「人類」成就的公平描繪，續部之道的果實遠在於性別差異的二元層次之外。成佛的究竟結果是超越二元的圓滿。藏人以普賢王佛母與普賢王如來的雙運，表徵智慧與慈悲、本覺與空性、大樂與空性的完滿結合，那是超越言詮和想像的境界。因此，雖然「通常以伊喜．措嘉之名而著稱的化身」是以人類女性的身相被認知，她的究竟實相卻完全超越男性或女性。確實，在究竟的層面上，如同文中明指的，伊喜．措嘉和蓮師，尊女和蓮花生圓滿結合爲一體。「在究竟界中，他們的名號是昆桑．貝瑪．雅韻——普賢蓮華佛父母。他們的身、語、意、功德、事業遍滿虛空，無處不在。」[11]

[11] 參見第七章第二二三至二二四頁。

伏藏

《伊喜．措嘉佛母傳》是「伏藏」（德瑪）文本，因此屬於藏傳佛法典籍中一個特別且非常重要的類別。此外，由於此文描述了伏藏傳統的開始，以及伊喜．措嘉在其中所扮演的重要角色，本身更具有非比尋常的重要性。

雖然在其他佛法宗派中，也能找到為了未來廣傳和修行而封藏教法的方式，眾所周知，伏藏法系與蓮師密切相關，且顯然是寧瑪派的一大特點。此外，儘管伏藏傳承大致與佛法有關自心和外在現象的本質之論完全相融，伏藏被封藏、保存、取出的方式依然非常神奇。的確，它是如此驚人，若非有不容置疑的權威與偉大正直的伏藏師（取出伏藏者）活在我們這個時代，並詳細講述且傳佈他們所發現的伏藏教法，伏藏的存在確實讓人難以置信。伏藏所涉及的層面非常廣大，包含的理論精細複雜。有幸的是，上個世紀時，第三世多竹千仁波切晉美．丹貝．尼瑪對此奇事有詳盡的著述，該書已由祖古．東杜仁波切（Tulku Thongdup Rinpoche）翻譯引介，有興趣的讀者可在此珍貴文獻中找到豐富的資訊。⑩

關於伏藏的介紹，一般來說是當蓮師前往藏地時，他已曉得世界的未來發展和修行前景的可能衰敗。他預見人心與道德行為將變得粗陋，以及隨之對外在世界的組成元素加以污染；他預示到人類力量會因災難、戰爭、可怕的新型疫疾所侵害而衰頹，尤其人類對從事精神追求的傾向將會減少。因此他傳授許多教法給最親近的弟子們，並非為了要即刻弘傳該法，而是要保存給未來世代，屆時這些教法將會出現，有如出自他本身般的充滿活力、富有加持，「依然具有空行母的溫暖氣息。」⑫有趣的是，現今寧瑪派所修數量龐大的諸多儀軌和瑜伽，都是取自伏藏文。伏藏的封藏完全無法以常識來理解，並非像是在田裡堆藏錢幣、或是在洞裡密藏手稿（例如，死海卷軸）。當蓮師封藏教法時，他將其藏在開悟弟子心意的最深處，授記在未來的某個時刻，這些弟子會投生世間並將該法從自性深處取出。作為回憶起這些教法的助緣，「伏藏物」常被封藏在特別的地點，這可能包括像是上師肖像，或是最常見的小卷黃紙密文（通常黃紙所錄之文都很短）。伏藏物對伏藏師的作用，是刺激並從他的心靈最深處帶出久遠以前上師所給予的完整教法。再次地，這些物質被「置放」和隱藏的方式極不尋常，蓮師和伊喜．措嘉

⑩參見祖古．東杜仁波切所著的《藏地伏藏教法》（*Hidden Teachings of Tibet*）。美國麻州 Somerville：智慧出版社，一九九六年出版。譯註：中譯版本為《舊譯寧瑪派伏藏教法源流》，丹增卓津漢譯，盤逸有限公司，二〇〇八年出版。

⑫有關宗薩．欽哲仁波切言及伊喜．措嘉佛母如何讓普巴教法至今氣息尚暖的當代故事，請見橡樹林出版社未來將發行的《敦珠法王傳》（*Light of Fearless Indestrctible Wisdom*）。

並未將它們以字面意義來封藏在「物體」中，而是封藏在元素的「本性」中，例如現象的「如網」⑬脈絡中。它們被發現的地方可能是在石頭裡，或是在古老建築的樑柱裡、在崖面、在湖中、甚至在空氣裡。而且，只有經過授記的伏藏師才有可能取出，甚至只有在特定時刻，於非常精確的狀況——可稱為因緣相依的巧合中，才有可能。⑪伏藏教法可能涵蓋簡短開示和祈願文，也可能是長達數冊的完整教法內容。在某些情況下，伏藏有可能不需外物的刺激而突然顯現在伏藏師的腦海中。

不過，《伊喜・措嘉佛母傳》的形式並非如此。如我們在本書開端所見，《伊喜・措嘉佛母傳》的全文被隱藏在祕密文字（dayig）中，隨後託付給護法神祇。後者持守並且最終詳盡呈予取藏者——伏藏師塔香・桑天・林巴（約於一六五〇年左右在世），他在提示下憶起伏藏並委由他人記錄。如同他在文章末頁所感歎，「此為神妙難思量，躍入吾心且書錄！」這些祕密文字通常只有被授記的伏藏師能理解，他自己就能說明其意義。不過，祕密手稿有時是以解碼後的藏文來記錄，本書則於每章的開端都再現了此伏藏密文的原本樣貌。⑫

儘管蓮師是伏藏傳承的主要祖師，編碼、書寫、封藏伏藏的主要工作卻交付予伊喜・措嘉，這無疑是她最偉大的職責之一，也是給後世佛法行者最偉大的禮物。第七章以一個長篇但簡縮的清單作為結束，記錄了藏地各處封藏伏藏的地點。而在先前的章節裡，措嘉以下列話語總結她的工作：

無有任何一掌地，不具吾人加持力。
時光荏苒於未來，所顯伏藏爲吾證。
……
五大元素任支配，遍地安置法寶藏。

雖然絕大多數的伏藏文是與蓮師直接相關，但有其他殊勝成就的偉大上師們封藏伏藏教法，卻也是事實，包括印度班智達、大圓滿傳承祖師之一的無垢友，以及身爲蓮師弟子的藏地譯師毘盧遮那在內。這有其重要性，因爲從內涵的證據來看，《伊喜．措嘉佛母傳》是伊喜．

⓭密法有時將輪迴現象稱為幻化之網。

⑪在《水晶與光之道：佛經、密續和大圓滿》（*The Crystal and the Way of Light: Sutra, Tantra, and Dzogchen*；紐約：Viking Press，一九九五年出版）一書中對南開．諾布仁波切（Namkhai Norbu Rinpoche）的介紹裡，有一段見證兩部伏藏被取出的迷人故事。中譯註：歷史上的確有些伏藏雖經授記，但卻因緣不順或緣起不佳而無法取出。

⑫符號性的「達移」（藏 *brda' yig*）文稿通常出現在每一章的開頭；不過，有幾個字也出現在第八章的預言部分。

措嘉自己所創並封藏的伏藏。塔香・桑天・林巴據信是措嘉弟子嘉華・蔣秋的轉世之一，如我們先前所見，他是措嘉往昔伴侶聖薩雷的轉世。如同多竹・丹貝・尼瑪所明示，能取出伏藏的人，至少已具圓滿次第的修行成就。另一方面，能創作伏藏的人，必定具有證悟成佛的殊勝成就。[13]因此，《伊喜・措嘉佛母傳》即是伊喜・措嘉已然開悟的證明。

⑬參見《藏地伏藏教法》（*Hidden Teachings of Tibet*）英文版第六十七頁。

伊喜・措嘉佛母

南摩咕汝迭瓦札基妮貝！（NAMO GURU DEVA DAKINIBHYA !）

頂禮上師空行眾！

頂禮彌陀①觀世音②，雙尊悲顯之蓮師③，三身三寶怙主師，

於尊傳承諸上師，吾今禮敬獻供養。

頂禮德千卡嫫尊❶，汝爲三世諸佛母：

法身大樂普賢母、報身金剛瑜伽母、以及化身措嘉女。

彼身相之嬗變舞，能悅三世諸佛意。受託蓮師持教法。

獲證無謬記憶力，甚深伏藏豐饒母。

持有殊勝諸成就，證得虹光金剛身。

行空上師空行母！伊喜・措嘉爲名號，意即智慧勝利海。

爲利後世有情眾，彼生平與解脫傳，與彼教示諸片段，

爲眾空行母心血④，於此安置且隱藏。

黑焰金剛怯魔主，獅面空行護此藏！❷
三昧耶，嘉，嘉，嘉（SAMAYA GYA GYA GYA）⑤

---

①阿彌陀佛（藏文拼音為 *snang ba mtha' yas*）。

②觀世音菩薩（藏文拼音為 *spyan ras gzigs*）：菩薩的名號，是一切諸佛悲心的體現；阿彌陀佛的報身化現。

③蓮花生大士（Guru Padmasambhava），隨後的文句亦稱為鄔金怙主（Lord of Orgyen）。

❶德千卡嫫（Dechen Karmo）。

④心血：傳統上用以隱喻最為珍貴的精要教授（藏文拼音為 *mkha' 'gro 'i thugs khrag*）。

❷黑焰金剛（Nyongkha Nakpo）、惡魔怖畏主、獅面空行，此伏藏的共同守護者。

⑤這個語句以及其他出現在每章末的語句是祕密的封印，為伏藏文獨有，意指伏藏文不變的純淨和力量。在伏藏傳統裡有四種關於傳授的封印，這是其中一個，其他的分別是：三昧耶的封印、伏藏的封印，以及心意囑託的封印。

序

ཨེ་མ་ཧོ།

噯瑪吙！

密乘大師蓮花顱鬘力其自性爲過去、現在、未來諸佛的自性，確爲生於蓮花內的大力成就者，不受人類出生之染污。他甚至超越釋迦牟尼，成就了三世諸佛的證悟事業：他教導並長時存續實難傳佈的密乘教法，僅以念力便調伏了難以度化的藏地蠻族、西南羅刹、異教徒眾、魔怪、神祇、鬼靈等，並藉其自身力量而展現種種難以示現的神妙顯現；此外，他無疑已獲致極難證得的無死成就。

彼時，爲能傳佈密法，他攝受具有殊勝功德的明妃，從最高的天界下至墳場❶、聖地，涵跨天上與人間、龍族與乾達婆❷之域，所納明妃超過一個巨大穀倉可裝滿的芝麻數量。尤其是在這個世界——南瞻部洲①，從印度、漢地、藏地、艮、姜、理與霍爾，他攝受不下於七萬名少女，她們全都具有圓滿功德。在實相中，他從未離於金剛亥母的五個化身：身之化身曼達拉娃，語之化身伊喜．措嘉，意之化身釋迦德瑪，功德化身卡拉悉地，以及事業化身札西．祁珍；最後還有眞如化身的空行母普拉芭達拉❸，共爲六名。其中，印度的曼達拉娃和藏地的伊喜．措嘉尤爲殊勝。曼達拉娃的生平於別處已有講述②，這裡則簡短記述了伊喜．措嘉的故事。

---

❶舊譯屍陀林。

❷乾達婆（gandharvas）原出自於印度教，為男性的自然神靈。佛經將乾達婆列入天龍八部。乾達婆是能歌善舞的天人，後來成為侍奉獻佛的小神靈，司音樂、散花和禮拜之職。每當佛陀講經說法時，以及最後涅槃時，他們都凌空飛舞，奏樂散花。《維摩詰經》中說：「阿修羅等調颯玲玲之瑟琵琶，緊那羅王調敲駁犖犖之羯鼓。乾達婆衆吹妙曲於雲中，迦羅樓王動簫韶於空裡。」

①南瞻部洲，梵文 *Jambudvipa*，藏文拼音為 *'dzam bu gling*，意指為蒲桃（rose apple；中譯註：即瞻部維科夏樹 Jambuvriksha）的大陸。在傳統佛教宇宙學裡，用以稱呼我們所在的這個世界。

❸曼達拉娃（Mandharava）、釋迦德瑪（Shakyadema）、卡拉悉地（Kalasiddhi）、札西．祁珍（Trashi Chidren）、持光（Prabhadhara，普拉芭達拉）等女性祖師的相關故事，請參見橡樹林出版社所出版的《曼達拉娃佛母傳》。

②曼達拉娃的生平記事可見於大伏藏師鄔金．林巴（Orgyen Linpa，西元一三二三年～不詳）的著作集中。

1
化　現

過去、現在、未來諸佛之母的她，是在各處都以伊喜．措嘉而聞名遐邇的化身，自可數與不可數的年代①以來，她積聚福德且淨化煩惱，爲一切眾生散放恩澤之波。於常啼聖者❶的時代，她生爲商人之女，遇見法上佛，和五百名年輕女子一同下定決心、永不輪迴。②當她捨生後，便廣遊於眾多報身佛土；最後，當釋迦牟尼佛示現於此世間時，她投生名爲甘嘎戴薇❷的女子，集結釋迦牟尼的教法。其後，她再次逗留於報身佛土，名爲妙音天女，恆行利生之事。其時，信奉佛法的赤松德贊王、聖文殊菩薩的化身之一，希望將神聖教法帶到我們藏地這個國家，因此迎請具有大力的導師蓮花生大士——他了脫生死，實爲示現人間的阿彌陀佛。國王確實邀請了他，並且建造了使他心喜的吉祥桑耶寺。另外還創建了遠近無數個大小寺廟，因而使聖法如旭日般遍照大地。

就在那個時候，偉大的上師蓮花生大士思忖：「我可以傳佈密乘教法，」他思索著，「妙音天女化身示現的時刻已經來臨。」剎那間，如同月影投於海面，他便置身在遙遠的鄔金剎土中。關於他人在何處的謠言四起。藏地大臣們說上師遭到懲處，被流放到拖卡的荒野邊地。虔誠的國王那邊宣稱，上師住於苪❸地的三個獅堡中從事修行。一般老百姓則說長道短地認爲，上師帶著王妃回到了印度！然而事實是上師遊歷了數百個化身佛土，在那裡停留了猶如人間七載的歲月。他召喚金剛瑜伽母、妙音天女、忿怒顰眉度母❹、四部空行母眾，和聖地聖處、各處無一例外的空行母眾，與她們一一共樂，並以此歡喜之歌鼓動她們：

啥！

大欲、無欲密空中，至貪、無貪光所射，非欲之欲樂金剛，嬉遊深密大樂時。

妙音天女從尊眾中起身，回應道：

---

①可數與不可數：不可數的（藏文拼音為 *grangs med bskal pa*）年代其實所指並非數不盡的意思，而是指某一特定時期，世親尊者在其《俱舍論》中的定義為10^{59}劫的時間。一劫（kalpa）具有四期階段，依序為：一個宇宙系形成（成）、持續（住）、崩解（壞）的時期，以及下一宇宙系形成之前的空無時期（空）。

❶常啼菩薩：法上佛或稱曇無竭菩薩佛（Buddha Dharmodgata，曇無竭菩薩）時代的一位偉大菩薩，因著自己的勇氣、精進，以及對法的追尋而著名。

②這些細節是指度母（女性的大悲菩薩、觀世音菩薩的化身）的故事，述說她一開始如何發起菩提心，決意為了利益眾生而願成佛。見《普賢上師言教》第一部第六章第一五三至一五七頁。

❷梵文拼音 *Gangadevi*，恆河女神之意。

❸今日不丹一帶。

❹二十一度母中的第十四尊。身黑色，功德為除一切障。

吙！

嘿魯嘎、勇者、大樂主，汝爲偉大之舞者！請隨願於此地舞！

此一聖蓮花持有最爲極致之大樂。

乃因於此密空中，無有悲傷無有苦。

如今時刻已來到，降臨野蠻未馴地。

尊主喊道：「三昧耶，吙！」尊女喊道：「三昧耶斯湍！」

尊主道：「三昧耶，啥！」尊女應：「三昧耶，嘀吁嗒。」

尊主道：「惹阿吙，罕母！」尊女應：「啦嘎呀嘧。」⑤

尊主之金剛與尊女之蓮花以這些話語結合，他們如此安住禪定中。佛眼佛母與其他四位五方佛母獻供讚頌，嘿魯嘎怙主們消除障礙，菩薩們誦願吉祥，大守護者們防制阻力，四位女守門者生起護輪，金剛天女③眾皆舞蹈，十方守護、瑪魔、護法們同時誓言守護教法。彼時，尊主與尊女之大樂使得所有世界一齊震動搖晃，就在那一瞬間，一道強光由結合密處猛然射出：一個周圍環繞白色母音字鬘的紅色「誒」字，一個周圍環繞紅色子音字鬘的白色「棒母」字，如流星向下射入藏地，降至札色山谷中。

三昧耶，嘉，嘉，嘉

---

❺拼音分別為 Samaya Ho! Samayastvam! Samaya Hri! Samaya Tishta. Raho Ham! Ragayami. 以下的「誒」字為É，「棒母」字為Wam。藏文拼音的W有時會唸為B音，此處依秋竹仁波切所修訂用「棒母」。

③藏文拼音為 *rdo rje lha mo*，金剛天女、空行母，是女性身相的證悟本體。

2
出　生

王朝的最初，從開王聶赤・贊普[1]到南日・松贊[2]期間，藏地被劃分為七個封地。但當虔誠的偉大國王松贊干布[3]繼位時，便將整個藏地納入管轄，他的繼承者們也都依此而行。他的威權之成果不可衡量。為了管理七個領地，他頒佈皇令，冊立諸侯親王，分別為：卡千巴、蘇卡巴、卡秋巴、龔唐巴、澤巴、札巴，以及容巴。

卡千巴的兒子為卡千・哲努巴，當時國內有很多信奉原始苯教的教徒[4]，哲努巴的兒子是卡千・多傑・艮，多傑・艮的兒子則為卡千・佩吉・旺秋。由於父親過世，卡千・佩吉・旺秋十五歲時便娶了「努」氏的給措為妻，並承擔起族長的職責。他心向佛法，恪遵父囑，將佛法引介給他的臣民。

過了十年，有一次當他和妻子愛悅嬉遊之時，兩人各有個淨觀。給措見到一隻自西而來的金色蜜蜂，其嗡嗚聲甜美甚於紘琴①之音，接著融入她丈夫的頂門。卡千王見到妻子有三隻眼，以及一位八歲女孩拿著紘琴唱道：「阿啊，以益，烏嗚，日以日益，里哩，誒欸，哦喔，昂母啊」[5]，以及「啥啥啥啥啥」，並朝他走來，接著消失。此時大地震動，四處霎時閃爍燦爛光芒和隆隆雷鳴，接著是一陣長而低沉的轟轟聲響。城堡旁的一池小泉水湧成一片湖，還有許多其他的徵兆。當晚，卡千巴又作了另一個夢，這次他手持一朵光芒四射的八瓣蓮花，聽到有人宣說此光芒能照耀千百萬世界。他還夢到從自己頭頂浮現一座珊瑚佛塔，人們受到佛塔的吸引而從漢地、姜、霍爾、藏地、蒙古、苪、尼泊爾，以及其他地方前來。有些人表示只是來看看佛塔，有些想帶走、有些想偷走佛塔，還有些則說想將佛塔奪走。在同一個夢中，卡千巴似乎見到自己手持絃琴，雖然並未撥弄，但是樂音卻響徹三千大千世界②；從這些世界中，不可

---

❶吐蕃王朝的建立者，生於西元前四一七年至西元前三四五年，統治時期則為西元前三九〇年至西元前三三四年。

❷亦稱朗日·松贊或朗日·贊普，吐蕃王朝第三十二任贊普，生於西元五六二至六二九年，繼位後開始領土的擴張，西元五七〇年於藏地（吐蕃）中部建立一個大王國。兒子為著名的松贊干布。

❸西元六〇四至六五〇年，為南日·松贊之子。在中文史籍中亦名為棄宗弄贊、器宗弄贊、棄蘇農贊、弗夜氏等。按照藏族的傳統，他是吐蕃王朝第三十三任贊普，但實際上是吐蕃王朝立國建都拉薩之君。他十三歲即位，在位二十年間，打造了可與大唐匹敵的吐蕃盛世。在西元六三八年與漢地有戰爭，六四一年唐朝文成公主入藏和親，將佛法傳入。他亦被視為觀世音菩薩的化身，而所迎娶的尼泊爾妃子赤尊公主被視為白度母的化身，文成公主則為綠度母的化身。

❹本伏藏英譯共有三個版本，為免偏離原意，禮請秋竹仁波切從藏文審定：原來英文直譯為「他創建了一個大型的苯教團體」。

①所言及的絃琴即「皮旺」（piwang），一種二絃的胡琴，立在膝上，以弓拉奏。

❺藏文母音的聲音。

勝數的人們前來聆聽樂音，彷彿永遠不覺饜足。

給措則是夢見自己手持一條海螺、珊瑚做成的念珠，珊瑚流出大量的血液，海螺則流出豐沛的奶水。她將這些物質給予眾多人們，但是不管他們怎麼喝，紅白甘露依然續流不止，盈滿整個世界。她也聽見有人宣說此甘露將永不乾竭，直至劫盡。

翌日清晨日出時，出現了一位他們從未見過的膚色白皙的少女，美若天仙。「在這王爺府上，」她說，「佛、法、僧三寶已然生起。啊啦啦，此為神妙奇蹟！」說完便消失不見了。

整整九個月，人們都能清楚聽到以梵文為主的母音與「嗡，咕汝，貝瑪，班雜，啊」等字音，以及密乘續法的字音，不斷傳出聲響。終於，在雞年猴月初十旭日初昇之時，給措毫無痛苦地分娩。就在那一瞬間，大地顫動，雷聲隆隆，花雨落下，湖水大漲，湖邊四周出現一列神奇的紅色和白色花朵，花朵盛開，閃耀光芒。眾人皆見到王宮圍繞於彩虹帳幕（虹光交織之網）中。樂音繚繞虛空，甜美的絃琴之音歷時甚久，並有諸多天女在雲間，唱著這首吉祥之歌：

嗡！

法身體性，大樂普賢母，報身空行，金剛瑜伽女，

化身，是為諸佛殊勝母，願您具足安樂與福報！

法身空行，空性深無底，報身妙音，三世諸佛母，

化身，無上圓滿本自俱，願讚一切聖眾得尊勝！

法身，本初智慧之廣空，報身，聖者之母，七眼白度母，

化身，眾生之中爲至尊，吾等於今頂禮諸聖眾！

天女們降下花雨，接著融入虛空。

嬰孩甫即誕生，便口誦母音與子音並歎道：「偉大鄔金怙主，請憶念我！」她有時跪下，有時兩腿盤坐，安然以雙眼大睜而凝視。她的身體未受母胎的不淨染污，膚色閃耀著白、粉光彩，牙齒有如一排排的小海螺殼，藍黑色的頭髮垂落腰際。當她的母親爲她帶來「季」（母犛牛）的酥油進食時，她對母親說：

瑜伽女化身我爲您子，純淨精要爲食以滋養，

②三千大千世界是涵括十億世界的宇宙體系（有時也稱為千百萬世界），是指一尊殊勝化身佛的事業範圍。對所謂一個世界的描述，請參見詞彙解釋中「須彌山」的部分。

長久忘卻不淨之食已。然爲我母增德將食用。
精萃教法將爲我之食，一切輪迴將爲我所噉，覺性、本智會將我盈滿。
啊，啥吔！

她說完這些便吃下酥油。她的父親卡千之主驚歎道：「我這個女兒遠遠勝過其他孩童，她要不是成爲佛教或苯教的大禪修者，就是會成爲偉大之王的伴侶！由於她誕生時，我們的湖③廣爲增大，她應該名爲措嘉──『勝利之海』。」

才不過一個月，嬰兒就長得像是八歲的孩童，雙親覺得若是讓人發現會不太好，於是把她藏起，直到她年滿十歲。此時，措嘉已是一位美麗動人的女孩，而且她的美貌已然眾所皆知，人們從藏地、漢地、蒙古、姜、艮、尼泊爾前來，就是爲了一睹她的風采。

三昧耶，呷啼

③札達湖（*Drakda*：藏文拼音為 *sbrags mda'*），位於拉薩南方約二十五英哩處。

3

上師的弟子

這時卡千之主和妻子給措與家人商議，他們一致認爲措嘉非國王不嫁。理由是，假如把她交給任何的尋常追求者，其他人一定會覺得遭到冒犯而爆發爭議。因此，卡千王並未把她交給任何前來求親的年輕人，這些人都被送回自家。然而，出乎意料之外，就在那個時候，卡秋親王佩吉．哲努與蘇卡親王多傑．旺秋各自帶著三百馬、騾的車馬隊伍，滿載禮物前來。當然，他們兩人都要求迎娶措嘉。由於將她交給任何一位都會得罪另外一位，雙親最後決定要和措嘉本人商量。

「我才不跟任何人走！」她喊道，「否則我將陷入輪迴的悲慘牢籠，難以逃脫！何等不幸哪！母親、父親，我請求您，請如此考慮吧！」然而即使她一再懇求，他們對女兒的請求依然充耳不聞。

「我相信，」她的父親說，「沒有比這兩位提親者更好的人選了。因此，別當個傲慢無禮、不知感激的女孩。我無法把妳嫁到遙遠的漢地或霍爾。來吧，我要把妳交給他們其中一位。」

卡千之主對兩位競爭者說：「小女不想嫁給你們任何一位。另一方面，假如我將她許配給你們其中一位，另一位就會不滿，造成我的麻煩。然而她是我女兒，你們又爭相迎娶，因此我會把她趕出去，誰能抓到她，誰就能擁有她。當然，輸家絕對不能製造任何麻煩，否則我就把他交給國王懲處！」

措嘉被穿戴華美的絲綢，連同滿載嫁妝、百匹騾馬拉池的車隊，毫無任何防護而被送出家門。她一到門外，兩個競爭者就爭相其後，互競速度。卡秋的臣子香提巴速度最快，他扯著措嘉的頭髮，試圖把她抓到身邊。措嘉將雙足伸入一塊大石頭，將石頭如泥土般扒開；她不動如山，無人能移。惡毒的香提巴扯下她漂亮的衣飾，用鐵鞭鞭打她裸露的肌膚。「無恥的女孩！」他大喊，「妳的父母無法使喚妳！快來！跟我來，不然我就殺了妳！」接著就鞭打她。

但是措嘉唱道：

若吾所得此人身，數劫時空僅一回，不爲開悟道途用，
吾怎堪將此人身，作爲輪迴悲苦因？
吉祥卡秋雖位高權重，卻無一日有可能開悟。
悉隨你願任殺害，吾實完全不在乎！

大臣香提巴駁斥道：

女人！

汝之外相誠美麗，內在卻全皆腐朽！

因汝膚色之秀麗，成爲吾主之禍事！

外柔內剛如沙礫，汝將成吾卡秋妻！

措嘉說：

天賦暇滿之恩賜①，覓此人身實困難！

汝身怎能算難得，除惡之外無它行，

即便男身中亦稀？何以吾應嫁卡秋？

大臣再次鞭打，直到她全身血肉模糊。最後，措嘉痛苦難忍，只好起身隨他離去。當天傍晚，大臣及隨眾抵達札達，他們載歌載舞，氣氛歡愉。措嘉卻深陷絕望，獨自啜泣，淚與血交相落下。她認眞思考應如何逃脫，卻毫無辦法。隨後，由於不堪哀傷，她對十方諸佛唱了這首歌，表達內心之哀苦：

嗟瑪，呼！
一切眾生守護者，十方諸佛、菩薩眾！
大力慈悲之怙主，以尊慧眼與神力，菩提心誓昔所發，實踐時刻已到來！
吾之清白純淨願，潔白遠勝於白雪。卻因惡魔敵之行，陰暗變黑逾鐵鏽。
哦，請以大悲眼垂視！

①珍貴人身的十八種特質包含八閒暇與十圓滿。八閒暇就是並未出生於以下八種狀態：⑴生於地獄道，⑵生於餓鬼道，⑶生於畜牲道，⑷生於長壽的天道，⑸生於野蠻人之中，這些人對清淨德行完全無知，⑹有著錯誤的見地，好比說虛無主義（斷見）等等，⑺生於佛未出現的時代，以及⑻生而心智殘缺。十圓滿又分成兩部分：五種與自己有關的條件（自圓滿），以及五種與外在有關的條件（他圓滿）。五種與自己有關的條件是：⑴生為人，⑵生於有佛法的地方（中土），⑶擁有正常身體功能，⑷並無喜好極端惡行的業力，以及⑸對佛法有信心。五種外在條件是：⑴佛出現於世間，⑵佛有傳法，⑶法仍存在，⑷法有人修行，以及⑸經佛法上師收為弟子。

吾之願求實殊勝，猶如珍貴之黃金，卻因惡魔敵之行，貶損質劣逾合金。
將汝智眼轉向吾！
吾欲得證此心願，完美圓滿如寶玉，卻因惡魔敵之行，墜落粗劣賤於石。
大力者請現神威！
吾願即能修佛法，於此生與此形中，卻因惡魔敵之行，絆倒墜於輪迴沼。
哦，具大悲心汝尊眾，請速引吾離此途！

歌聲甫落，所有人便立即入睡，有如酒醉一般不省人事。措嘉迅疾勝風地翻山越嶺，逃到遙遠的南方。次日早晨，營地騷動不已，他們翻遍了整個卡千，卻怎麼也找不到措嘉。他們四處尋找，最後卻只能空手回到卡秋。

彼時，蓮花生大士在眨眼之間回到桑耶青埔。邪惡的大臣們發現了，便群聚前往，意圖置他於死地。但是他們在那裡只找到一團烈焰大火，因而充滿恐懼。他們回到國王那裡，說道：

嗟吹！

大王、天子、人中尊，吾等依法所處分，流放拖卡②外來漢，卻已行至青埔居！

吾等應否處死之，抑或再度逐外地？

虔誠的國王心中暗自竊喜，想向上師請法，學習如何不捨煩惱染污而能獲得證悟。國王派遣三名譯師前去邀請大師回來，並交付每位譯師一份三枚金錠的供養。

稍後，當大師從青埔下來，邪惡的大臣們全副武裝，群聚在一處狹窄的峽谷中等候他。大師早已知曉，便遣送三名譯師先行，自己單獨隨後而來。他手結威嚇印，口喊「吽　吽　吽！」，現出忿怒蓮師的忿怒相③，周圍是烈焰衝燃三界之頂④的如山大火，所有的大臣們全都

②顯然是指第一章開始時所提到的事件。

③在續部佛教中，觀想本尊的寂靜相與忿怒相有許多作用。證悟者依據弟子的心理特質，為了在道上引導眾生，而可能採用不同的形相顯現。在這樣的寂靜相與忿怒相之間，本質並無差異，而且很重要的是要了解，這裡所謂的忿怒與通常的氣憤完全不同。這樣的凶猛顯現是一種方法，用來淨化、轉化、解脫那些不能用平和方式調伏的眾生。類似的，當一位修行者觀想忿怒尊時，並非表達他自己憤怒的方法，也不是對某種煩惱的強化，而是一項非常有力的技巧，能對治負面情緒，將其轉化成智慧的清淨能量。

④聖者的無色界，是娑婆輪迴中的最高境界。

失去知覺、倒在地上。接著，大師以同樣的身相出現在王宮裡，國王在極度的恐懼下昏倒，雖然朝臣們什麼都沒看見。隨後大師收回化現之相，重現寂靜之貌。當國王醒轉後，便以許多大禮拜和繞行，以及盛大的薈供，依照先前的計劃來請法。

但是大師告訴國王：「為你揭示密乘的時候尚未到來。你先用其他大乘的修行方法來修心。到了明年此時，我便會教你。」

同時，伊喜・措嘉躲在昂府虎穴的深谷裡，以水果維生，用樹木的苔蘚⑤當衣裳。但是蘇卡親王得悉了措嘉的去處，派出一支三百人的隊伍搜尋。措嘉再次被發現，且遭強行帶走。卡秋巴聽到這個消息，傳話給措嘉的父親卡千王：

高貴王侯佩吉旺秋尊！

汝許配予吾之女已逃，據聞蘇卡覓其於遠處，實情為何、是眞抑或假？

若汝知情則對汝宣戰，若否吾將對蘇卡開戰。

如其所言，卡秋巴聚集了大批軍隊，蓄勢待發。

卡千・佩送回這個答覆：

回覆卡秋・多傑・佩。汝之新娘已逃跑，但吾將不責備汝。
吾實眞確不知情。她既已離汝屋去，戰爭於汝有何益？

卡千王也聚集了部隊準備應戰。
接著，蘇卡巴傳來了一個信息：

尊侯佩吉・旺秋尊！
吾於遠處覓汝女，尋獲並回吾住所，
若獻無數珠寶財，曼妙女肯賜吾否？

然而，他得到的回答是：

吾等協議具效力，二之迅者得吾女。

⑤藏文拼音為 *shing bal*，字面意思是「樹毛」或棉樹纖維，是一種長束生長的地衣或苔蘚，從某些種類的樹上垂掛下來。

若吾今取汝聘禮，無可避免起戰爭。
爲汝、他人和平想，請允吾兒依其願，浪跡遙遠之異地。

然而，蘇卡巴宣稱不論如何都不會釋放措嘉。他用鎖鏈銬住措嘉，並且集結了一支龐大的軍隊，爲戰爭做準備。但這消息傳到了藏王耳中，他派遣七名大臣前往卡千，帶來如下信息：

卡千・佩吉・旺秋，聽！
若汝不遵王所言，吾力疾速擊潰汝。
汝女殊勝且美麗，足堪成爲吾妃子。
若有臣民起騷亂，將喪其命如疎令。

卡千・佩吉・旺秋就以如下回覆，對國王詳細重述了所發生的事情，並且獻上他的女兒：

吷！
人中強者、世間主！吾女如眾欲酥油。

若王納彼爲妃子，怎能不爲吾所喜？
戰事、爭端令吾憂，畏懼王軍更勝此！

藏王非常高興，帶著一支九百騎兵的隊伍前往蘇卡，那裡的親王因畏懼而順服。其實，卡千．佩吉．旺秋總共有三個女兒，他將最大的德千．措許配給卡秋．多傑．佩，卡秋感到非常滿意。他將二女尼瑪．措許配給蘇卡．哲努．佩，他也同樣感到滿意。最小的措嘉，則由國王親自迎娶。因此，雖然兩位追求者原先的願望落空，騷亂卻自然止息，一切太平。而措嘉，穿戴著各式各樣的珠寶和最華美的絲衣，在迎娶使節的護送下，前去桑耶。藏王爲了慶祝婚事，在桑耶廣大宴請長達三個月。

由於措嘉對佛法深具信心，她被任命爲宗教管事。許多飽學之師教導她文字與文法、五明❶，以及一切世間和出世間的知識。在此過程中，只要少數象徵性的指示，就足以使她完全理解。

❶五明為聲明、因明、工巧明、醫方明和內明。

就在那個時候，藏王邀請了偉大的蓮花生大士。國王準備了鑲嵌珍貴材質的寶座，並舉辦盛大的薈供供養上師，又以堆積如山的世間珍寶，在銀製的曼達盤上堆放大量黃金，在金色的曼達盤上堆放大量的綠松石。他的供養中，最宏偉莊嚴的是這整個帝國：衛和藏的中央四省代表須彌山⑥；漢地、姜與康作爲東方的大洲及中洲；甲、工布與苘作爲南方的大洲及中洲；阿里的三個地區作爲西方的大洲及中洲；霍爾、蒙古與北部平原則作爲北方的大洲及中洲。國王並獻上他的整個王國與嬪妃，作爲所有五根的悅意供。接著，他以九九八十一個大禮拜，提出請求。

「偉大的上師珍寶！我在您面前羅列了我所有的一切，作爲曼達。珍寶上師，接受我的供養！您一直以來總是用大悲護守一切有情、天神與人們。我現在請求您，傳授我那超脫因果業力法則的殊勝教法，那無與倫比的密乘教法，那能在此生即身立即成佛的特別教導。」

偉大上師以歌唱回答道：

噯瑪吙！

虔敬大王善諦聽！

殊勝妙樂蓮地中，無著無染不可尋，彌陀金剛身語意，無生無滅一光球，無因無作降蓮胚，無垠無涯海上漂，吾人即自其處來。
無父無母無傳承，神妙我由自身生，未曾出生亦不死，吾爲悟者蓮花生。
空行母眾之尊主，極祕密乘持有者，超越因果之業律，
續部、阿含、論議經❷，有關修行諸教導，私密口傳直指示，
此等悉爲吾所持。另須謹記三昧耶。
大王供養誠壯麗，然法非財怎交易。
否則將壞三昧耶，毀滅進而將降臨，我倆死後入地獄。
吾力能控全世間。汝之王禮誠然巨，不足爲由示密法——教法需有善法器。
猶如珍貴雪獅乳，若非最純金器盛，容器將破乳流失。
故吾隱藏此教法，將其封印於內心。

⑥此處提及須彌山與四大洲的重點，是由於國王除了實際供養他的整個王國給上師之外，也將其觀想成整個宇宙體系。
❷十二部經之一，音譯優婆提舍，大教（upadesa），又作論義，以法義問答來廣論佛陀所說之法。

當他歌唱時，以神妙力將身體延展，上半身充滿整個欲界，下半身達至地獄的最深處。隨後，又恢復人間導師之相，就座於寶座之上。國王五體投地，如牆倒一般對著蓮師頂禮。「偉大的上師，」他乞求。「我是否身爲一國之王卻欠缺福氣？對密乘教法而言，我是否並非合適的法器？」於是他擲身擊地而哀號。蓮師回答道：「大王，聽我說。」

嗳瑪吙！
密法何以爲祕密，非因其有何缺失，實因對於下士者❸，有所隱藏而稱之。
然王確實具福報！智慧、心廣、悟性故，三昧耶信心不退，且對汝師具虔信。
吾無五根欲染垢，亦無世俗渴求謬。唯爲修習密乘法，需有具信明妃伴，
良好家世爲必備，且具純淨三昧耶，曼妙清白勝慧根，善巧具足悲憫心，
慷慨布施無保留，賢善智慧空行母。
倘若缺乏此印侶，即欠元素難以成，心性成熟或解脫。
密法修持之成果，將會來得實緩慢。
今於藏地陽光下，好修密者遍各處。然其中得成果者，極其稀少如晨星。
大王，因此吾將啓，進入密乘法之門！

言畢，上師現出金剛總持之相。國王立即行禮，以額頭撞擊地面，並將措嘉尊女與五種三昧耶所依物一起供養上師。上師非常喜悅，將措嘉納爲明妃，並賜她灌頂，於是兩人連袂前往青埔屹密修。

三昧耶，咿啼，嘉，嘉，嘉

❸下士道上的下根器者，心思狹隘或能力不佳。

4
教授與指示

首先於青埔屹貢與雅瑪巄❶，經由眞實不虛的「四聖諦」①教導，大師鼓勵措嘉尊女修持善行。他向措嘉解說經、律、論三藏關於世俗諦層次的教授，關於絕無謬誤的業力法則、因果定律，以及所應持守的行爲和所應捨棄的行爲，並將她安置於純淨與善德的誓戒之境。❷措嘉接受了佛法前六乘的教法，並且認眞學習。她能夠穩定禪修，對於一切所學都能完整領會；她對這些教法達到了徹底的了解。妙音天女雖未受召喚卻主動現身，措嘉得到了無謬記憶力的成就。措嘉也獲得世間與出世間的天眼通②，能以肉眼看見整個世間，並能展現無與倫比的神妙神通力。

我將不一一細數措嘉尊女所受的所有教法，不然篇幅恐怕過於冗長。但是，簡要而言，如同她自己所說：

「珍貴的蓮花生大士體現佛陀的一切教導。他就像即將滿溢的容器。在我以侍師三悅的方式③長久侍奉他之後，上師給予我（伊喜．措嘉這個女子）他所具有的一切，如同從一個瓶子倒入另一個瓶子，傾流而出。我心於佛法中自在，能理解九乘的不同，並可區別教法的眞僞。在我知曉因果業力法則的祕密後，我想求取能完全超越業力的眞正至上教導，因此向珍貴上師乞求道：

嗟瑪！

尊於鄔迪亞納❸生，君臨印度聖眾中。於藏地爲佛攝政，佛陀化身吾敬禮！

吾雖年幼經歷多，苦難現時方十二，雙親無情將吾嫁，此爲人間陋習俗。

吾心不喜世俗道，逃至昂府虎穴谷。橫欲獵者所搜捕，鏈縛無助陷悲愁。

怙主上師具大悲！

虔誠大王爲救護，選吾爲妃至桑耶，獻此年方十六女，是爲三灌所依基。

今見業果甚深密，祈願師尊能賜予，超脫業律之聖法。

---

❶桑耶寺北面的蓮師聖地。

①四聖諦（藏文拼音為 *bden pa bzhi*：苦諦、集諦、滅諦、道諦）是佛陀開悟後，初轉法輪的主題。

❷另說受戒為不壞德行的比丘尼。

②佛教教導中提到五種眼，代表成佛的五種能力：⑴肉眼，指的是能見到千百萬世界裡所有粗重或細微身相的能力；⑵天眼，了知一切眾生的生死；⑶慧眼，了知一切現象的空性本質；⑷法眼，知道所有八萬四千法門；⑸佛眼，即全知。

③侍奉精神導師的三種方式為：⑴修持一切所教；⑵實際以身體、語言服侍；⑶實物供養。

❸Oddiyana：或譯為鄔金國，古譯為鄔丈那國。蓮花生大士降生之處。詳見辭彙解釋的說明。

「蓮師面露微笑，煥發光彩，以這首悅耳歌曲回答我：

卡千姑娘善言哉！汝僅少女方十六，卻已知曉八十婦、毫不絕斷諸痛苦。
需知此爲汝之業，所餘業力悉盡淨，此後命中僅餘樂，永不投生惡業身。
汝見因果深密律，大乘聖法誠欲得，確然善哉上善哉。

「由於上師的這段話語，我跨越了密乘的門檻，並立下根本與支分的三昧耶戒。上師又說：

嗟瑪！
卡千姑娘請諦聽，普賢佛母妃留心！
三昧耶乃密乘根，若汝三昧耶敗壞，大地將震滅我倆！故需信守汝誓戒。

「我首先領受了四部三昧耶，包括身、語、意的根本三昧耶，以及其二十五支分三昧耶戒。根本三昧耶就是菩提心戒，相對的菩提心則包含於究竟的菩提心之內。從無始以來，身即是本尊，語即是咒音的自然聲響，意不外於眞如、法性。

「身三昧耶包含三方面：上師的，金剛法友（金剛眷屬）之間的，以及持守三昧耶的方法。上師的部分又分為六類：一般的上師，身為嚮導的上師，給予三昧耶的上師，修復三昧耶的上師，解脫弟子心續的上師，傳授精要指示的上師。類似的，金剛法友之間的三昧耶有四類：一般的，疏遠的，親近的，同壇的。

「保持身的三昧耶的方法如下：外在來說，上師和我們的金剛昆仲對我們而言，應該如我們的君主、父母和親近的家屬。內在來說，我們對待他們應當有如對待自己的眼、心、生命一般。祕密來說，我們對待他們時，自己的想法、言語、行為要毫無欺瞞狡詐，好比他們是我們的觀想本尊一般。簡短而言，我們以身體對上師和金剛姐妹兄弟都行禮拜，並且繞行他們。我們為他們準備坐席，並且就如男、女僕人般地敬重他們。我們供養一切能取悅他們的事物：自己的食物、財富、身體，以及享用。尤甚之，我們對上師的尊敬也要同樣呈現給他的妻子、兒子、女兒、兄弟、父母、姐妹等等，甚至是他的僕侍。這就是如何持守神聖三昧耶的方法。以同樣的方式，對於他的弟子、出家眾、功德主，任何聽從上師指示和服侍他的人，我們都不能有任何的輕蔑。簡言之，就如同我們尊敬上師一樣，我們禮敬任何他所珍愛之人，以及他的侍從、馬匹和看門犬。的確，若未經上師或金剛兄弟姐妹的允許，我們不可以使用，或甚至貪圖他們糧食、財富、家產中的任何一粒芝麻。經典有說，跨過、踩踏或坐於上師的帽子、衣服、鞋子、座墊、床舖、座位，甚至是他的影子上，等同毀壞一座佛塔或是佛像。更不用說，在上師面前，我們應當避免打鬥或殺生、偷竊或搶奪。經典上說，我們甚至不該以這些事情來開玩笑。而且很肯定的是，對他人一再述說上師的可能過失，將並非上師的過失怪罪於他，對上師的指責給予驕慢無禮的回應，這些都將導致我們投生於無間地獄，這些即使我們禮拜三千大千世界的一切諸佛，也無法稍稍延緩這個後果。就我自己而言，有關上師或金剛眷屬的身三昧耶，我一剎那也無絲毫違犯。我不曾欺騙，不懷嫉妒，未曾羞辱他們，對他們亦無邪見，我從未想要傷害他們或是怠慢他們。

「語的三昧耶和禪修本尊有關，包含兩個方面：分類的方式，以及持守的方法。關於分類，有三種咒語和四種手印。就咒語而言，有無謬之因的根本咒，生起次第的長咒，持誦的事業咒。就手印而言，有關於意的三昧耶印，關於本初智慧的羯磨印（事業手印），法印，以及大印（大手印）。

「若要持守語的三昧耶，身、語、意就必須與上師、本尊、空行母的壇城合一，這可藉由三種修持方式做到：殊勝、中等、基本的修持方式。我自己用這三種方式修持了上師所傳至上密乘的七十萬壇城。我以上等根器者的修持方式，從未離於最高境界的無念大樂三摩地，既不捨離觀諸法顯有為男女本尊的三摩地（中等境界），也不捨離如流水相續不歇的三摩地（基本境界）。依上根器者的殊勝修持方式，我持續修持馬頭明王與金剛亥母的壇城，就像奔流的溪水般。依上根器者的中級修持方式，我不間斷地持守每日六座普巴金剛法的三昧耶，日三座、夜三座。依上根器者的基本修持方式，我每日讚誦一次完整的《八大嘿魯嘎》儀軌法本，圓滿應有的咒語持誦、薈供等等，我的修行不計代價。以相同的方式，關於其他本尊，我也從不忽略曾被引介過的任何壇城，即使片刻也不曾認爲單受引介即已足夠。對於以殊勝層級來修的法，我每月都固定修持其近、修次第，並在吉祥日舉行薈供。對於用中級方式來修者，於每個新月日與滿月日，以及每月初八與初十等日子，我都會修持該本尊儀軌。至於那些在基本層級的修持，我每月必修一次儀軌；即使最基礎的修持，我也會每年修法一次④。

「『意』的三昧耶與『見』『修』『行』有關。這也可從分類的觀點來看，指的是在

④之所以會有廣大種類的修持，是為了適合不同需求和不同根器的弟子。這些全都是通往證悟之道，雖然有的可能比其他的快些。但唯有貫徹道途的堅毅決心才能保證目標的達成，而非有些道途比其他的更優。對大多數修行者而言，並不需要實行所有的成就法；精通某一成就法的儀軌修持就足以達到成果。然而，為了使所有這些修行道途教法得以延續，就需要「持有」並且傳授這些法門。為此，伊喜·措嘉修持從蓮師那裡所接受的各個教法，並且獲得相應的成就。因此，她能夠具有圓滿的授權與力量來傳授這些教法。這種修持方式從寧瑪派傳承的所有偉大上師們傳下，延續至今亦然。

禪修（『修』）中覺受甚深見地（『見』）時，即是實行了雙運和解脫的外、內、密修持（『行』）。類似的，爲了維護三昧耶，共有四種等級的十密戒：四『外』密，四『內』密，『專屬』密，以及『所託』密。四外密是指：本尊的名號、咒語、事業咒、成就徵相。四內密是指：修行的時間與場所、修法時的助件❹、儀式所依物品。專屬密是指供養物，包括內供和密供，例如甘露、食子等，還有法器，像是顱器、普巴杵、天杖、金剛杵、金剛鈴、念珠，以及所有修持無上密乘所需的聖物與所依，例如實物曼達、屍陀林的八衣、骨飾等，特別是顱鼓、顱器和大腿骨號。所託（不共）密包括我們金剛兄弟姐妹的密行，例如他們的密修和一般男女間的密行。簡要來說，無論上師、金剛眷屬或任何人，只要是不宜透露的行爲，我們都不應對他人透露。

「這些就是『身』三昧耶、『語』三昧耶、『意』三昧耶」和十密戒的三昧耶：『身』的三昧耶與上師和四類弟子❺有關；『語』的三昧耶是三種咒語和四種手印；最後是四外密、四內密、專屬密和所託密。這些，我全都受自上師，且清淨持守，即使一瞬間，也毫無小如微塵的毀損。

「此外，珍貴導師也教導我二十五支分的三昧耶戒。首先是五應行❻，要做到這五行：殺、盜、淫、妄、惡口；接著是五樂受，要熱切納受這五物：糞、精、肉、血、尿；五應修，要禪修這五對境：五方佛部❼、五智❽、五方佛父、五方佛母，以及五身❾；接著是五不捨，不當拒斥這五毒：貪、瞋、癡、慢、疑；最後是五應知，要知道這五種：五蘊⑩、五大⑪、五根（感官力）、五塵（感受境）、五色。至於其他典籍所說的詳細三昧耶，我也皆有領受。即使一刻，我也未曾失守最細微的三昧耶。因此，鄔金大師不斷以悲心護守我，而我進入了無上的密乘壇城。灌

④助伴（assistant）：指密伴、助手、僕役或任何修法時所需要的幫助者。

⑤四類弟子可能是指我們的四類法友，可分為共、遠、近、合四種。共：所有具足佛性之有情；遠：所有佛教徒；近：同樣學習密法之行者；合：同一上師座前聞法的同修。

⑥五應行需以悲心為動機，為了利他而違反五戒。僅有具大智慧、證無上位的真正菩薩方具行此善巧之能。

⑦五方佛部（藏 *rigs lnga*）：佛部、金剛部、寶部、蓮花部、事業部（又稱羯磨部），代表佛果的五個面向。通常佛部主尊是大日如來（毘盧遮那佛），金剛部主尊是不動佛（阿閦毘佛），寶部主尊是寶生佛，蓮花部主尊是阿彌陀佛（無量光佛），事業部主尊是不空成就佛。詳見詞彙解釋的說明。

⑧五佛智分別為：法界體性智、大圓鏡智、平等性智、妙觀察智、成所作智，以對治五毒與清淨五蘊。

⑨五身是圓滿證悟的五種面向，蓮花生大士在其《智慧心要道次第》（*Lamrim Yeshe Nyingpo*）一書中如此敘述：寂靜法身圓滿自身利；雙運報身為利他人顯；化身道為調眾諸方便；真實證悟身（bodhikaya）為清明顯分；金剛身（vajrakaya）為法界一味空分。詳見詞彙解釋中「三身」的說明。

⑩五蘊為色、受、想、行、識。詳見詞彙解釋的說明。應知五蘊之清淨相為五佛、五大之清淨相為五佛母、五根之清淨相為五菩薩、五塵之清淨相為五菩薩女、五毒之清淨相為五智等。

⑪五種元素（五大）為地大、水大、火大、風大、空大。詳見詞彙解釋的說明。

頂是進入密乘之門；而對灌頂而言，三昧耶是其根本。這就是為何我要解釋三昧耶之因。」

當他們住在桑耶的雅瑪巃時，上師揭示了密法壇城，將《教集法海》⑤傳授給措嘉。

當時，人們正聚集歡慶藏曆新年，大臣們注意到措嘉並未現身，便問及她的去處，以及是否有什麼不幸事件。由於無人知曉，他們就前去詢問國王本人。國王無法繼續隱瞞祕密，便告訴他們已將措嘉作為佛母獻給珍貴上師之事。對此，象地的臣子們——大臣陸貢．岑波、塔克拉．路岑、章通．盆、局局．淩莫、瑪瑪．章、札若．舉、申查．勾和其他人等，全都反對佛法，他們齊聲向國王喊道：

嗟！

大王，藏地子民君！

汝心莫非魔所養？莫將王權酥油撇⑫！

莫將藏民顱浸血！莫將其尾拋風中！

莫待藏臣如狗畜！莫成藏地毀滅者！

「您祖先的傳統，」他們喊道，「黃金的統禦，天神降下的傳承，已經落入外族的手中，那個叫做蓮花生的印度無賴、邪惡咒師之手！喔！這個災難怎麼這麼輕易就降臨在我們頭上！人民現在因哀痛而消沉。這個卡千的女孩已經毀了自己的聲譽，成了她家族的禍患。現在她會不會淪而為整個王國帶來災難？

「現在，傑出的大臣們，」他們憤怒地繼續彼此說著，「在你們還有一口氣時，好好想想！如同俗話所說，即使國王的心已從胸膛裡被挖出，只要大臣們的力量之袋沒被扯散，仍有辦法將它放回。因此，讓我們好好想想！」

但在國王或任何大臣來得及開口之前，苟長老發話了：「陛下，唉！大臣們的咨議沒完沒了，都說了在國王面前，建言應該簡短。因此，讓大臣們到別處面議吧。」眾人對此皆表同意，於是大臣們就離開去舉行他們的討論會議。

⑤在這本書中，對於成就法儀軌或教法的名稱，我們通常給予的是依照發音拼寫的藏文，而沒有譯成英文。事實上，在缺乏關於內容的詳盡知識時，現實上幾乎不可能造出一個適當的經典譯名，而大略的翻譯又只會造成困惑。在此處，這個標題指的是一部重要的全套完整教法，被封藏為伏藏，在十四世紀時由鄔金．林巴取出。

⑫意指最好的精華部分。

國王垂頭喪氣，偷偷送了個信息到紅岩⑬雅瑪巄的上師處。上師收到信息後回覆說：

嗟瑪！
人中如神之君主！即便困難依舊起，然而吾爲蓮花生，不憂生亦不懼死。
縱有八種大畏懼⑥！吾身殊勝如金剛，彼能行使何惡事，不利於吾此形體？
即使盡世皆爲敵，蓮花生又有何懼？
若父母如此易驚，子女何有眞安全？
吾爲迷途眾生怙，若無力護依我眾，怎爲無量眾生師？
故此吾對大王言，消除懦弱當祈禱！

國王受到這些話的鼓勵，便在人民面前宣說此勸言：

藏地人民聽我言，無論黑、白、混膚色！我循正法且宣揚，故而樹立佛教法。
於我信仰光明中，苯教陰影不能落。
汝等之王護佛法，且當聽從君王言！

陽光照耀此藏地，我將培育諸處所，以學且修佛法教，顯密相合佛法乘。
遵從國王、大臣令！不留意者將遭懲！
故當迎請鄔金主，供養並懺汝過犯：如是當有大利益！

大臣塔克拉和陸貢回答國王：

人中如神唯一王！
請君賜吾善建言，深思熟慮之所想！
莫毀祖先大宏業！莫將藏地律法拋！莫要刺穿人民心！
藏從苯教得富饒，苯教神外誰能護？祈君為藏護衛者！
於今王室諸妃中，伊喜．措嘉為首善，梵天之女她實如。
發生何事？人何處？莫非印度彼無賴，已將措嘉來謀害？

⑬桑耶寺背後的山坡呈現明亮的紅色。
⑥八大畏懼指的是火難、水難、地難、風難、象難、蛇難、盜匪的危險（賊難）、暴君的危險（王難）。

而您，哦，王啊，莫非您眞癡錯亂？發生何事？您未察？
若然王權將衰敗，一無所有即將落。
故而要帶措嘉回，重置於您寢宮床，公平裁決異族人。

「如同俗話所說，」兩位大臣向同儕們呼籲，「『內有邪魔妖術，就永無禍患的盡頭；身有慢性疾病，就永無疼痛的盡頭。』因此，讓我們抓起那個異族者，審判他。若他想逃離判決，就殺了他！大臣夥伴們，你們是否與我們意見相同？我們一定要立場堅定。假如我們優柔寡斷，行動無力，我們的貴族地位就會毀於一旦。我們要讓這個國王的豬腦袋毀掉他如獅子般驕傲的臣子嗎？的確，國王的話很有權威，因此讓他去說他想說的話。但是，大臣們的建言也具有影響力，因此，我們要果斷。」大多數苯教的大臣都宣誓他們的意見是一致的。

但是蘇普．佩僧、竹古．烏倍、卡瓦．佩澤、卻洛．祿宜．嘉岑、南開．寧波、朗卓、椎、雍、努，以及其他信奉佛教的議臣們彼此商量後說：「對佛法來說，這是不祥的時期和劇烈的苦難！他們在謀劃無窮而不可名狀的邪惡之事，欲意謀害我們的怙主——第二佛。我們虔誠的大王，縱然有如天珠[14]，卻已不受正視。佛法將不會廣傳，教法將不會生根，而如今他們即將要犯下五無間罪。[15]死亡本身會比這還恐怖嗎？即使藏地成爲沙漠，與此相比根本不算什麼。無論發生何事，我們都必須保護上師與他的明妃。」他們說完便陷入沉默。

虔誠的大王接著說道：「上師猶如金剛持本人。若不尊敬他，反而陰謀策劃、想對他犯下無量罪行，要知道、要了解，哦，大臣們，你們將遭受九倍於自己所圖謀的惡事。而我才是這世上握有政權的人！」接著他也沉默不語。

王妃之中的策彭夫人甚至還和邪臣們會談，但是卻毫無協定，四處依舊吵鬧騷動不已。因此苟長老又發話，提出這份建言：

「陛下！和您的臣子們意見一致，當然會比藏地分裂來得好。」

國王表示同意，並對邪臣們說：「聽著，藏地的大力之臣，我的朋友們！這個世界的權力取決於王，若王有權勢，則大臣們也相應地具有勢力；但若沒有君主的統治，只有大臣們又有何用？因此，不要讓你們的君王皺眉蹙額，而要獻給他謙恭的建言。」

大臣們表示服從，而後國王轉向佛教徒的大臣們說話。

⓮天珠為藏地特有的珍寶物產。

⓯五無間罪為業力後果最嚴重的五種行為（五逆），包括：弒母、殺父、殺阿羅漢、造成僧團分裂（破和合僧），和以惡心出如來之血（出佛身血）。這些行為被稱為「無間罪」，因為其業力後果在死亡之後即刻成熟，而無中陰狀態的時間，直墮地獄。

「哎！」他嘆道。「縱然我堅毅護持佛法，卻仍然受到自私需求的阻礙。以宗教名義犯下的罪行，永遠不可能有正當的理由。無論如何，又有誰能傷害到我們導師的金剛身呢？顯然，我們內部必須達成一致。」

佛教徒們也表示同意，因此所有大臣都在國王跟前集會，審愼商議。過了一段時間後，國王保證，只要答應不傷害導師，就會賜予師父黃金並將他送回印度，而措嘉尊女則會被流放到洛札。眾人對此皆表同意。因此，爲了這些大臣們，蓮師和伊喜·措嘉表面上表現得像是遵循這個決定，其實他們卻去了宙投·提卓的岩崖，到了空行會所，那是亡鈴綠母的住所，該處不受任何種類的障難所侵害，於是他們就在那裡修持密法。

他們那時是這麼離去的：國王對上師及佛母做供養，獻上了三磅金沙和七錠金塊，並且請求加持與授記。於是，上師及佛母從雅瑪巄下山，在一個形如烏鴉的岩石頸部，封藏了一部伏藏，並對未來掘藏的緣起給予授記。突然，永寧地母十二尊⑯出現了，她們在閃閃光圈中抬著一座白光形成的轎子。上師及佛母踏入轎內，轎子升上空中，他們就此離去。藏王和大臣們，以及所有在場者，都盈滿了信心。從那時起，該處就簡稱爲額卡——白光，或是額卡札——白光之崖。

上師與佛母瞬間抵達了他們的目的地。

「一開始，」措嘉回憶道，「我們留在提卓，於空行會所。在那裡，我，措嘉這個女子，準備了依循傳統的外壇城，做了九個大禮拜和如下請求：

嗟瑪！

鄔金聖主！

您所具者金剛身：您對死魔⑦無所懼；

您所具者幻化身：您能征服天子魔；

您具金剛虹光身：您能粉碎五蘊魔；

您具禪定顯現身：您轉煩惱魔爲友。

---

⑯詳見辭彙解釋中「永寧地母」（天瑪女神）的說明。永寧地母十二尊，是立誓永遠保佑藏地的十二位主要地母。參見《藏漢大辭典》，p.1123a。

⑦參見辭彙解釋「魔」的部分。

無死上師蓮花生！今於我心甚深處，所稱措嘉爲我者，信心具足不動搖。
我於雅瑪巃願求：
欲得無上密法教，彼爲邪臣所障礙。然因聖怙主慈悲，馳騁於空來此處！
請以悲智眷顧我，祈請爲我能揭示解脱成熟之壇城。
於我開悟到來前，慈悲驅除諸障難。

「偉大的上師回答我：

妙少女，卡千姑娘，無上密法之壇城猶如優曇婆羅花⑰，
此花極少會綻放，從不逗留長時間，若非具緣特殊者，難以輕易尋獲得。
汝當歡喜並供養獻上祕密之壇城。

「而我，不帶羞赧、毫無猶豫、亦非褻瀆，在歡喜與極深的崇敬中，展現並供養了祕密壇城。「從上師慈悲微笑的光芒中，虹光閃耀而向外散放，遍滿三千大千世界，光芒收回並重新融入他的面容。在字母「囃」和「吽」的召喚下，光芒穿透他的身軀，使得祕密金剛杵猛然舉

起，進入蓮花的全然寂靜中。

「藉由大樂之舞的律動，上師和明妃身體八個根本脈輪內的日月壇城逐漸燃炙光芒，對八脈輪中的各脈輪本尊，以四喜進行供養。在那極致光明、不易容受的大樂成就此強烈體驗中，《空行心髓》（康卓寧體）之壇城因此開啓。上師『身』壇城中的五方佛父佛母，連同大金剛持，變得明晰可見，並且賜予上師『身』的灌頂。本初自性清淨的五蘊，清楚現爲五方佛；亦爲本自清淨的五大，清楚現爲五佛母。於是，就這樣，上師賜予我五方佛部的灌頂和成就法。

「其後，蓮師說：『外部的寶瓶灌和五佛部寂靜本尊的成就法已然授予。這展現了外在世界爲天宮、其間所居眾生爲本尊之理。當修此法七日。』

「因此，依從導師的指示，我修煉了七日，將外在器世界視爲天宮，世間諸有情視爲男女本尊。在毫不費力的情況下，整個器世間清楚顯現爲本尊的宮殿，所有其中出現的有情眾皆可明晰觀爲雙運的五方佛父佛母。一切都已現爲具有五方佛部的本質，如此日夜持續不斷。

「隨後上師說：『授予外灌頂之內灌的時候到了。如先前一般，擺設壇城七次。』

「因此，我以歡喜心與虔敬心，七次擺設、供養壇城，說道：

⑰詳見辭彙解釋中「優曇婆羅花」的說明。

嗳瑪吙！

吾身山王須彌山，四肢環山四大洲，大樂蓮花為地基，此基輪涅平等俱。

為眾生而慈愛受，勝妙無比此壇城。

「上師感到欣喜，隆隆的笑聲一再迴響共鳴，撼動了三層世界⑱，使得它們震動搖晃。他現出蓮花嘿魯嘎的身相，勇猛強壯；密示的嘿魯嘎受到字母『哈哈！嘻嘻！』的憤怒聲所刺激，進入蓮花，明妃的子宮。我轉為亥母的容貌，上師的『身』生起無量忿怒諸佛之主嘿魯嘎馬頭明王的壇城。如此，《馬頭明王心髓》（棠駿寧體）的壇城就這樣開啟並賜灌。

「在現為明燦馬頭明王的上師身內，五對雙運的勇父母現身於五個脈輪內，並在極燦爛的明亮光輝中顯現了各自的壇城，賜予了上師『語』的灌頂。對我而言，在我自己化為亥母時，一切現象變得和馬頭明王無二無別，而我了解了細微脈、氣、明點的本性。五毒煩惱獲得轉化，確實成為五方佛智。我專注於清淨無瑕的樂空雙運禪定中，領受密灌，證得八地菩薩，上師明妃成就為馬頭明王的法門立即完整授予。

「那時，上師又說：『我已授予妳內密灌，以及成就內在上師為本尊的法門；我也已引介妳自身即為本尊壇城，以及脈、氣、明點分別是本尊、咒語、大手印之教法。依此修持三至七日。』

「我將酥油燈印置於身上⑧，精進修持直到灌頂的本質——智慧穩定為止。一開始，我受制於疼痛與不適，但最終，脈內的字母自然響起音聲。當我能掌控風息之時，我了解了明點的意義，即大手印，並且圓滿開展無染大樂之煖的潛藏力。自此，業風⑨停止運行，智慧風進入中脈，我展現了各種不同的成就徵相。然而，上師說：『灌頂尚未完成。玉米未成熟，尚不應取用！』因此，我再次以視他比諸佛更偉大的信心，向珍貴上師祈請：

嗟瑪，吙！

尊貴鄔金仁波切，偉大甚於三世佛！

如我他等卑微眾，祈求您賜殊勝灌！

---

⑱三層世界是指天上，地上，地底。詳見辭彙解釋「三層世間」的說明。

⑧頂果．欽哲仁波切對此難解措辭的解釋是：這指的是一種極端苦行的修行方法。意思無疑是說伊喜．措嘉毫無保留的投身於禪修和瑜伽修習中。

⑨所指為受業力和情緒制約的細微能量。業風行經於細微身的脈中，影響心，也影響凡俗的肉身。當這些能量被淨化與受到控制的時候，轉成智慧的清淨能量（智慧風）。

「上師現爲紅色嘿魯嘎。從他心中，『吽』字猛然放射光芒，接著再次融入上師的壇城。他揮舞手中的究竟嘿魯嘎，說道：

日啦，罕嗨！
空行措嘉諦聽我！普賢佛母諦聽我！
若妳希求能進入內在明點之壇城，立時獻大樂密壇。
此法若遭洩漏言，三昧耶戒將毀壞！

「對我，措嘉這女子，世俗污穢的表相停息了。我在勝妙的赤露中剝除自我，在大樂的密壇上撒下五種三昧耶物，並說：

勇者，大樂主，依您願。
上師，勝妙主！
我以眞切歡喜心，誠欲進入內密壇。
對此修持三昧耶，我以身命來守護。

「我以韻律之舞，撥動蓮花之蕊，將壇城獻給上師的壇城。偉大的蓮花嘿魯嘎，手結鉤召印，將虛空壇城招引向他，且爆發猛烈難擋的大笑聲，現出令人畏懼的大怒相，並將巨大炙燃的金剛杵，亦即究竟的嘿魯嘎，放上蓮花寶座。所有的現象，都被持久、緩慢、重複迴響的大樂轟鳴聲所吞沒。《明空耀日》的壇城於此開啟且賜灌。在上師的智慧方便壇城中，可看到四脈輪主、即四嘿魯嘎的殊勝佛土，顯現為無數本尊、光輪、種子字等樣貌。四喜的灌頂便是在該壇城中授予。

「上師和我安住於雙運中，經由他頂輪的加持力，一陣強烈的『喜』之本智覺受降臨且貫穿我身。於三十二白壇城此附屬淨土中，有三十二尊白嘿魯嘎與佛母雙運，周圍環繞數十萬眾多形相類似的嘿魯嘎。中央主尊——雙運的嘿魯嘎佛父母，賜予我喜的本智開示。瞋恨的煩惱被淨化，身的習氣與障礙也同樣被淨化。我明白了加行道⑲各支分，並具有能利益十方七個大

⑲加行道（Path of Joining）：與第三灌頂有關的修行方式。詳見辭彙解釋中「灌頂」的說明。關於五道各支分，資糧道有十一修持，即四念住、四正斷和四神足；加行道有四位，即暖、頂、忍、世第一法等位（在暖位和頂位時會具足五根：即信根、精進根、正念根、三昧根、智慧根，在忍位和世第一法位時會具足五力：即信力、精進力、正念力、三昧力和智慧力）；見道有七覺支：正念覺支、擇法覺支、精進覺支、喜樂覺支、輕安覺支（或清淨覺支）、三昧覺支和平等覺支；修道具足八聖道支分：正見、正思、正語、正業、正命、正精進、正念、正定；無學道為達到金剛喻定（或喻如金剛三昧）堅實不壞之時。

千世界的力量。我得到密名：大樂尊女白措嘉（德千・卡嫫・措嘉瑪）。

「以同樣的方式，於喉間十六黃壇城此附屬淨土中，有十六尊黃嘿魯嘎與佛母雙運，如前一般，由數十萬眾多形相類似的嘿魯嘎所環繞。同樣的，中央有這些嘿魯嘎的主尊，寶部嘿魯嘎佛父母賜給我『勝喜』的無量功德之開示。貪欲的煩惱被淨化，語的習氣和障礙也同樣被淨化。我了悟到資糧道各支分，並能利益十方二十個大千世界。我得到密名：功德增益黃措嘉（雲登・傑切・瑟嫫・措嘉瑪）。

「以同樣的方式，於心間藍黑八壇城此附屬淨土中，有八尊藍黑色嘿魯嘎與佛母雙運，如前一般，由數十萬尊嘿魯嘎所環繞。同樣的，中央的嘿魯嘎主尊，佛部嘿魯嘎佛父母賜給我『妙喜』（或離喜、超喜）的大手印開示。愚癡的煩惱和意的習氣被淨化。我了悟到解脫道[20]各支分，並能利益十方三十六個大千世界。我得到密名：三昧耶能度之措嘉（卓切・當慈・措嘉）。

「以同樣的方式，於臍間六十一紅壇城此淨土中[10]，有六十一尊嘿魯嘎與佛母雙運，周圍有眷眾環繞，中央嘿魯嘎主尊，紅嘿魯嘎佛父母賜給我『俱生喜』的本智開示。染污識及其不淨執取和身、語、意的習氣都一同被淨化。我了悟到圓淨道各支分，並能利益十方的無量大千世界。我得到密名：無邊智慧之措嘉（泰耶・伊喜・措嘉）。

「上師說：『以七日之期，藉四種自灌，於四喜之根本壇城中，力修四智。接著，倒轉順序，禪觀樂受即是本智。』

「我於禪觀樂受時，亦即禪觀灌頂本質——本智時，不斷增長四喜的律動，從不讓它稍有消滅。此外，若是漏失菩提明點就如殺害阿彌陀佛一般，無有任何能懺悔過錯的對象，以致造成墮入無間地獄的業報。而我卻能逆轉菩提明點使之向上，並藉下壓命氣和提起下氣，將樂受持守於『寶瓶』內。我對此無染大樂保持覺察，卻無有任何貪執，我保持如是的修持，拋開心意造作之禪定，毫無一刻屈從於怠惰。當我以正念持守菩提明點於薄伽⑪蓮華之內時，『無明支』被完全淨化，第一接合點的一千零八十種業風止息，我圓成二智⑫雙具的本智見道位，證得第一地。就在那時，我獲得各種不同的神通力。其後，我使菩提明點上升至密輪並使之定住，制約因素（『行支』）的緣起相依之鏈被淨化，第二接合點的業風止息，於是我證得了

⑳解脫道可能相應為五道之無學道，其後圓淨道可能相應於修學道，然因不確定，仍以英文直譯。

⑩此脈輪通常說法為六十四瓣，或六十四支脈。密續關於脈輪或氣脈的敘述，有時會不同。

⑪薄伽，梵文拼音為 *bhaga*，指女子之密處，即子宮。在密乘裡，經常指法界，即究竟清淨之空間。

⑫兩種知識是指所有眾多關於現象本質的知識（藏文拼音為 *ji lta ba'i mkhyen pa*）以及個人現象的知識（*ji snyed pa'i mkhyen pa*）。

第二地。其後，我將菩提明點定住於密輪與臍輪之間，『識支』被淨化，第三接合點的業風止息，於是我證得了第三地。以同樣的方式，當我將菩提明點持守於臍部時，『名色支』的緣起相依之鏈被淨化，第四接合點的業風止息，我證得了第四地：輪迴、涅槃、凡俗心、本初智、俱生喜都被淨化，我悟得了體性身。此後，我將菩提明點持守於臍輪與心輪之間，六種感官能力（『六入支』）被淨化，第五接合點的業風止息，我證得了第五地。當我將菩提明點定持於心輪時，感官接觸（『觸支』）被淨化，第六接合點的業風止息，我證得了第六地：睡眠狀態的凡俗心理被淨化，超喜亦同樣被淨化，我因此證得了法身。其後，我將菩提明點定持於心輪與喉輪之間，感受（『受支』）被淨化，第七接合點的業風止息，我證得了第七地。接著，菩提明點被持於喉輪，貪愛（『愛支』）被淨化，第八接合點的業風止息，我證得了第八地：夢境被淨化，勝喜亦同樣被淨化，我因此證得了報身。我將菩提明點定持於喉部與頂部之間，貪取（『取支』）的緣起相依之鏈被淨化，第九接合點的業風止息，我證得了第九地。隨後我將菩提明點持守於頂輪時，『有支』的緣起相依之鏈被淨化，第十接合點的業風止息，我證得了第十地：清醒狀態的五種根識被淨化、身的氣脈與初喜的本智被淨化，於是我證得了無垢化身。接著，我將菩提明點持守於頂輪與頂髻之間，因而使得『生支』的過程被淨化，第十一接合點的業風止息，我證得了第十一地。其後，我反轉頂髻中的菩提明點並使之定住，直至十二因緣最後的『老死支』之鏈被淨化，第十二接合點的兩萬一千六百種業風止息，如是淨化了四種不淨狀態：性高潮的心理狀態，以及熟睡、夢境和醒時的狀態。同樣的，脈、風息（氣）、明點、心之所依，以及四喜，都被淨化。於是，我證得第十二地，得到成佛的一切身與功德，成爲一切行誼皆爲利益無量有情眾生者，能夠自如顯現所有佛的功德。如是，我在六個月內悟得了第三灌。

「於是，蓮師對我說：

嗟瑪！

少女，空行母！汝身年輕且圓熟。

十六妙齡嚴飾以六重功德與暇滿——精進努力、慈悲心，偉大智慧妙音女！

修密乘法得成就，少女汝即亥母尊。汝心汝身已備妥。

密乘能成熟之門，於今此門正敞開。此時此刻，大願者，且納英勇一伴侶！

「我，伊喜．措嘉女，以自己的身體與所有的財產向珍貴上師獻上薈供，做出如下請求：

鄔金聖主顱鬘力[21]，密乘中柱金剛持，浩瀚恩慈無能報。
若令師悅皆盡力，不顧己身、死無懼。
乞求師尊能賜予，大圓滿之勝義灌，祈師今賜第四灌！

「然而，大師答道：『妳進入無作阿底瑜伽之時尚未到來，因此，先力修大乘的密法教導。』接著，上師授記：『夫人，若無勇父為方便，實難進行密乘修。陶土之器未經火燒，就什麼都不能盛裝；若無柴薪，則難有火；雨水不降，芽苗不長。故而在尼泊爾那片土地上，住著一個名叫阿擦惹[22]・薩雷（意即：印度人薩雷）的年輕人，他來自印度的瑟陵。他是個勇者，一位勇父，為馬頭明王的化現，年方十七，在胸前心臟的位置有個紅色胎記。將他找出來，作為妳的伴侶，妳將會立即達到極樂的境界。』

「因此，我帶著一錠金塊和滿滿一磅金沙，隻身前往尼泊爾——我，措嘉這個女子。」

在埃戎地區，尊女，我們的母親，遭到七個盜賊的襲擊，他們想要偷取她的黃金，像是獵犬追趕鹿兒一般地追著措嘉。不過，她在心中憶起上師，將盜賊們視爲本尊，且誠摯希望將自己所有財產作爲曼達供養，她婉轉動人地唱道：

嗟瑪！
埃戎山峪七本尊，祥哉今得見汝眾！
願吾功德貯藏滿，一切眾生願求足！願吾業債速淨除！
噯瑪！
如是神妙奇蹟哉，得見上師恩慈愛！
衷心生起喜悅情，今由吾所供養禮，願眾盡皆得解脫！

措嘉女雙手合十祈請，並將黃金分成小堆後放下。

㉑顱鬘力，藏文拼音 *Thödrengtsel*，即以顱鬘為莊嚴、具有大力之意。「顱鬘力上師」是蓮師的密名之一。
㉒阿擦惹的意思就是「印度人」。詳見辭彙解釋中「阿擦惹」的說明。

七名盜賊並不了解她的話語，然而尊女的語音卻觸動了他們的心。他們達至第一階段的三摩地，並且瞠然凝望著措嘉，用尼泊爾語問道：「啊，夫人！妳來自哪裡？妳高貴的雙親是誰？妳的老師是誰？妳來這裡的目的是什麼？拜託，我們乞求妳，再次對我們歌唱。」他們狂野蓬鬆的頭髮，向來都是令人害怕且豎立，如今卻變得柔順；他們的面容如今快活微笑，原本凶狠的表情融化成快樂的咧嘴笑容，連牙齒都看得見。盜賊們群聚於尊女身前，而她則是倚靠在自己的三叉杖上，用尼泊爾語對他們唱道：

噯瑪吙！

宿緣相連七盜匪！汝之怨恨瞋怒心，即是本初圓鏡智。
於敵所起忿恨怒，閃耀明性此處生。觀之即金剛薩埵。
莫執諸法萬象顯，僅是任隨空性起。
吾家乃爲樂顯園，淨寂佛土虛空性，亦即報身佛剎土。
常俗名色吾不執，若欲汝母妙土地，吾將領汝至彼處。
宿緣相連七盜匪！汝之驕慢自欺心，即是本初平等智。
欲處尊位得上好，平等泰然此處生。觀此性即寶生佛。

莫執虛空爲泛無，且任諸法現象起。
吾父賜諸願求源，如意寶爲我親父，世財屨樓吾不惑，
若欲汝母吾父親，吾當將彼賜予汝。
宿緣相連七盜匪！汝之色欲渴求心，即是本初妙觀智。
佔有、貪求歡愉受，清明感知此處生。
觀此鮮活不變境，彼即阿彌陀佛尊！莫受明性所誘引，且讓大樂自生起。
吾母即爲無量光，超越探求大妙樂。
悲喜之味吾不執，若欲汝母吾母親，吾當將彼賜予汝。
宿緣相連七盜匪！汝之嫉妒分別心，即是本初成作智。
嫉恨艷羨恆自憐，有成事業此處生。觀即不空成就佛！
莫執細微粗重境，無論何生隨其生。
吾師即爲目標成，事業圓滿吾導師。
一切業行吾不執，故欲汝母吾導師，吾當將彼賜予汝。
宿緣相連七盜匪！汝之無明愚鈍心，即爲法界體性智：懷攝一切如虛空。
無明雲遮暗昧心：法之恆在此處生。觀之見大日如來！

莫執此心明銳性，無論何生隨其生。
吾侶顯相藝師也，此妙友即吾諸喜，凡俗分別吾無縛。
若汝希冀如吾行，汝母將賜法教導。

當她說話時，七名盜匪都生起不退轉的信心⑬，他們的心轉離輪迴，懇求尊女開示佛法，並得到了解脫。其後這七名盜匪請求措嘉造訪他們的國家，但她拒絕且再次出發，繼續前往賈戎・卡修，亦即由三名來自「苪」地的年輕男子所造之塔⑭。抵達時，措嘉對佛塔獻上一把金沙作爲供養，並且祈願：

嗡啊吽！
諸佛淨土尼泊爾，眾生救怙法身嗣，無數未來時日中，
祈請住世轉法輪，授予無上法教導，救度眾離輪迴海。
怙主大力願引領，一切人眾、非人眾，自監禁得勝解脫。

當她說此祈願時，從佛塔放出數千道光芒，在一團密嚴雲霧中出現了蓮師和身旁的寂護方

丈、護法王赤松德贊，三人的四周環繞了眾多的空行母。上師說：

嗟瑪！

卡千姑娘請諦聽！

汝身今已得鍛煉，能忍辱且瞋恨淨，願汝智能導眾生！

布施得度精進滿，基道上續禪定行。

此地非汝久留處，當尋所需伴返藏。

甚深密乘法之門，吾將再次爲汝啓。

蓮師說完這個指示之後，即從她的眼前消失。

⑬傳統上說有四種程度的信心：清淨信、渴望信、確實信、不退轉信。參見《普賢上師言教》，第二部分的第一章。

⑭賈戎．卡修是指在尼泊爾接近加德滿都的博達納大佛塔。芮地的三名年輕男子是蓮師、堪布寂護（堪布菩提薩埵）、赤松德贊王三位的前世。中譯註：賈戎．卡修的意思是「一經給予（就無法收回）的應允」。

「因此，我逐步地，」尊女回憶道，「開始了我的尋找。我不知道未來的伴侶會在哪裡，便來到寇空衡這個城市，在南城門的大市集，有一位俊美動人的年輕男孩走向我。這名年輕人黝黑的身軀上閃耀著油亮的光芒，他的門牙有如一列白色貝殼，四枚犬齒就像右旋的小海螺，他的表情坦誠眞摯，眼角略帶一抹紅色。他的鼻樑堅挺，眉毛之內稍有藍色，頭髮上梳、繫成一個右旋的髮髻，手指如水鳥之足般有網縵⑮。

「『夫人』，他對我說，『您從哪裡來？您是來爲我贖身的嗎？』

「作爲回答，我以藏岭的語言對他唱道：

嗳瑪吙！

勇俊男子今諦聽。此女吾自中藏來，聖者蓮花生夫人。

汝之家鄉於何處？汝之名稱爲如何？何以汝今於此地？

「男孩答道：

聖土印度瑟陵鄉，異教徒自親懷偷，賣我爲此城市奴。

雙親名我聖薩雷，於此爲奴七年矣。

城裡的商人全都熙熙攘攘地聚集在市集，他們因尊女的容貌而神魂顛倒，半餉呆站著說不出話來。於是，商人們說：「夫人，女士，對我們說些話吧。妳讓我們的心感到歡愉，我們將會送妳大禮。」因此，措嘉尊女對他們唱了這首歌：

南摩　咕汝　貝瑪　悉地　啥！

普賢佛吉祥浩空，大圓滿日已升起，
徘徊六道如母眾，不再苦惱暗界中。蓮花生豈非汝父？
金剛不變堅虛空，證佛陀之大悲者，
離於生且離於滅，善業惡業俱無有，蓮花生豈非汝父？
奧明天提卓爲家，上師慈悲所召喚，緣結與此賜樂郎。措嘉吾豈非汝母？

⑮這裡敘述的身體特徵表示聖薩雷是一位勇父，即精神修持上的勇者，空行母的男伴。據說勇父在手指根部有明顯可見的網狀肌膚。

吾已行至尼泊爾，佛法之女已到來。
吾鑑此男實有幸，彼不當留於此處。措嘉豈非彼怙主？

儘管人們無法了解歌詞的含義，但是他們聽得心醉神迷，讚歎尊女是位具有甜美聲音的空行母。之後，她前去印度人薩雷所居住的屋子，在外門處坐下。傍晚，當被問及她從何處來，以及她在做什麼時，措嘉就隨意告訴他們一些關於自己的各種事情，接著她說：「我的上師蓮花生遣我來贖買住在你們屋子裡的印度奴隸。若能把他賣給我，對你們會是件好事。」

「雖然這個印度人是我們的奴隸，」他們說，「但他就像我們的兒子一樣，我們也爲他付出了許多黃金，因此不能將他賣掉。不過，若妳願意，你們兩人都可以住下來，做我們的僕役。」措嘉尊女回答道：

明日掌管之大地，黑暗陰影無容處。唯當日落星辰現，太陽仍將明日起。
若滿願寶持於手，黃金財富誰在乎？珍寶未得自計量。故吾明日再來尋。
圓滿佛陀在世時，善巧方便毋需有。然今佛逝需善巧。方便智慧明日合。
若吾實證得成果，則將不需薩雷人。

然今前往目標時，薩雷此人吾需求。且請爲此賣予吾。

父母、小孩和其他人等，整個家族都聚集在周圍，尊女的甜美聲音贏得了他們的心。他們邀請她進屋，供養她一席豐盛的饗宴，隨後屋子的女主人說：

「當妳買下這個印度男孩之後，」她說，「妳將要做些什麼呢？嫁給他？無疑地，妳是個美麗動人的女孩，此外也有良好的家世。因此，如果妳是想要找個丈夫，不如留下來跟我這個兒子在一起。」

「我的蓮花上師，」措嘉尊女回答道，「曾經預言說這個阿擦惹，這個印度人，對我來說是非常必要的人。我有黃金作爲他的贖金，無論代價爲何，我都必須得到他。」

「那麼，妳有多少錢財呢？」女主人問道，「當我買下他的時候，可是付了五百單位的黃金，現在我的要價可比那還高。」

措嘉尊女說：「我會支付妳想要的所有黃金，因爲他對我而言，是不可或缺的。」接著，措嘉就開始秤量她的金沙，但是卻發現，莫說五百單位，她所有的黃金僅僅將近一百單位。

「那麼，現在，」女主人說，「假如妳要買他，就一定要有黃金。但妳這裡還不夠買那個印度人的一隻手。既然妳沒有黃金，那妳還能怎麼辦呢？」

那時，城裡住了一位非常有錢的商人，叫做達納・阿予，富商的兒子納噶尼是個二十歲的年輕人，在那時紛擾的國家戰爭中方才陣亡。雙親謹愼地將兒子的屍身帶回，以巨大的傷痛哭喊著，想要在兒子的葬禮上結束自己的生命。措嘉尊女爲此悲憫不已，因受感動而前去他們那裡。「你們毋需感到悲痛，」她說，「給我一些黃金作爲年輕人薩雷的贖金，我將會讓你們的親生兒子起死回生。」

富商和妻子都喜出望外地驚歎道，「黃金對我們算什麼？如果妳能讓我們的兒子活過來，不要說是區區一個印度男孩，我們會給妳足以買到一個王子的財富。」因此，伊喜・措嘉承諾會讓他們的兒子復活，他們則相應承諾會給措嘉黃金或是任何她所需要的東西。於是，措嘉將年輕人的屍身放在一大塊雙摺層的白色絲布上，唱了這首歌：

嗡　啊　吽　咕汝　薩瓦　啥！

普賢如來爲遍基，本初清淨無迷妄。
此道即是六道眾，彼爲如幻形色相，眾生命中樂與苦，皆悉因果業律顯。
既知此後復如何？
吾通密法瑜伽女，如父蓮師慈悲護，於生於死皆無懼。

疾速能消眾悲苦，齊祈請必得加持。

說完這些話後，措嘉將食指放在死去男孩的心上，死者的身色逐漸開始泛光。措嘉將一滴唾沫放在死者的口中，並在他的耳邊念誦「阿育兒嘉納，竹母」。她用手拍打深深的劍傷處，傷口便立時癒合。年輕人逐漸活了過來；最後，他完全復原了。人們既感驚異，又覺歡喜，因而對著尊女頂禮。年輕人的父母一見到兒子復活，就將他抱在懷中，流下喜悅的眼淚。他們送給措嘉極多的禮物，並且供養一場非常盛大的薈供。印度男孩薩雷以一千單位的黃金贖身，呈獻給措嘉。措嘉尊女的名聲響譽整個王國，國王親自表揚措嘉，並邀請她到皇宮成為國王的精神導師。不過，措嘉拒絕了，她帶著薩雷一起前往尼泊爾「誒」地的寺廟。

措嘉在那裡遇見尼泊爾的大師持世，他是蓮師的弟子之一。措嘉供養持世一錠金塊及一些金沙，請求持世傳授眾多不同的教授和指導。持世知道尊女是珍貴上師的佛母，對她禮遇有加，給予她極多的教授和建言。那時，釋迦德瑪、吉拉．吉帕和其他人正住在阿修羅和揚列雪的巖穴[23]。因此尊女拜訪了釋迦德瑪，獻上黃金作為禮物，並做了這個請求：

[23]揚列雪（Yangleshö）巖穴位於加德滿都山谷的南端，靠近帕平村莊之處。揚列雪上方的巖洞就是阿修羅巖穴。

嗟瑪吙！
密乘姊妹尊貴女，祈聽藏地措嘉言。
此心確實無失誤，能滿一切需求願，平等賜予所冀望，
此即措嘉之布施，藏地伊喜·措嘉者。
此心無瑕無染垢，離於虛謬三昧耶，保持警覺嚴守戒，
此即措嘉之持戒，藏地伊喜·措嘉者。
此心不爲悲喜奴，寬容忍辱非漠然，善惡順逆皆能受，
此即措嘉之忍辱，藏地伊喜·措嘉者。
此心不息相續流，永無竭盡能引生，無二大樂與空性，
此即措嘉之精進，藏地伊喜·措嘉者。
此心無論起何者，皆爲生圓雙運合，大手印中定安住，
此即措嘉之禪定，藏地伊喜·措嘉者。
此心本智大樂舞，藉由善巧方便行，智慧如今得圓滿，
此即措嘉之智慧，藏地伊喜·措嘉者。
高貴種姓釋迦女，祈賜教導無分別，全然教示汝姊妹。

釋迦德瑪以極大的喜悅唱誦此答覆：

噯瑪吙！
喜迎上師明妃妹！
吾所持法僅少數，鄔金．桑巴⑯慈悲故，生死度法吾已得：
生圓次第之雙運，摩訶穆扎大手印，以及明光與幻身。
中陰胎身藉此盡，尼國德瑪所教此。
尚有遷識所需法：修煉中脈之法門，輔以脈、氣修行助，「阿謝」⑰拙火上燃、融。
能驅生死諸怖畏，尼國德瑪所教此。
吾示轉欲㉔入道法：方便智慧二精要，以修空性與大樂，
引生四喜智法門，護吾免受欲敵侵。尼國德瑪所教此。

⑯鄔金．桑巴為蓮師的名號之一。
⑰阿謝（A-shé）是藏文字母「阿」（A）中的垂直直線筆劃之稱。此線上端較寬，下端則尖；反過來寫，就是火焰的象徵。
㉔原文譯為emotion，另一英譯本譯為passion，欲望之意。

無明暗眠所需法：所依大圓滿教導，淨化夢境入明光。
雖於末劫黑暗時，吾亦不需感驚懼。尼國德瑪所教此。
吾有了悟究竟法[25]：修習明光應如何，六重光明為所依，
四信因而得圓成。即遇佛斥亦不怯，尼國德瑪所教此。
因乘地、道不必數，修吾法教瞬成佛。
此果妙勝至尊哉！得道尊女勿保留，傳法予吾成熟器。

她們說完這些話語後，心意交流結合，授受眾多教導。

其後，措嘉尊女與勇父薩雷便動身返回藏地。到了「臧」省之後，來至提卓的「空行會所」住下。該區有尊女的功德主，他們都禮敬尊女，即使當時已有人惡毒謠傳說措嘉已被魔鬼誘入歧途——惡言的內容是說措嘉不再侍奉蓮師，而是為自己找了個阿擦惹，一個印度無賴。

到了當月初十的薈供日時，措嘉開啓了《喇嘛・桑度》[26]的壇城，就在迎請的那一刻，鄔金大師騎乘在一束日光上現前。

「而我，」措嘉尊女回憶到，「從淚水中展開微笑，撲倒在地，向上師行禮。我對上師說：

哀哉慈悲吾導師！憐此無明所覆女，吾於惡業中流轉。
祈尊慈心照看我，令得淨除吾罪惡，且今永遠不分離。
尼泊爾行所爲何，無誤覓得聖薩雷，如今已達故乞求，大開密乘法之門。
請以悲心照看我，且讓道途無阻礙。

「上師閃耀喜悅的光彩，微笑地唱道：

嗟瑪！
夫人，卡千少姑娘，於我具信且諦聽！
若欲以此身得度無邊無際輪迴洋，需有舵手、眞導師。

㉕此段指的是大圓滿中的頓超（妥嘎）法門，六光為修行頓超之法，四信為修行頓超之果。
㉖意為上師祕密薈供，藏文拼音為 *bla ma gsang'dus kyi dkyil'khor*，梵文拼音 *Guru guyhasamāja maṇḍala*。

且搭口耳傳承舟！揚起甚深法主帆！放烏鴉尋善陸標！吹海螺摧海蛇障！
使重錨抗大業風，以信心生足順風。
淨三昧耶止漏失，乘速成熟解脫浪，登上滿願寶島嶼，彼處所欲足歡喜。
寶藏充滿令心悅，不欲土石將消失。恆喜之樂已來臨！

「『我親愛的孩子，』上師繼續說道，『妳曾遇到如何的障礙？還是一路平順、無有困難？妳何時來到這裡？』於是我對上師詳盡敘述我在路上所遇到的諸多艱難情況，以及我在尼泊爾所必須逆轉的困境，也就是爲了得支付一千單位的黃金而讓一個男子死後復生。

「『非常好，』上師說道，『這些艱難全都很好。無數的業障已然清淨。的確，妳並非是爲了欲望而尋求男人的女子。妳所付出的價錢雖然很高，但那很好，也是適切的。妳積聚了巨大的功德；妳完全不是個貪圖階級和色欲的女子。起死回生不過是個平凡的成就，因此不要沉醉其中。在這裡的這名年輕男子無疑地比其他人更爲優秀，因此我們會給他聖者（Arya）的名號；由於因他而付出黃金，讓我們稱他作瑟沃，即金光之意。』」

接著，上師開啓《上師加持》[27]的壇城，帶領印度人薩雷得至修道上的成熟。措嘉尊女自己則作爲灌頂的所依。於是，印度人薩雷獲得眞正的圓熟，並得安置於解脫道上。薩雷對於不了義與了義的教授都得到深刻的理解，且上師命他擔任措嘉的伴侶。上師說道：「現在開始修行，直到你們獲得密乘的成就爲止。」隨後上師就離開，前往洛札；措嘉和她的伴侶，夫人與弟子，則是前往一處從未有人到過的巖洞（今稱「措嘉的祕密巖洞」）。在那裡，他們有七個月的時間，完全投入於四喜的修行。措嘉尊女能夠穿越任何物體，而且她的身體從此脫離老、病、衰的現象，這表示她已得到操控五大元素的成就。四喜顯現，她證得四身。

其後，上師返回，三人一起前往提卓的大巖穴，在那裡住下，上師並於該處轉法輪。上師先前曾授予護持教法的藏地國王許多密法壇城，例如，《辛傑．誒》㉘、《棠駿．帕沃》㉙、《揚達．瑪美》㉚、《欽列．普巴》㉛、《度思．忒》㉜、《瑪姆．幢》㉝等等。藏王依此修習「近」、

㉗藏文拼音為 *byin rlab bla ma'i dkyil 'khor*。
㉘單尊大威德金剛的修法，藏文拼音為 *gShin-rje e gcig*。
㉙單尊馬頭明王的修法，藏文拼音為 *rta-mgrin dpa'-bo gcig*。
㉚藏文拼音為 *Yang-dag mar-me gcig*。
㉛藏文拼音為 *Phrin-las phur-ba gcig*。
㉜藏文拼音為 *Bdud-rtsi thod gcig*。
㉝藏文拼音為 *ma-mo khram gcig*。

「修」次第[34]時，得到明確的妙瑞徵兆。那時，信心在國王心中增長，國王認為自己必須請求更多密乘的甚深教法，因此派遣蘇普・佩僧、嘉察・拉囊、瑪・仁千・秋三人帶著黃金為禮，前往邀請上師與他的明妃。

三名譯師到達提卓的「空行會所」巖穴，讚頌道：

嗟瑪！

怙主上師與佛母，吾等王遣急行使。

藏地如神赤松王，欲跨門檻得越入至深至高密乘法。

王懇求尊師降臨，慈愛顧念速前往！

他們一邊說，一邊獻上黃金為禮。

上師應道：

嗟吠！

具信有福急行使，汝三子如星輝臨！

吾爲蓮花生大士，縱然寓居人世間，吾心佛心實爲一，
因我無別金剛持，化身遍滿三千界！
虔誠大王所懷願，爲利眾生得證悟，此願確然爲殊勝！吾當往赴弘密法。

蓮花生大士與明妃、聖薩雷、三名譯師一同出發，前往桑耶。當他們抵達宙卓時，上師吩咐三名譯師先行前往通知大王準備迎駕，上師和其他兩人將隨後而至。因此，三名藏人就出發前行，向國王宣告大師即將到來，國王應前往迎接。

於是，藏地的大臣們立即交頭接耳、竊竊私語。「這個所謂的蓮花生，」他們說道，「就像是天空，什麼都無法摧毀；就像是水流，沒有劍能加以傷害；就像是一團烈焰，身體會燃燒發亮；就像是風，我們根本無法抓住。他看起來像是真的存在，但卻又像是什麼都沒有。現在我們暫且不對他陰謀逆犯，不如先遵循這個佛教徒國王的決定。然而，如果我們那個姿意妄爲的王妃一道前來，卻未得到她應有的下場，那麼王權將會毀敗。」

㉞近（approach）、修（accomplishment，成就之意）為金剛乘修持的重要面向，尤其與本尊修持的持咒階段有關。

「那時，蓮師立即洞悉這一切，」措嘉尊女回憶道，「於是他就宣布：『密乘具有豐富的善巧方便，因此自然不會有什麼困難。』上師這麼說的時候，他把我措嘉這個女子變成了他的三叉天杖，顯現在他人眼前。我們就這樣抵達宙答，在那裡，虔誠國王的代表塔克拉·恭岑在一百位大臣的伴隨下，一同騎馬前來迎接我們。

「到了適當的時刻，大群人馬抵達桑耶，在那裡，國王、大臣與整個朝廷在大佛塔的門前，舉行一場盛大的歡迎儀式。國王向上師頂禮，並獻上一個纏繞白色絲巾的金色寶瓶，瓶內盛滿新鮮的米酒。其後，上師發言。『現在』，他說，『密法是嶄新的、大力的。然而，儘管密乘會被宣揚，一段時間後卻會被濫用以致不再有任何成效。』上師一邊說，一邊進入中央聖殿。藏地的朝臣們注意到措嘉不在場，反而有一名印度僕役被一起帶來。國王思忖若是措嘉不在，他請求密乘教法的願望也許會有所困難而無法達成，於是就詢問珍貴導師措嘉人在何處，因爲他想要再次見到措嘉。『偉大上師，』王說，『措嘉今在何處？爲何她並未前來？我如何能尋得她？此名印度男孩是您的弟子嗎？』

「偉大上師的嘴角泛出一抹微笑，唱道：

嗟瑪吙！

法王菩薩請諦聽，實爲虛空吾色身，空大上師力何多[35]？
措嘉女已入虛空，住於輪涅相交界。
具諸顯現吾色身，無所不能皆得行。措嘉已至法身空，安住普賢母剎土。
即爲樂空吾色身，空性妙力滿諸願。措嘉已至樂空界，安住三身大樂宮。

上師如此宣說時，一邊用手觸碰三叉天杖，天杖神奇地在國王面前轉變回措嘉。那時，有些平凡人等亦見到此景象，包括某王妃[36]，她就把此事告訴大臣們。「那個印度人，」她說，「非常的詭計多端。他把伊喜．措嘉那女人藏在他的三叉杖裡！」雖然有些大臣們爲之感到極端震驚，但是大多數人都認爲她所言過於荒唐，一個字都無法相信，認爲措嘉不可能被藏在三叉杖內，天杖裡甚至連她的一隻手都裝不下！然而，他們全都同意必定發生了什麼不尋常之事，例如神蹟之類的，因此就暫緩了原本計劃的惡毒陰謀。不過，大多數人們都對蓮師具有信心。

[35]誰人可估量這能掌控空大元素上師的諸多力量？
[36]他版譯為徹邦莎王妃。

其後，上師前往青埔屹瓦的閉關處，在那裡爲二十一名弟子、國王與臣民、三十二名親近的追隨者、七名高貴女子與其他眾等共三百零五人開啓了一百二十個密乘壇城，上師帶領他們得至成熟與解脫。上師特意爲眾人傳授了《竹千・嘉傑》[37]、《瑪姆》、《辛傑》（大威德金剛）、《普巴》、《度思》[38]、《揚達》（眞實意）、《上師意集》、《本尊意集》、《炯楚・悉輟》[39]、《揚達・悉輟》[40]、《貝瑪・悉輟》[41]等等的成就法儀軌，並且也授予他們「寧體」的六十一種法脈、七種不同的「意集」、十一種「嘉傑」的廣、簡法脈、一百零二種「圖祝」[42]、七十六項精要指示、一百三十部續法，以及其他諸多教法。

特別是對國王，上師授予《度思・雲登》的七部根本儀軌以及二十種精要口訣指示，吩咐國王要修行這些教授。對於努之南開・寧波[43]，上師授予《揚達・瑪美・固巴》[44]與《給度・普納・尼舒》[45]，指示他在洛札進行這些教法的修習。對於桑傑・伊喜和多傑・敦珠兩人，上師授予《蔣佩・辛傑謝》（文殊大威德金剛）的根本儀軌與《恰嘉・咨嫩・拉竹》的儀軌，以及二十種主要的精要口訣教導和這些口訣的輔助開示，上師吩咐他們去揚宗修煉。對於崆浪的嘉華・秋楊和椎之嘉威・羅卓[46]，上師授予《棠駿・揚桑・惹巴》[47]、《三瑜伽》的根本儀軌與二十五種輔助的精要口訣指示，以及十二部續和《剎門瑪》的儀軌，囑咐他們在青埔當地修行。對於毘盧遮那和登瑪・策芒[48]，上師授予《摩帕・察娘》、《佩・投登・納波》、《德

37 有關八大本尊的成就法。

38 即 Dudtsi Yonten。

39 幻化壇城靜忿本尊有關之法教。

40 真實意壇城靜忿本尊有關之法教。

41 蓮花語壇城靜忿本尊有關之法教。

42 有關「心意成就」的教法。

43 努之南開．寧波（Namkhai Nyingpo of Nub：藏文拼音為 *gnubs nam mkha'i snying po*），是蓮花生大士的二十五位弟子之一。他出生於尼阿的下部（Lower Nyal），是第一批受戒的藏人之一。他是高明的譯師，曾至印度領受吽噶拉的傳承，並證得無二智慧之身。他領受了真實意的傳承，且因修持吉祥真實尊而可乘太陽光束飛行。他在洛札卡曲的廣妙長穴（Splendid Long Cave）禪修時，淨觀到無數的本尊，並證得大手印的持明位。最後，他直升天界而未留下色身。

44 意為「揚達九明燈」（Nine Lamps of Yangdak）。

45 關於二十尊黑色降魔普巴（Twenty Black Phurba Demonslayer）的修行法門。

46 椎之嘉威．羅卓（Gyalwey Lodrö of Dre：藏文拼音為 *'bre rgyal ba'i blo gros*）是首批受戒為僧的藏人之一。他在印度從吽噶拉處領受到傳承。起初，他是赤松德贊王的親信侍者，名為棍波，後來受戒時被賜予嘉威．羅卓的法名，意思是「勝智」。他從吽噶拉處領受傳承之後，不但在翻譯上變得博學多聞，並且也證得了成就。據說他造訪了死主閻王之地，將他母親從地獄道中解救出來。他從蓮花生大士那兒領受法教之後，便展現能化殭屍為黃金的事蹟。這些黃金有部分於後世伏藏中被取出。他證得長壽持明位，據稱一直活到戎仲．班智達．確吉．桑波（藏文拼音為 *rong zom chos kyi bzang po*：西元一〇一二至一〇八八年）的時代，並將法教傳予後者。

47 意為「馬頭明王極密舞」。

48 登瑪．策芒（藏文拼音為 *ldan ma rtse mang*）是藏文大藏經早期的重要譯師，極精通於寫作，他的書法風格一直受人延用至今。他從蓮花生大士那兒領受到金剛乘的傳承，並有所了悟而達致圓滿憶念。據說他是許多伏藏的主要抄寫者，包括與八儀軌法教有關的《善逝總集》。

傑》49的根本儀軌、《折巴・透傑》50的支分儀軌，指示他們在雅瑪巃修行。對於卡瓦・帕策51和歐准・旺秋，上師授予《瑪姆》、《紐瓦》與《壘傑》之外、內、密根本儀軌和其他教法，吩咐他們在葉巴的巖穴中修行。對於嘉納古瑪拉班札和叟波・拉佩・珍努，上師授予《揚普・桑瓦》52的精要口訣，以及《恰嘉・千波・策竹・巃》53，指示他們在聶莫・切美・札修行。對於佩吉・森給和卻洛・祿宜・嘉岑54，上師授予《折巴・踔沃・秋堅》55的根本儀軌、《折朋・松秋・康塔》56的支分儀軌以及事業的精要口訣，吩咐他們在佩・秋沃・日山上修行。對於譯師仁千・桑波和登增・桑波，上師授予《圖傑・千波》57的祕密儀軌、《仁津・喇嘛》58儀軌、《日巴・恰雅・千波・確吉・紐竹吉・巃》59儀軌，並且吩咐他們在鄔如的巖穴進行修行。對於琅卓・坤秋・炯內和嘉華・蔣秋，上師授予《秦拉・喇麥・竹巃》60以及《棠駿・桑瓦・坤度》和《塔納・炊巴》61的儀軌，並且吩咐他們在葉如・香的巖穴中修行。對於堅帕・南卡・旺秋62與確瓊・喀定，上師授予《貝瑪・悉輟》的一部祕密儀軌稱爲《多傑・森巴・嚓瓦・拉竹》63、《帕奇・貢拍・塔》，以及《嘿如嘎・松秋・嚓助・貢拍・巃》64，吩咐他們在北部的囊措・多

49關於「八類鬼靈」的修行法門。
50關於「十八傲慢精靈」的修行法門。

51 卡瓦・帕策（Kawa Peltsek：藏文拼音為 *ska ba dpal brtsegs*），蓮花生大士與寂護兩人的直接弟子；對藏文《大藏經》（甘珠爾）與《舊譯續部》的翻譯有重要貢獻。他出生於藩域山谷，而如蓮花生大士所預言，他成為一名傑出的譯師。他也是首批在堪布菩提薩埵座下受戒的七位藏地比丘之一。他從偉大的蓮花大師（蓮花生大士）處領受了金剛乘的法教，並證得無礙的神通力。

52 關於「祕密揚達與普巴」的修行法門。

53 指「大手印無死」的成就法與口傳。

54 卻洛・祿宜・嘉岑（Chokro Lui Gyaltsen：藏文拼音為 *cog ro klu'i rgyal mtshan*）是蓮花生大士的二十五弟子之一，蓮花生大士認證他為來到世間的菩薩，也是早期極重要的藏地譯師。他與無垢友尊者、智藏、勝友和善帝覺等人密切共事。律藏的傳承能在藏地延續下去，他是關鍵人物。他在曲沃里證悟之後，便協助蓮花生大士繕寫與封緘伏藏。偉大的伏藏師噶瑪・林巴（第十四世紀）被視為卻洛・祿宜・嘉岑的轉世。

55 折巴，或譯 Drekpa，指一種靈體。這是基本的折巴成就法，亦稱為《十忿怒鬘》。

56 修補三昧耶的一種三十尊主要折巴的修行法門。

57 神妙大悲之意。

58 意為「持明上師」成就法。

59 關於《智慧大手印殊勝成就》的口傳。

60 即「上師加持」的成就法與口傳。

61 關於祕密馬頭明王身的黑馬頭明王之修行法門。

62 堅帕・南卡・旺秋（藏文拼音為 *dran pa nam mkha'dbang phyug*）是藏地譯師，也是蓮花生大士的弟子。他原本是一位舉足輕重的苯教法師，後來跟隨蓮花生大士研修並學習翻譯。由於他具有神幻力，據說他曾以威嚇印馴伏了一頭野犛牛。

63 禪修六本尊於單一金剛薩埵本尊的修行法門。

64 三十六尊嘿魯嘎的口傳（Oral transmission of the meditation of the Thirty ~ six Herukas）。

修行。對於瑪．仁千．秋可[65]和嘉摩的玉札．寧波[66]，上師授予《恰納．多傑．桑瓦．度巴》[67]儀軌、二十種口傳、一百種精要口訣教導，特別是《瑜伽．采．助曨》[68]的諸個儀軌與指示，吩咐他們在青埔當地的巖穴修行。

「對於措嘉我，上師授予《上師心意》外、內、密、究竟的成就法門，《貝瑪．旺》的根本儀軌，以及與上師壇城相關的七種不同版本的儀軌。簡言之，上師授予我集三根本於一壇城中的成就法，並且吩咐我在有珍貴上師自生像的處所修行，像是昂府虎穴、苪地的虎穴、康地的虎穴，特別是提卓。上師也說，當痛苦、困難生起之時，我應當向他祈請，他會前來給予指導。上師並且堅決地要求我，絕對不能和伴侶阿擦惹．薩雷分離。這些就是他的指示。

「作爲對上師恩德的回饋，虔誠的大王接著供養眾多圓滿豐盛的薈供，數目之多就等同於上師授予我們的壇城數目那般。國王獻上黃金、絲綢和這世間所能堆積如山的一切華美豐饒之物，說道：

嗟瑪！

全能具力上師尊！

至上密法勝壇城，長久難覓今尋獲！尊師大悲無以報。

從今直至證菩提，祈尊慈愛攝我等。
王者如我輕忽迷，俗務纏繞無自由！
願尊悲眼永眷顧！

「於是國王將七把金沙拋灑在上師身上。對於特選的在場譯師們，國王給予每位譯師一捧金沙、一錠金塊，白、紅、藍和其他色彩的錦緞、衣物，還有馬與馱獸各一匹，好讓他們得以在上師指示的地點修行，國王並承諾會提供他們修行所需的一切物品，直至他們獲得證悟爲止。偉大上師煥發欣喜的光彩，對國王說道：

65 瑪．仁千．秋可（藏文拼音為 *rma rin chen mchog*）是早期的藏地譯師，也是第一批在寂護座下受戒的七位藏人之一。為瑪哈瑜伽幻化網的主要領受者，並以翻譯瑪哈瑜伽主要續法《祕密藏續》而著稱。他因修持蓮花生大士所授的法教而證得持明位。

66 玉札．寧波（藏文拼音為 *g.yu sgra snying po*）是蓮花生大士的二十五位弟子之一，為藏．雷珠的轉世。他生於嘉摩．雜瓦戎，由毘盧遮那扶養長大，並在學問與瑜伽成就兩者都達致了圓滿。他被視為一百零八位譯師之一，也是從大譯師毘盧遮那處領受到大圓滿心部的主要傳承持有人之一。

67 關於金剛手菩薩的儀軌修持法門。

68 意指「無死瑜伽」的成就法。

嗟瑪！

偉大莊嚴威德王，汝之作爲實合宜！

蓮花生吾無所需，然爲密法三昧耶，方便汝得稍功德，此諸供品吾納受。

此二十四弟子眾，無礙將達彼目標，虔誠王奉勝供養，此皆莊嚴菩薩行！

具信弟子勤修持，蓮花生授法精要，虔敬大王諸糧供，無量功德由此生：

清淨願心、業緣、行，於此三者能泉湧，佛果如海諸功德！

「上師對國王和每位弟子皆授予口訣指示與教誡，這些全都分別記述於他們各自的傳記中，於此不予羅列。所有人都前往上師所指示的地點修行。我首先前往提卓，進入《三根本合一》的壇城。我所領受的共與不共教導，數目多到難以計算，僅是聽聞這些教法就能帶來解脫。但是由於擔心篇幅過長，因而在此不予贅述。」

三昧耶，咿啼，嘉，嘉，嘉

5
修　行

措嘉尊女在提卓的「空行會所」進行禪修，有時於「措嘉的祕密巖洞」，有時於他處，當地的虔誠老百姓慷慨提供她一切所需之物。一開始，她於「空行會所」主要巖穴後方的關房，持守寂靜蓮師的簡軌，她的身體化爲本尊，她也見到本尊面容，了悟到脈、氣即爲空行母的壇城，同時一切所行事業皆得圓成。由於此勝智的加持，她的自心、也就是明點，生起爲蓮師的顯現，一切諸法現象都顯現爲與蓮師無別相融，她感受對蓮師有一股自然生起的虔誠，同時，外壇城閃耀虹光、明晰可見，勇父、空行在她的感官知覺中鮮明出現。

「在那強烈、眩目的明光覺受中，」措嘉回憶道，「我來到空行母的居所，即稱爲鄔金的土地。那裡的果樹有著如同剃刀般的葉片，大地是由一塊塊的屍肉組成，山丘崖壁則有一堆堆的骷髏滿佈，泥土石塊都是四散的骨頭碎片。此地中央有個堡壘，城牆以三層人顱所造，有些剛砍下，有些是乾的，有些則已開始腐爛；堡壘的屋頂和門窗是以人皮所做。此處四周和方圓一千由旬❶的地方，環繞著火焰山、金剛帳、兵刀雨、八大屍陀林、潔白的蓮花圍欄①。在這個圈圍起來的地方，我見到食肉鳥、飲血獸，我的四周圍繞著男女羅剎以及其他恐怖的傢伙，看起來令人驚懼，但其實既不具敵意也不帶友善。在這樣的狀況下，我穿越了三道城門，進入堡壘。

「在堡壘裡面，有許多空行母，她們具有色彩豐富的女性身相，手持各種不同的供養物獻給空行母之首。有些空行母用刀割下自己的肉片擺成薈供；出於同樣的目的，有些空行母讓自己出血，有些挖出自己的眼睛、鼻子，還有自己的舌頭、耳朵、心臟、體內器官、肌肉、小腸、骨髓、脊液、命力、呼吸、頭顱、四肢等，空行母將這些從身上砍下，排列整齊，作爲薈供品。她們將一切都供養給與佛父雙運的首要空行母，將一切都作爲虔敬供養的薈供物。

「『妳們是爲了什麼，』我問道，『要這樣加諸痛苦在自己身上？難道將生命完全奉獻給佛法竟還不夠？』

「她們呵斥回道：

噯瑪！

懶散怠惰一女子！

❶由旬（league）為長度單位，換算為現代的長度單位並不確定，一般看法認為一由旬約等於十三至十六公里。

①這些細節描述暗指此為忿怒本尊的壇城。

眞實導師之慈悲，僅於飛逝一瞬間，來至吾等能及處！
吾等聚集彼尊前，怎能不供悦意物？
延緩磨蹭至日後，永難裝滿功德庫。拖延總招障難增！
堅信僅能瞬間守，虔敬只會短暫存。即於本智現身時，怎能不行廣供養？
延緩磨蹭至日後，永難裝滿功德庫。拖延總招障難增！
吾等人身僅此時，修法時光稍縱逝。
得遇了悟上師時，怎能不勤獻供養？拖延總招障難增！
上師現身僅瞬間，欲入密法近難成。
吾等聽聞勝法時，怎能不行廣供養？拖延總招障難增！

「她們的話讓我感到羞愧。當她們對自己所供進行迴向時，各個空行母面前都出現一尊金剛瑜伽母，金剛瑜伽母手指一彈，空行母全都恢復原先完好的狀態。隨後，空行母眾向空行母之首請法，並進而禪修這些教法。這就是她們修行的方式，一天總共十二次。

「宮殿的每處城門都有一位看守者，宮殿的中央則有一尊金剛瑜伽母站立，她的四周都是難以入眼的熊熊火光。對此佛土的詳盡描述可在他處尋得，這裡就不記載，以免過於冗長。

「其後，當我再次見到蓮師的時候，便對他敘述這段經歷，況且我也想從事這類苦行，希望能立誓行之。上師卻說：『這些淨觀只不過是一種指示，妳並不需要去做諸如供養自己肉身爲薈供品的苦行，而是要去修持更爲困難的苦行！

噯瑪！

措嘉天女請聆聽！秀美女子專注聞！

珍貴人身金枝幹，得取並能明智使，將獲無盡維生糧。

彼等無此知識者，一日之糧亦不得，無知者因饑饉亡！汝當立誓如下行②。

修持滋養之苦行，僅取維生而所需石頭藥草等汁液，空氣是爲汝飲食。

修持衣著之苦行，簡樸棉布以爲衣，進而骨飾終全裸，仰賴拙火生內熱。

修持言語之苦行：儀軌祈願持咒中，修持近、修諸次第。

靜默而修氣瑜伽，摒棄一切無用語。

②仔細閱讀就會發現蓮師在這首歌中對於日後措嘉的生平與修行，給予了次第性的完整規劃，整個綱要就如同本書接下來所將揭露的一般。

修持身體之苦行：禮拜、繞行與淨身。金剛跏趺姿態坐，持續保任禪修行。
修持心意之苦行：習於生圓二次第，修於樂空共明點。樂空雙運安住定。
修持教法之苦行：當為佛法持有者。教授、著述與辯論，以此護持佛法教。
苦修無我之慈心：為利他作一切行。循大乘法助他人，毫不顧慮己命身。
修持悲心之苦行：親兒敵人平等愛，黃金泥塊亦同惜，視彼珍貴甚於己。
如是體現諸佛法，得證極樂勝神妙。
若否則為謬苦行，無別天竺狂迷士。卡千女當知此法。

「他如此說完後，我答覆將立誓修持上師所傳的這八項偉大訓誡：

嗟瑪吙！
佛律法已至惡地，炙明燈已來暗地，
鄔金主臨羅剎地❷，降法雨於邪見者，示善道於無依者。
金剛座、佛住世時，未聞如尊此善行，上師恩德實難報。
密法極祕密壇城，伊喜．措嘉女已入，寧死不違師教誡。

八大教法誠難修，伊喜．措嘉女已受，
命、身、權勢不必顧，持守怙主師教法，寧死不毀吾誓句。
衣食滋養三苦行，身語意等三苦行，爲佛教法歷艱苦，爲流轉眾受諸難，
承擔慈悲之重擔，視彼珍貴甚於己，吾將修行此八法❸，精誠專注無散修。

措嘉尊女立下修持這八項苦行的誓言三次，上師因而非常欣喜，便給予措嘉指示和授記，接著回到國王那裡，繼續擔任國師之職。

措嘉尊女首先修持習衣物的苦行，仰賴拙火的內熱。在提卓的高山之頂，白雪掩蓋著碎石堆之處，她除了一件棉質的單衣之外，什麼都沒有穿，如此禪修了一年。一開始的時候，拙火

❷藏族傳說認為自己是羅剎女的後代。
❸八項苦行當指：滋養、衣著、身、語、意、傳法護教、慈心、悲心的苦行。

的熱能尚未生起，當新年的大風開始吹起，嚴寒的霜凍讓人特別難以承受。她的印度伴侶無法繼續忍受而自行離去尋找上師，說他願意去服侍上師。但是，由於她的誓言，措嘉尊女堅忍不拔地繼續禪修，直到凍瘡遍佈她的全身；她受痛苦所折磨，呼吸變成了短促、疼痛的喘息。在瀕死之際，她向尊貴的上師祈請：

鄔金怙主佛法尊，護佑輪迴流轉眾。慈悲之日祈照看！
獨自無伴身赤裸，暗石洞內狂風颼，一旦風暴捲揚起，吾即成為雪覆女。
石床石頂石牆壁，冰冷物品為享用。
吾身躺如土石堅，白衣佛母③不在此，反覆受凍一身僵，
祈尊慈悲日光降，加持賜燃內拙火！

「當我這麼說的時候，」措嘉回憶道，「業風輕微地流動，使得拙火的溫暖湧現。我對上師的信心更加深厚眞誠，於是唱道：

強力甘露大加持，源於密法金剛乘，眞正上師所賜予；

金剛薩埵即本智，帶來四喜掠吾心。
白衣已生適其處，給予大樂彼溫暖。
吾今喜悅無窮極，依然乞求汝恩慈！

「鄔金上師以嘿魯嘎的身相出現在我面前，給我一具盛有啤酒的顱器讓我飲用，隨後就消失了。我的覺受變得持續不斷，並且非常穩定：有眞正令人大樂的大樂，以及眞正使人暖熱的煖暖，而且我充滿了喜樂。在此之前完全凍傷的身體，此時就如蛇蛻皮一般一再蛻變。我認爲修行骨飾苦行的時機已然成熟，於是褪去棉衣，戴上骨飾，用一年的時間修持名爲《三訣合一》的苦行。那個時候，我連一粒青稞子都不剩，便以石頭和水作爲飲食④，如此進行禪修。

③白衣之女即為白衣佛母（藏文拼音為 *gos dkar mo*；梵文拼音為 *Pandaravasini*；英文為 Lady of the White Robe）的字面意義。白衣佛母是女性之佛，是阿彌陀佛的佛母，代表火大（火的元素）的純淨本質。根據增喀仁波切的解釋，*gos dkar* 至今仍然是牧民方言裡表示火爐或爐牀的字眼。

④此處所指的是一種罕見但是仍然存在的修行方式，稱作「丘楞」（chulen；藏文拼音為 *bcud len*），修持的瑜伽士在某不定的期間捨棄一般的食物，取而代以諸元素的精華作為滋養，輔以各種丹藥和萃取物。對於淨化身體和使風息、明點純淨，這是非常有效的修行。然而，於今這個時代卻很難進行此項修行，因為如今世間的基礎元素都受到物質與心靈的污染而衰弱。不過，據說藏地山上仍有隱士能不靠任何尋常食物維生，他們也從未被漢地的部隊所尋獲。流亡藏人中仍然有人在修這個「丘楞」法門。

過了一段時間，我先前的覺受退失，所得的了悟亦然。我的雙腿再也無法支撐身軀，頭也無法抬起，連用口鼻呼吸都感到困難，心也變得非常虛弱。我的狀態越來越糟，直到最終瀕臨死亡的邊緣。

「因此我向上師祈請。我在絕望中呼喚本尊，觀想毫不止息的供養，並獻給空行，說道：

從一開始，我的身就已獻予上師，
無論喜樂或痛苦，尊主，
我將自己託付給您！
從一開始，我的語就已獻予佛法，
無論我如何呼吸，尊主，
我將自己託付給您！
從一開始，我的意就因善德奮起，
無論順緣或逆境，尊主，
我將自己託付給您！

從一開始，我的形體就一直是本尊的聖宮，
不論是何降臨於此住所，尊主，
我將自己託付給您！
從一開始，我的氣、脈就是空行母的道途，
無論她們如何使用氣、脈，尊主，
我將自己託付給您！
從一開始，這個明點就是善逝諸佛的自性❹，
無論是在超越諸苦的寂靜中安住，或是在輪迴中流轉。
請眷顧所有徘徊於迷妄中的如母有情眾生！
我應停歇抑或流轉，請爲您這個女兒說出決定的話語。

「接著，一個淨相顯現。一名赤身且無骨飾的紅膚女子出現，將其密處壓在我的口上，讓

❹善逝為佛陀的十個名號之一。佛的十名號是：如來、應供、正遍知、明行足、善逝、世間解、無上士、調御丈夫、天人師、佛。

我能深飲從中流出之血。我整個人都被大樂所盈滿，覺得自己的身體有如獅子一般強壯，並在禪修中，了悟到不可言喻的眞理。那時，我認爲自己赤身、以空氣爲食的時候到了，因此我有一整年的時間只仰賴空氣維生，赤裸地修行。一開始，我的呼吸流暢、頭腦清醒，而且種種覺受，本覺的展現，毫無障礙地逐漸展露。後來，我的心生起一絲疑惑，於是，我的呼吸受到抑制，喉嚨變得極乾，鼻子就像塞入羊毛般地阻塞。我的胃部翻攪，腸子衰竭且乾澀。我又再次瀕臨死亡，但是我鼓起勇氣，向蓮師求助而唱了這首歌：

於此輪迴諸存有，無數形色流浪身，生死循環復流轉，
種種悲慘苦難磨，女子若能受寒熱，饑渴奴役皆能忍，何以今不敵此難？
此爲密法迅捷道，即此人身眞潛藏。如今尚可如何行？
甚糟不過爲一死！莫從苦行中敗退，措嘉勇敢堅持行！

嗟瑪吙！
鄔金聖主自顯師，蓮梗上現妙化身！
人身示現大悲主，汝尊殊勝金剛相，乃以虹光所形成，悲視色身所累眾！
護佑吾此平庸者。受制必死凡俗身，拖此重擔何能行？祈今慈悲眷顧吾！

「我的話尚未說完，上師本人就出現在我面前的虛空中。他圍繞在一團金色光芒之內，面帶微笑，如此接近，我幾乎都能摸得到他。他說：

嗟瑪，噢！
高貴卡千女諦聽，汝出身爲王侯女，仍圖美貌悅意受！若此無能忍艱苦！
然今時機已成熟，應納樂苦皆爲道。
無論有何困境現，勝妙樂道帶往之！
具信謙和一女子，愉快安樂莫渴求！

嗟瑪！
卡千女士請諦聽，欲望無窮年少妃！利己欲想如前纏！
然今時機已成熟，拋開無用諸消遣。
禪修無常並思慮，悲傷痛苦諸對境。
具信謙和一女子，高尚偉大莫渴求！

嗟瑪！

卡千女士請諦聽，自矇自滿上師伴！自視甚高如往昔！

然今時機已成熟，明白知曉汝缺失，無有隱藏盡表露。

具信謙和一女子，聲名美譽莫渴求！

嗟瑪！

卡千女士請諦聽，汝法、虔敬皆虛僞！矯飾造作盡如前！

然今時機已成熟，欺騙詐巧且拋開。毋有動搖當具勇。

具信謙和一女子，莫要輕視汝自身！

「上師言畢，信步來到地面，落坐在一塊石頭上。『妳的做法過了頭，』他說。『萃取藥草和植物的精華，以強化妳的本覺並使身體恢復元氣。至於我自己，這只爲無助流浪眾生而存在的蓮花生，直至輪迴空盡之前，我必須考慮未來。我將會封藏永不竭盡的眾多神聖佛法伏藏，接著我必須離開前去空行淨土拿雅⑤！夫人，照顧好這些甚深法藏，就是妳的責任了。不久之後，我就會開啓至上密法的諸多壇城，妳爲利益眾生而奮鬥的時候即將到來。因此，做好準備。』上師給予我這個開示以及其他更詳盡的指示之後，便離去了。

「於是，措嘉我帶著印度男孩薩雷以及女孩德瓦嫫，啓程前往苪地的三個巖穴，每一處都稱作獅堡。我先是去了苪卡獅堡⑥，在那裡修行自不同藥草中萃取精華之法，不過我是從攝取礦物質的精華開始，因爲我知道這一切的精髓都包含在方解石（藏文 *chongzhi*）之中。我的身體變得像是金剛鑽一般，沒有任何兵器能夠加以損傷。我的語音具備梵天之音的功德，即使是一頭凶猛的母虎，聽了也會變得恬靜且注意傾聽。我的心意則安住於無瑕的金剛喻定之中。」

以此爲基，措嘉決定是修語之苦行的時候了。一開始，爲了要淨化語的染污，她修持「近」「修」等次第，不斷持誦祈願文與儀軌，無論日夜，她的聲音沒有一刻停息。她首先持誦明咒和陀羅尼咒（總持咒），例如百字明咒等眾多咒語，如是依據事續三部進行懺悔、淨化。其後，她持誦行續、瑜伽續諸陀羅尼咒的壇城，如五佛部、三菩薩⑦眾等。最後，她精進持誦

⑤拿雅為藏音，即指遮末羅洲、貓牛洲。詳見辭彙解釋中「拿雅」的說明。
⑥*Mön-kha Sengé Dzong*，位於不丹苯塘的東面，蓮花生大士和伊喜．措嘉佛母都曾將之作為普巴金剛修持的聖地。

「經藏」的祈願文、懺悔文、誓句，以及「律藏」的律則、無量壽佛的修法，還有「論藏」的學處、聲明學、因明學等。她的精進努力無邊無盡。如此苦行的結果是她的聲音開始結巴，喉間出現裂口，從中流出大量血、膿。她的喉頭僵硬痙攣，劇痛不已，不僅變得乾燥，繼而充滿血膿而腫脹，距離死亡僅有一步之遙。但是，她最終還是成功地如願進行大量誦讀，而且沒有任何的不適之感，話語變得美妙悅耳、流暢不斷。無論是響亮、中等或是柔和的音量，快、慢或是中等的速度，她完全掌控語音的使用。歸納而言，她的聲音具有妙語的六十種功德，並且獲得無謬記憶的七種力量。

於是，措嘉根據瑪哈瑜伽開啓《八大嘿魯嘎》的壇城，並且修持「近」的次第，直到本尊現前。接著修持「修」的次第，不斷修持直到自己與本尊融合無別。她以金剛跏趺座姿端坐，手結定印，首先見到了羅列四方的所有本尊眾，接著生起了耀眼光芒等諸多徵相與能力，其後她得到禪修本尊的授記與開許，證得八大共通成就❽。不共的殊勝成就亦然降臨，她證得「金剛喻定」和「健行定」，得到授記，表示她將於普賢王佛母的廣空⑤中得到究竟證悟。

接著，她開啓《上師意集》的壇城，依據阿努瑜伽的口傳來修持。由於已從持咒、修氣、禪定而完全掌控自身，她這時便將《上師意集》的壇城置於身內的根本脈輪中，毫無謬誤地運用脈、氣、明點的關鍵指示，以脈、氣、明點爲禪修覺受之對境。

一開始，措嘉的脈感到痛楚，氣成為逆流，明點則僵固不動，但是她堅持不懈，雖然這些疼痛讓她幾乎死去，她也毫不在乎、不欲阻止。因此，經過一段時間之後，她見到本尊現前，能夠完全掌控脈、氣、明點，斬斷生、老、病、死之四流。就是在那個時候，措嘉成為偉大的成就者。她心想著無法回報珍貴上師的恩慈，乃唱道：

嗟瑪，喔！

頂禮吾主蓮師尊！
無始以來此塵聚，
怙主上師轉化之，
已成至尊須彌山。

---

❼三類菩薩（three classes of Bodhisattva）可能是指智慧類、信仰類、精進類等三種類型的菩薩；或是指三怙主菩薩：文殊、觀音、金剛手菩薩。

❽即世間的八大神通力。

⑤普賢王佛母的廣空為究竟實相之虛空或空性（藏文 *chos dbyings*；梵文 *dharmadhatu*，法界體性）。

如今此山看似能，
行使利生諸事業。
　善德帝釋來襄助！
四散山谷眾除外，
乃因彼乏昔善業，
　幸福安樂將充滿，
四天王天遍天道。
無始點滴此海聚，
怙主上師轉化之，
已成戲耍七樂海⑥。
如今此海看似能，
行使利生諸事業。
　善德難陀來襄助⑨！
　沼澤魚蛙眾除外，
乃因彼乏昔善業，

安樂將遍龍族地，
八大龍王皆歡喜。
無始德聚成聖哲，
怙主上師授予之，
已盈知識無竭盡。
今此聖者看似能，
行使利生諸事業。
虔敬人王來襄助！
化外蠻族眾除外，
乃因彼乏昔善業，
幸福安樂將滿足，
聲聞以及世間眾。

⑥七海指的是環繞須彌山四周的大海，是眾龍王的舒適居處。

❾難陀為一龍王之名號。帝釋天、難陀與措嘉的故事會在第七章中提及。

無始德聚成果實，
怙主上師轉化之，
具足深義一人身。
如今此女看似能，
行使利生諸事業。
善緣弟子來襄助！
邪見不幸者除外，
乃因彼拒斥佛法，
安樂將遍藏地鄉，
以及藏地虔誠眾。

其後，措嘉攝食一百零八種不同藥草和植物的精華，四聖者出現在她面前，周圍環繞四百零八位藥師天女⑦，每位手中各持有一個甘露寶瓶，裡面裝盛具有特定療癒功效的甘露。祂們將這些甘露供養給措嘉，以這些詩句對她進行讚頌：

嗟瑪吠！

一切神妙汝至上，往昔姐妹今人子，因居上界天道時，淨願成就大慧因！
琵琶妙音領樂神，妙音天女吾禮讚！
其後彼具大力佛，住世之時轉法輪，汝以淨願成聲聞，
善比丘尼慈悲眼，引導一切有情眾。甘嘎黛薇吾禮讚！
如今尊聖金剛持，現爲大士蓮花生，於此住世轉法輪，
師授教法汝編纂，密乘大門因而啓。爲眾苦行吾禮讚！
汝心廣空源諸法，取用丹藥毒精華，無異戲耍無死丹。
汝身青春永曼妙，具足佛果諸相好。恆時護眾吾禮讚！
驅趕眾生諸疫病，清除久時難癒疾。無死甘露爲彼療，諸丹靈藥精粹者。
療癒天女眾醫母，豈非即爲措嘉汝？⑩

她們讚頌完畢後，升入空中。

⑦暗指根據四部醫藥密續中記載的疾病分類。

⑩此讚誦文中「吾禮讚」的完整意義為：哦，措嘉，我們禮讚妳！

在那個年代，由於外在世界和內在世界互為依存而相連，名為絹珍的女孩前來供養措嘉大量的蜂蜜。措嘉食用了所有的供養，接著投身於身體的苦行。她首先進行繞塔經行，其後用所有的時間不分晝夜地做大禮拜。她額頭的肌膚和手足的掌部都迸裂到深可見骨，血膿四流。其後她進行無數不同種類的身體淨化，大多依據各精要指示的教導文來修行。她歷經三個層次的身體衰竭，四肢關節內的明點液體變成淋巴，灼熱疼痛，造成關節的痙攣腫脹。她的脈位紊亂，端口打開，致使身體開始變得衰弱。然而最後，純淨的明點從已衰敗的明點中分離出來，她的精神又好了起來。明點安住於本智的自性中，她的脈結鬆開，扭曲的四肢變直，所有的病痛都得到痊癒。受到截斷的都再次連接，位置錯亂的都回復正常。於是，她為密乘的成就奠立了堅實的基礎。

於是，措嘉退隱到最僻靜的洞穴裡，內林獅穴就是其中一處。她在那裡坐下，發誓絕不從金剛跏趺座姿中鬆動，而要在靜默中保持目不轉睛的凝視，整個身體姿勢不做任何的鬆懈。她就如此停留在入定的狀態。當地的凶神惡靈無法忍受尊女入定的光輝，就幻化成各種或是誘惑、或是恐怖的身相來攻擊她，有的身相可見，有的則看不到。一開始它們一直化身為各種不同的食物出現在她面前，隨後是變成衣物、馬匹、象群等等一切世間所有的物品財寶，但是措嘉以禪定的專注平息了這一切。她見到這些世間財物的虛幻本質，深深感到對世俗之物的出離與厭惡，單是如此就已經令某些物品自然消失，有些其他的物品則經她以禪定力化爲泥土石塊等物，還有的物品則依照她的發願，轉成爲了利益未來國家世代所儲藏的食品、財物等寶藏，之後便消失無蹤。

又有一次，鬼靈化成一群英俊瀟灑的少年，他們的面貌俊美，氣味芬芳，體態強健，極爲悅目，看著就令人心生喜悅。他們一開始非常尊敬地對她說話，稱呼她爲「夫人」或「尊女」。不過，不久之後他們就喚她作「女孩」、「措嘉」，並且開始向她述說貪愛之語。他們起先是開玩笑般地逗弄她，接著逐漸露出陽具，說些這類的話：「嘿，女孩，這是妳要的嗎？要不要裡面的乳汁？」而且他們抱著措嘉的腰部，撫摸她的胸部，撥弄她的密處，親吻她，對她做出各種求愛的動作。有些年輕男子屈服於尊女的禪定力而消失，有的在措嘉視一切爲幻相的禪定力下如幻影般消失，有的則因她修持菩薩的逆觀法⑧而變成發黑的屍體、醜惡的老人、麻

⑧逆觀法（counteractive meditation）指的是一種克服煩惱的法門，例如在寂天菩薩的《入菩薩行論》中所敘述的。

瘋病人、盲人、瘸子、智能缺失者等令人拒斥的模樣，其後就消失了。

接著，恐怖的景象開始出現。整個大地顫動搖晃了起來，大地崩裂，發出比千雷齊震還響亮的隆隆聲。閃電飛射出黑、白、紅、黃、藍和彩色的明亮光芒，耀眼得令人幾乎無法忍受。各式各樣鋒利的兵器出現在措嘉面前，駭人的銅青色尖銳匕首、矛、刀等，全都森然豎立在她面前，相互交撞，噹噹作響。措嘉幾乎忍受不住，但因她毫不動搖的定力，即使看來她像是即將要被切碎身亡，她還是保持著無畏信心，而再次地，這一切全都消融而逝。

然而幾天以後，又出現了各式各樣的野獸：虎、豹、紅熊、黃熊，牠們大聲咆哮怒吼，將洞穴的入口從上下兩方堵死，從四面八方湧入並嚎叫。有些野獸怒口大張，獠牙呲裂，像是要吞了措嘉一般。牠們用尾巴擊打地面，用爪掌撕裂地面，弓起身子，立起獸毛，且鬃毛直豎。但是措嘉具有毫不動搖的信心，捨棄了對自己身體的所有執著，對這些猛獸們生起深切的慈悲，於是牠們便消逝無蹤了。

剎那間，以眾多蜘蛛、蝎子、蛇類爲首的各式軟硬蟲子覆滿了整個地方。有些鑽入措嘉的耳朵、眼睛、鼻子裡，有些螫她、抓她，或是爬、跳到她的身上。有的昆蟲自相殘殺，將同類撕成碎片，大口吞食。各式各樣的東西幻化出現。措嘉雖然略感恐懼而顫慄，然而心中還是對牠們生起悲憫之念。景象變得愈發恐怖可憎，直到她想到：「有許多次我都發誓，無論在何種狀況下，絕不執著於自己的身、語、意。這些稱作蟲子的生物是由於業力而現起，我爲何要對邪靈的魔幻伎倆感到恐懼？一切的活動都來自善惡的心念；既然發生的一切都只是個念頭，我當平等納受一切。」在這樣的信心下，措嘉唱道：

所謂諸法諸現象，僅爲此心幻化現。於此虛空廣袤中，未聞曾懼何事物。
一切不過明性光，未有其他生起因。所現盡皆我嚴飾，當住寂靜禪定中。

如是，措嘉進入圓滿平等的禪定，超越善惡，無有取捨，於是所有的幻相皆消失而去。但是，其他的幻相又再次生起。到處都有砍斷的四肢在轉動，令人生厭的形象在飛射或輕飄。她看到一個無身的頭顱，大開的裂嘴從地面張到天空，舌頭在其中伸吐抽動，白森而銳利的巨大獠牙向她步步逼近。或是在一個小如白芥子的城堡裡，她看見許多人在打仗。或是有能吞噬一切的大火、洶湧的洪水、落石、轟然倒塌的樹木、咆哮的狂風等，以及更多。但是，她依然維持如如不動，住於金剛喻定中，最終這一切全都消融而逝。

接著，從尼泊爾的誒地到苪的札地，有大批神鬼前來。祂們來自洛地的卡茶和康茶部落，說道：「看，我們是神鬼兵團。」他們當中，有的哭泣，有的尖聲喊叫，或是呻吟、或是怒吼，並且開始製造災禍：他們從空中降下雷電，從地下燃起大火，中間則是漩湧的奔騰大水，猛烈的兵器風暴。但這一切都只讓措嘉的了悟更為強化，清淨的本覺破繭而出，智慧的脈輪因而打開，不動的信心於內生起，她唱道：

嗳瑪吙！

法身，大母[11]大智慧，十波羅密之本質，甚深智慧之修行，如今皆已得圓成。

無有現象令吾懼，諸顯視為法身戲。幻魅僅是師慈悲，祈願上師多賜吾！

嗳瑪吙！

如來普賢王智慧，見修果等諸本質，不受念擾之修行，如今皆已得圓熟。

妄念思維無所懼，萬念皆為妄想戲。諸想僅是師慈悲，祈願上師多賜吾！

嗳瑪吙！

蓮花上師尊智慧，遍在一切阿底（Ati）質，心無垢染之修行，如今皆已得圓熟。

染污妄念已不生，染垢皆為勝諦戲。諸覺僅是師慈悲，祈願上師多賜吾！

嗳瑪吙！

措嘉女子之觀照，金剛密乘之本質，苦樂一味之修行，如今皆已得圓熟。

於善於惡不偏執，善惡皆為禪修助。萬法僅是師慈悲，祈願上師多賜吾！

然而，印度、尼泊爾、藏地三處的神鬼眾再次來到措嘉這裡，連同他們紅、黑、藍色的魔頭一起，試著給措嘉製造各式各樣的障難，但是並未成功，於是他們就去騷擾百姓，想要使這些人對措嘉心生敵意。神祇們的力量使得苪地全都籠罩在數不清的災難中，黑暗降臨以致晝夜不分，洪水、雷暴、雹暴、雪災、雨災、瘟疫等，各種悲慘禍事都發生了。所有居民都說：「是誰在攻擊我們？這些都是從哪兒來的？」

恰巧苪地有獵人曾經見過措嘉。

「就在那裡，」他說，「在內林巖洞裡有個看來又聾又啞的藏地女子。不就是她嗎？還會是誰？」他們全都同意她正是禍端之源，遂集結成群前來殺害措嘉。這群暴民來到洞前大喊，

⓫指般若波羅蜜多。參見辭彙解釋中「偉大之母」的說明。

「藏地來的乞婦！由於妳的巫術，使我們苪地陷入一片漆黑，變成了黑暗之地。閃電、冰雹擊打而下，瘟疫、災禍降臨在我們身上。撤去妳的妖法，否則我們馬上殺了妳！」

尊女心想，「他們受到神鬼的影響，做什麼都無法改善！無論發生什麼，我都必須當成是修道的一部分；無論出現什麼，我都必須讓它來；無論必須經歷什麼，我都不能背棄誓言。」因此，她不做任何回應，保持靜坐，雙目大睜，凝神注目。有些人覺得她是感到羞愧，有些人則認爲她拒絕聽從他們的話。他們就將塵土灑向她的眼睛，用刀子戳刺她的耳朵。但是她仍然維持原樣，毫不在意。

「啊呿！」他們喊道，「這是一頭難搞的小雌狐！」他們對措嘉射箭，用棍棒打她，用刀子、長矛刺她，但是無人能用任何物品對尊女的身體造成絲毫損傷，因此他們就喚她作「魄嫫・吉美瑪」，意即「無畏藏地女」。於是他們相互商議，實在無計可施，便打道回府。

那時，先前供養蜂蜜給措嘉尊女的女孩絹珍再次前來。她是苪王的女兒，因此非常富有，並且具有影響力。她對尊女懷有大信心，故而向措嘉頂禮。絹珍回府，並時而供養水牛乳汁，時而供養蜂蜜，以各種令措嘉愉悅的方式，在她能力所及的範圍內進行侍奉。過不多久，那些原本顯現幻相的神鬼之眾就前來將其命藏獻給措嘉尊女。爲首的包括魔頭、贊靈、龍族等，全都立誓守護尊女的教法，消滅與她爲敵者，說道：

嗳嚯嚯！

顱鬘蓮師⑫喜所在，尊勝之女嘿魯嘎，不屈不撓能抵擋！吾等懺悔邪願行。

當爲汝僕侍眷從，獻上命藏與力量，遵循一切汝囑咐。吾等永不壞誓言！

它們一一獻上自己的命藏作爲供養，隨後離去。類似的，藏地具有威力的神靈眾等，像是羅睺羅（「凶曜」）、善金剛神等，全都前來供養自己的命藏，並承諾守護佛陀教法，之後各自離去。於是，全國的居民，不分男女，往昔曾對尊女造次種種者，全都聚集在她的跟前懺悔。事實上，苒王哈姆拉也開始將措嘉視爲敬信的神妙對象，而他的女兒即是絹珍，意指「帶領獵犬之女」，曾供養蜂蜜給措嘉，是個十三歲的動人女孩，具有空行母的所有特質和身相。國王出於虔信，將絹珍獻給措嘉，措嘉將絹珍改名爲札西．祁珍，意思是「眾生之吉祥嚮導」。

接著，措嘉前往巴羅虎穴，在那裡修行自身最後一項苦行，也就是樂空雙運——明點的苦行。她有三位印侶：阿擦惹．薩雷、苒浦．薩雷和阿擦惹．佩鞅，她以藥草精華滋養這三位印

⑫蓮花顱鬘力（音譯為「貝瑪通趁雜」）為蓮師的密名之一。

侶，日以繼夜，毫不間斷地修煉了七個月。一開始她的身體失調，失去氣力，她的心淪於昏沉或掉舉，淋巴液從上半身急劇下流到下半身，她飽受疾病、高燒、疼痛、顫抖的折磨，再次瀕臨死亡。但繼而所有的淋巴液轉變成明點，她整個身體都盈滿大樂。開始的時候大樂混雜著情緒，其後轉爲廣大無窮的本智大樂，最終變成平穩流動的智慧大樂。接著，紅、白明點逐漸相融，使得主、客的分別見解消逝，她的身體成爲諸佛勝者的壇城。藉由大樂的供養，措嘉在極喜之身內證得極喜之境。她的白皙身體閃耀著淡粉色的光輝，現起嘿魯嘎勇母的身相，具有十六歲少女的妙齡美貌，永保青春身形。就在那個時候，她得到無量壽佛壇城的淨觀，獲得永遠不變、不受老死影響的金剛身，成爲能夠掌控生死的持明者。她並得到授記，預示措嘉將會住世兩百二十五年⑨。吉祥馬頭明王與金剛亥母驅除障難，五位勇父與五位空行母如影隨行地完成她的證悟事業，眾菩薩一齊唱誦吉祥願文。身爲掌控生死的持明者，措嘉得到「熾燃藍光長壽女」⑬之名。

其後，措嘉與五名弟子動身前往昂府虎穴。那時，珍貴導師正居於其處。尊女前去拜見上師，並且行大禮拜。

「前來見我的是英勇的嘿魯嘎嗎？」上師說。「妳近況如何？旅程順利嗎？」隨後他繼續說道：

嗟瑪吙！

嫺熟密法瑜伽女，解脱基礎即人身，
人間色身誠常見，無有種種諸分別，性別等皆無影響。
若得菩提心莊嚴，誠然女身爲殊勝！無始久遠時光起，福慧雙糧汝已聚！
今起離謬功德足，至高女子證悟母，安非吾之極喜女？
汝今已證自利益，當爲利他辛勤行！豈有彼女具神妙，如汝存於人世間？
過去現在確然無，未來亦然不出現。伊喜．措嘉勝慧海！
由今直至末劫世，汝將化現有五身，延續佛法三十載。
汝將出現於達地，化爲女子名卓瑪⑩，
得到教法之精髓，亦即般若智慧要，傳授甚深斷境法，此法眾生至上福。
彼時印度薩雷者，化身比丘名蜕巴（聞喜）。成爲吾女汝伴侶，開啓祕密之大門。

---

⑨這個授記在本書最後部分獲得應驗。

⓭伊喜．措嘉的祕密名之一：策達．挺沃．巴瑪。

⑩這裡指的是偉大瑜伽女瑪姬．拉準（Machig Labdrön，西元一〇五五至一一四五年），為下文提及之帕當巴．桑傑最主要的弟子。

苪女札西祁珍者，彼將成為汝獨女，苪浦薩雷為汝兒，現身瘋狂瑜伽士。
佩鞅化札巴哦謝，彼將成為汝密伴，自利利他皆殊勝！
吾今現為蓮花生，彼時名印度當巴（Dampa）⑪，
自拉托處廣宣揚，希解息苦之教法。
吾等再次相會時，密乘緣繫益增上，甚深善巧息苦法，
稍許安樂攜於世，然非長久留彼處。
無上淨土蓮花光，吾等再次得圓合，報身利益眾生行。

珍貴導師以這個授記和其他的授記鼓舞伊喜·措嘉，而她唱了如下這首歌來感謝上師的恩慈：

噯瑪吙！
密法支柱金剛持，無死無緣無量壽，
大力尊主嘿魯嘎，蓮花生汝即一切！無能再覓如尊者。
至上導師賜恩慈，密法成就吾今取。獲得八大悉地力，通達經續二部法。
雖處卑下女兒身，確然具有妙善福！

吾身今已成本尊，凡庸感知盡消逝，法如幻定已生起，諸大元素任支配。

吾語今已成咒音，無用閒話漸消逝，金剛喻定已生起。

一切佛法經與咒，吾今皆能得通達。

吾心今已成佛陀，凡庸思緒逝虛空，勇健行定如日昇⑭，吾心等同金剛持。

怙主上師大慈悲！今至未來諸時空，於吾所有生世流，

即便受汝蓮足棄，亦不他尋第二師，故祈悲視勿離棄。

汝大慈悲無以報！於汝身語意功德、事業所犯三昧耶，

皆爲無明之所致，吾今懺罪並立誓，往後毋有絲毫違！

懇求上師賜恩慈，爲利一切有情眾，轉動密乘教法輪！

---

⑪ 帕當巴·桑傑是一位印度大師，將施身法（藏文 *Chö*，拼音為 *gchod*，念音為「覺」，意思為「斷境」）和息苦法（藏文 *Shi-che*，拼音為 zhi byed，念音為「希解」）的教法和修行傳到藏地。中譯註：「希解」是能息滅的意思，是指依般若空義對治我執煩惱，加以修行來息滅惑業苦等。

⑭ Heroic Fearlessness，指的是健行定，又作健相三昧、勇健定、勇伏定、大根本定。關於此道歌中提及的如幻定、健行定、金剛喻定，請參閱詞彙解釋「三禪定」的說明。

接著，她詳細敘述自己修持苦行和獲取成就的經過，提到關於神鬼、人類的種種幻現紛擾，特別是關於在巴羅虎穴的密修成就和見到無量壽佛眾本尊的經過。

上師的臉龐煥發喜悅的光彩，將右手放置在措嘉的頭頂，說道：「是妳修行無死持明瑜伽的時候了，妳就在此地修持。巴羅虎穴之事表示，如果妳能依法修持，在上師的加持下，無疑能夠功成圓就。同時，我將開啓無量壽佛的壇城，賜予妳灌頂，但妳必須找到一位伴侶作爲修持長壽法門的助緣。祁珍這位來自苒地的女孩，具有金剛事業部智慧空行母的所有特質相好。把她交給我，我將納她爲金剛橛續法修行的明妃，這對廣傳許多金剛童子（Vajrakumara，即普巴金剛）的口訣指示確有必要，否則，密法將無法在藏地這片愚昧的土地上傳播，修持密法的瑜伽士將甚至無法保全自己的生命。藏地眾多神鬼等佛法之敵無疑會製造障礙，密法的傳佈會受到阻礙，即使不受太多阻撓，也會很快消失。」

「於是我，」措嘉尊女回憶說，「向上師頂禮，並且爲了感謝上師的恩慈，供養了一個黃金和綠松石的曼達，以及札西．祁珍這位女孩。我說：『偉大的上師！您賜予我措嘉這個女人長壽瑜伽的精要教導，這是何等莫大的恩慈。但是，請告訴我，我將需要什麼樣的伴侶來作爲修行的助緣？難道阿擦惹．薩雷不合適嗎？若您也能爲我開啓金剛橛的續部壇城，那將是極大的慈悲。我已將女孩祁珍獻給您。現在，出於您的慈心，我祈求您能爲我開啓密法之門。由於我是個膽怯的女人，能力不足、條件卑微，是大家嘲弄批評的標靶。若我尋求布施，他們就放狗追我；若食物、財富來到我面前，我就成為盜賊欲下手的對象；由於貌美，我成為所有好色無賴垂涎的獵物；若我汲汲營營要做很多事情，老百姓就指責我；若我不照他們的想法去做，人們又非議我；若我踏錯一步，每個人都嫌惡我。我必須為所做的每件事擔憂，那就是身為女人的遭遇！一個女人怎麼可能在佛法上獲得成就？單單是求得生存就已很困難！因此我乞求您，也授予我在您心中的金剛橛教法。』

「上師停下來仔細考慮了一番，接著說：『打個譬喻，長壽法門像是統帥，金剛橛則是護衛。因此，無論要在密乘內修什麼，一開始就修金剛橛來驅除障難是極為重要的。此外，金剛橛是妳的禪修本尊，因此妳是可以修行金剛橛的，但不管妳是修金剛橛還是長壽法，妳都需要伴侶。因此，前往藏地的鄔如，那裡有一名十四歲的男孩，父親的名字是拉培，母親的名字是確洛雜，他是朗氏一族的人。將他作為妳修行的伴侶，你們將會一起成就本尊。』

「我依循這些指示，覓得這個男孩，回到上師處。上師說：

此兒金剛橛持明，能證金剛生命力，非為輕易所擊敗，本尊授記伏魔勇，具備獅子大威力！

拉龍．佩吉．森給名，本尊授記光榮獅！

「接著，上師引導男孩進入密法壇城，使他成熟。

「於是拉龍．佩吉．森給、洛札的南開．寧波、瑪．仁千．秋、伊喜．措嘉我自己和敦珠．多傑等五位上師的主要弟子聚在一起，還有一些其他的人，一同修習金剛橛儀軌。」

現在名為佩吉．瓊內瑪的女孩德瓦嫫被指派為金剛主廚⑫，阿擦惹．薩雷和阿擦惹．佩鞅擔任名為卡瑪．東珠和卡瑪．塔謝的金剛舞者，芮浦．薩雷則被名為蔣巴．佩桑，是為金剛侍從。首先，伊喜．措嘉為根本明妃，其後，札西．祁珍為「解脫」明妃。上師及兩位明妃開啓了與金剛橛《廣博摘要續》（*Vidyottama tantra of Vajrakila*）⑮相關的四十二本尊壇城，也開啓了七十八普巴壇城，修行七日之後，一切了悟的徵象和兆示都圓滿顯現。他們見到普巴金剛眾本尊現前。修法所用的普巴杵飛起，在空中飄浮大笑，放出火光，散發香氛。當晚，不可思議的諸多徵象出現。上師生起「怖畏金剛」⑯的身相（與現為一髻佛母⑰的措嘉雙運，伴隨有祁珍轉成之虎），鎮服藏地和周邊四區，以及百萬宇宙的神鬼魔靈。上師與措嘉相合共騎於祁珍化成的雌虎之上，安住於金剛橛三摩地的禪定之中。上師以右手揮舞九股金剛杵，以左手扭轉金屬製成的普巴杵，放出無數與自身相同的忿怒怖畏化身。其中一個名為忿怒藍黑普巴金剛的化身前去巴羅虎穴，在那裡調伏芮國、尼泊爾、印度和其他南方蠻地的所有神祇、瑪姆、邪魔、八部靈怪，並且將它們繫縛於誓言之下。另一尊名為忿怒血紅普巴金剛的化身前往康地的另一個虎穴，鎮壓康、姜、漢地、霍爾和其他蠻夷之國的神祇、鬼魔、八部靈怪，收取它們的命力，將它們繫縛於誓言之下。

那時，有一條惡龍住在瑪那沙洛瓦湖（瑪旁雍措）⑬的一角，牠變換身形，化成一隻紅色公牛到國王那裡尋求保護。牠的腿被釘子刺穿劃傷，頭顱綻裂以致鮮血、腦漿滲出，舌頭下垂，眼球從眼眶外突，像是要從頭上掉下來一般。

「你遇到了什麼事情？」國王問道。

「蓮花生，」牠回答說，「那個異教蠻人之子要毀了我等藏地的神祇和人們！因此他要折磨藏地的神靈們，即便我們都是無辜的！大王，我來這裡是為了尋求您的保護。」

⑫ Vajra Cook，藏文拼音為 *sgrub chen*。在密續法會的團體修行裡，參與者被指派擔任某個工作。

⑮ 藏文拼音為 *rig pa mchog gi rgyud*，關於金剛橛的十萬誦密續。

⑯ 怖畏金剛（Dorje Drolö）是蓮師的八種化現（蓮師八變）之一。

⑰ 一髻佛母（梵名 Ekadzati，或 Ekajati），藏名阿鬆瑪，意即密咒護持母，漢譯亦有譯為一髮母、獨髻佛母，乃寧瑪巴的主要三不共智慧護法之一，主司護持出世間法的一切成就。

⑬ 瑪那沙洛瓦湖（Lake Manasarova）在藏地西部，靠近岡仁波齊峰（岡底斯山）。至今此湖仍是受到重視的朝聖聖地。中譯註：即今日藏地阿里地區的瑪旁雍措，海拔四五八七公尺，面積四百多平方公里，最大深度七十七公尺，被尊為青藏高原的眾湖之后，苯教、藏傳佛教、印度教等多個宗教共同奉為聖湖。瑪那沙洛瓦為印度語之名，即瑪那沙湖的意思。

虔敬的國王被激起深深的悲憫，沒多久就說：「你可以留下。」紅牛馬上就消失了。「這是什麼意思呢？」國王尋思不解，後來上師跟國王說：

大王錯用汝憐憫，未來生世鬘鏈中，修道成就雜障礙，成爲無盡障礙流。
修習佛法彼生世，短命且具諸煩擾。自今三代將斷失，紅魔牛來成國王！
復以朗牛爲名號⑭，彼時殘殺其兄長，篡行邪律訂惡法，僅只佛經咒語名，亦如飛灰遭湮滅。
此等汝造之業緣，無有能助或救治。

但在那個時刻，佩吉・多傑發願：「願我具有制服他的力量，」他如此感歎道。「所言甚善，」上師答道，並授記佩吉・多傑將能確實制服魔牛。上師賜予佩吉・多傑灌頂，並在那時開始稱他爲佩吉・多傑（他就是在那時得到此名）。就在那裡，上師給予佩吉・多傑詳盡的授記、經卷、口訣指示，教給他具有非常強大威力的二十普巴儀軌等法，命令佩吉・多傑修煉這些法門。

「我，措嘉女，和年輕人佩吉・森給一起修持普巴金剛，不久我們就親見本尊壇城，獲得成就。其後我們經由灌頂和儀軌等方便，得見與《金剛童子本續相關的《普巴欽度》。《普巴欽度》的前半部爲與金剛薩埵相關的寂靜儀軌，是獲得證悟的修行法門之一；後半部則包含各種事業的法門，例如與普巴子嗣有關的「解脫」事業《毒普．拿波》（屬毒黑普巴）。

「於是上師說，『蓮花生我所持有的金剛橛法系中，沒有比這個教法更爲精深的了。好好修持，從中汲取力量！完成之後，將其中一部分給予口傳，其餘的作爲伏藏埋藏。』

「在此之後，上師引介我們以下的壇城：《無死長壽佛光花鬘》、《金剛花鬘》、《桑瓦．坤度》、《嘉華．坤度》、《拉奇克．普姆奇克》（意爲「集十萬本尊於一」）、六十二長壽本尊等。佩吉．多傑和我作爲金剛眷屬進行修持，一刻也不放鬆懈怠。於是我們得見所有的本尊，不費力地成就無死持明位[18]。」

就是在那個時候，伊喜．措嘉擊敗邪惡的苯教徒，不過這個經歷連同她最後的一些苦行容後再說。從岡仁波齊峰到江陵，跋涉於二十五座雪山峰脈，在十八個主要聖地和一百零八個次要聖地、十二個重要祕境、七大神妙處、五處祕密領土、七百萬個藏寶處，措嘉的修行以一種

⑭朗牛，藏文拼音為 *glang*，讀音「朗」，即指「朗達瑪」王，他暗殺了兄長惹巴僅，篡奪王位之後，試圖消滅藏地的佛教。

⑱無死持明位（亦即長壽持明位）為四持明位中的第二，相當於見道。行者的身變成細微的如金剛身，心則成熟為見道的智慧，至此即證得超越生死的長壽。四持明位的其他果位別是異熟持明位、大手印持明位和任運持明位。

超乎想像的方式，遍及藏地每一個角落。部分經歷容後提及，但礙於本書篇幅，只能概要介紹。

三昧耶，嘉，嘉，嘉

6
成就的徵象

ས་མ་ཡ༔ རྒྱ༔

前述章節詳盡描寫了伊喜・措嘉修行經歷中所生起的種種徵象，於此不再贅述。然而，以下是精簡的偈誦版本，爲空行母所親自宣說。

提卓空行所喻示①，激勵致修八苦行，些許證量表徵得。
大雪冰川交會處，苦修生起拙火熱，俗世衣裳得以拋。
提卓空行集會處，四灌煖熱吾已獲，所視一切皆清淨，諸法轉爲上師顯。
尼國男子令復生，贖阿擦薏爲道伴，以獲甚深道精粹。
吾語動人如梵天，吾身如虹天界行，吾心成爲三時慧。
獅堡啜取藥草液，醫藥本尊淨觀得。內林降伏群魔眾，平亂而得證成就。
親見所修本尊眾，圓成悉地無難處。巴羅虎穴三伴隨，甚深道上漫步行。
吾即大樂嘿魯嘎，具力自在能掌控，細微脈、氣與明點，五大元素亦調伏。

吾之身語意三門，已得轉化爲三身，無量壽佛授記臨。
金剛亥母無別融，彼時眾壇女主吾。
昂府虎穴證普巴，攫取神鬼眾命力，一億世界皆降伏。
得見無量壽佛壇，得證無死持明位，戰無不克如金剛。
藏地所有偏遠處，各各山陵暨谷地，無窮處所遍修行。
無有任何一掌地，不具吾人加持力。
時光荏苒於未來，所顯伏藏爲吾證。次要聖地數難計，手足印記佈岩石。
另有咒、字佛像等，安置三種以作爲後世具信之所依。
祈願經由此緣結，莫大利益彼皆得。
證量表徵此即是：鬼魔邪者得調伏，五大元素任支配，遍地安置法寶藏。
獲具無謬記憶力，完備彙編蓮師教。無畏信心能預知，護佑未來善緣者。
吾爲一切佛友伴，圓滿成辦彼事業——

①這段經歷在第五章的一開始有所著墨。

過去現在未來時，三世善逝業圓成，故以證量爲我嚴。
簡言吾人共悉地❶，諸法現象受我控。
具有神足疾行力，神奇眼劑與靈丹，前往祕土飛遊力，天、地、祕所隱身力。
復言不共諸悉地。
吾證三重三摩地，普賢佛母之廣空，智慧本心吾得見，勝義乃吾寶、戲物❷。
於解脱無希求心，亦無畏於地獄苦。
非同彼斷見邪見，甚深法性❸淨確信。
成就無作大圓滿，無疑吾已獲此果，阿底瑜伽隨處現。
吾智慧心遍虛空，悲心燦爛勝大日，加持廣大勝雲海，所攜成就迅雨降。
具信未來吾徒眾，對吾祈願甚關鍵，吾等相繫鏈已鑄，當知悲境亦得怙❹。
轉身背棄吾之眾，等同背離一切佛，
此謬只結痛苦果，其時吾愛亦不離，彼業盡時當復還。

三昧耶，嘉，嘉，嘉

❶世間成就（ordinary accomplishments）即「共的成就」，諸如天眼通、天耳通、神足通、隱身等能力。相對於世間成就的是「殊勝成就」或是「不共的成就」，亦即經由修持佛法而獲致圓滿證悟的佛果。

❷本段直譯為：勝義實相不過就是我的珠寶和遊戲之物。

❸法性（藏文拼音 *chos nyid*），即現象與心的內在自性。

❹本段直譯為：要知道，即使在悲傷的情況下，我也會指引你們。末段直譯為：一旦他們的業已耗盡，他們將再次來到我這裡。

7
利益衆生

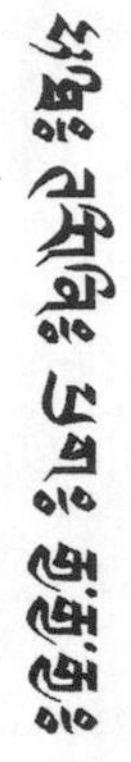

佛陀教法的唯一目的就是爲了利益輪迴中的漂流眾生，此爲佛行的唯一原因。因此，本章將會述及三個主題：首先是關於措嘉尊女深植佛陀珍貴教法和降伏鬼魔邪見者的過程；其次是關於她在樹立佛法之後，傳佈佛法並藉由經續二教建立僧團的情形；最後是關於她封藏偉大、無竭佛法寶藏的傳奇事蹟，她使得勝者佛陀的教法得以增長不祛，直至世間不存、輪迴終了爲止。

當印度釋迦王朝的後裔聶赤贊普❶以藏地爲領土的時候，苯教正廣爲流傳。那時，這個王朝的子嗣從拉脫脫日❷開始，正逐漸引入並廣弘佛法，釋迦牟尼佛的名號爲藏地四州的百姓所知聞，十善行的教法亦得以宣揚。同一時候，「內苯」❸教正普及藏地，佛教和內苯的教義被認爲是和諧一致的，他們並且視釋迦牟尼佛和苯教祖師辛饒（Shenrab）①是同一實體的兩面，並且有許多代表他們兩人的圖畫塑像。內苯教派被稱作「來自象雄的新譯派」。

在聖觀世音菩薩化身的偉大護法王松贊干布在世時，有兩尊釋迦牟尼佛的佛像被帶入藏地。開始興建了拉薩、熱莫切的兩座寺廟，隨即又建立了一百零八座寺廟，以鎮制邊境和中央四省的邪惡力量②。神聖的佛像和繪畫遍佈各處，同時承襲尼泊爾和漢地兩地的風格。更甚

❶聶赤贊普（Nyatri Tsenpo；藏文拼音 *gNya'-khri bTsan-po*；或譯為聶赤贊布）受藏人尊奉為第一位吐番王朝之王。傳說聶赤贊普是天神下凡，出生於波密，後遊至山南。據說在雅隆河谷游牧的吐蕃人，一天發現了一位語言和本地人不同的英俊年輕人，在十二位苯教領袖前去探問其出處時，他不會回答，只是手指天空，於是被認為是天神之子。此十二位巫師讓他騎在脖子上，輪流將其馱回吐蕃聚落擁立為王，並為他建造了王宮——雍布拉康，在今日的乃東縣境內。由於以肩承之，故而得名「聶赤贊普」，即「肩輿王」之意。其部落也因而得名「悉補野」，意為「來自波密」。聶赤贊普教當地人進行農耕，雅隆部落逐漸強大，其後各王都被稱為「贊普」；統一藏區吐蕃各部落的松贊干布，即自稱為其第三十三代孫。

❷拉脫脫日（Lathothori），即「拉脫脫日年贊」或「赤脫脫日寧謝」，為吐番王朝第二十八代贊普。詳見辭彙解釋中「拉脫脫日」的說明。

❸內苯（Inner Bön），或稱「恰苯」，以辛饒．米沃（見下一英譯註）為祖師，相對於以祭祀巫術為主的原始苯教（篤苯、世續苯教），外來的辛饒．米沃帶來了一套教義，經過傳譯後在藏地大興。

①辛饒．米沃（Shenrab Miwo）來自「象」（Xiang；中譯註：今阿里一地）地區，是苯教的創始祖師。根據某些宗派，他被認為是與釋迦牟尼同期的人物，但是亦有權威學者主張他生活的年代遠早於釋迦牟尼。

②拉薩的寺廟（即大昭寺）、熱莫切寺廟（即小昭寺）和昌珠寺（Trandruk）是藏地最重要的聖地之一。松贊干布王有兩位王妃，尼泊爾的尺尊公主和漢地的文成公主，兩人都是佛教徒，各自帶了一尊珍貴的釋迦牟尼塑像入藏。為這兩尊塑像所各建的一所特別廟宇，分別是邏娑佛殿（中譯註：邏娑是拉薩的古稱，邏（Ra）為山羊，娑（Sa）為土地，邏娑意指山羊建成的地方，因為當年由山羊馱沙石填湖而建成今日所稱之大昭寺，後邏娑即成為吐蕃王國都城之名）和熱莫切佛殿。由於傳說文成公主帶來的佛像（十二歲等身像）曾經受過釋迦牟尼佛的親自加持，因此一直受到獨特的禮敬，被稱為「覺沃仁波切」，意即至尊珍寶。後來這兩尊佛像被對調，所以最終覺沃佛被安奉在邏娑佛殿，邏娑佛殿日後被稱為大昭寺，是拉薩的主要寺廟。「調伏邊境」（藏文拼音為 *mtha' 'dul*）和「積極調伏」（藏文拼音為 *yang 'dul*）的寺廟群亦於同一時期建成。這些寺廟具有特殊的地理分佈，被建立在遍佈全藏特定的重要地點，目的是鎮壓對抗教法傳佈的邪惡力量。進一步的資訊請參閱敦珠仁波切的《寧瑪教史》（中譯註：中譯本名為《藏地古代佛教史》），卷二，第五百一十頁（麻州 Sommerville：智慧出版社，一九九一年出版）。

者，當稱作覺嫫・哲自瑪的度母自生像出現在昌珠時，國王大歎其之神妙，因而建立一座華美更勝於前的寺廟。三寶之名、六字大明咒之音、大悲怙主之像遍滿藏地，遠至與漢地的邊界。

在那個年代同時普傳的內苯和佛法，兩者之間都沒有派系的陰影。據說向右繞塔象徵大手印，向左繞塔象徵大圓滿，而大禮拜則代表中觀。彼時，人們致力於自己的修行，而不會對歧異之處爭辯不休。國王建立了基於十善行的律法。大悲怙主眾多廣、中、簡軌的續部由呑米・桑布札所翻譯，國王與其朝臣妃眾都竭盡所能地修持這些法教。

然而，松贊干布駕崩。在他死後不到二十五年，乖張邪逆的「覺苯」派開始興起，覺苯的黑暗陰影障蔽了佛法和內苯。信奉內苯的人被放逐到康、工布、藏、甲，以及其他邊境地帶，甚至直到今日他們仍然勢單力薄，不受尊重。覺苯之徒也共謀企圖根除佛法，但因歷代之王和朝臣總是意見不一而未遭完全摧毀，但佛法依然受迫衰微。國家因覺苯的邪說而腐化，使得在虔敬的赤松德贊繼位為王時，對於傳播法教有著諸多的障難。

根據覺苯的不實教義，他們否定淨土的存在，崇拜八部靈眾，例如嘉波和貢波，以及地方神祇、土地神、機運和財神等諸多尚處輪迴而未能解脫的世間神靈③。他們的習俗包括當兒子娶妻回家時，要把女兒逐出家門。其風俗亦含有許多傳統知識，喜愛精巧的謎語和文字遊戲④。他們認為機會和財富的神祇要用歌舞來討好。秋季，獻上千頭雄畜的血祭；春季，砍下獸腿作為自己的贖命禮；冬季，對神靈獻上血祭；夏季，向苯教祖師獻上煙供。因此，他們積聚了十惡行的大量罪業，導致立即的沉淪。

他們認為所有的一切都是由虛幻不實的心以各式神靈的身相所顯現，本質皆為自心；人生有三種可能的目標：最高的追求是投生於空無所有處，下一層次的追求是投生於無窮大處，最低的追求是至少要投生在非有非非有處④。他們說見到天神出現就是成就這些境界的徵象，

---

③嘉波、貢波、地方神祇、土地神等屬於非人的複雜分類，後兩者尤其與特定的地區、處所相關。對這些靈體力量的崇拜，是苯教作為藏地本地傳統的基本特徵。由於佛教不建議人們皈依、崇拜這類靈體，佛教在藏地的逐漸傳佈終而使得當地老百姓和地方靈體間所建立的連結遭到中斷，造成這些靈體大肆破壞，特別是在建立桑耶寺的時候，結果對法教的推展造成了影響深遠的妨礙。蓮師到藏地之行主要目的就是去平息這些原始的邪靈力量，他調伏這些靈眾，並把它們綁縛在誓言之下，約束它們將能量轉為保護和侍奉佛法。就如同在第五章中，伊喜．措嘉也有相同的事蹟。

❹苯教巫師為人占卜時，往往是以歌唱方式唱出隱語和謎語，來為人指示禍福休咎。

④這似乎與佛教宇宙觀中無色界的三個層次相似，只不過苯教將次序顛倒。中譯註：無色界即指超越物質（色）之世界，厭離物質之色想而修四無色定者死後所生之天界。謂此界有情之生存，固無色法、場所，從而無空間高下之別，然由果報之勝劣差別，則分為四階級，即空無邊處、識無邊處、無所有處、非想非非想處等四空處，故又稱四無色天、四無色處。不過，佛教僅以無色界為修習禪定後所能得到的境界，相對於成佛而言不是究竟的目標，執取耽溺於無色界反而可能成為一種障礙。苯教將此三個處所作為其神明的住處，相信能夠經由一種天繩通往該處。由於這些天堂的名稱都借用佛教字彙，當屬於經過改革後的苯教宗派之說法。

最好的情況是這些神明能食用牲品的肉，次佳的是能飲用牲品的血，或是至少能夠造成彩虹出現。許多人因爲無明愚昧，把這些當成眞實不虛的教義，奉行覺苯的毀滅性教條，爲自己招來災禍。覺苯是個有害的宗派，充斥在整片土地上，主要是由象雄的大臣們所擁護扶持。

在那個時期，佛教的繪畫、塑像完全不見蹤影，既沒有人教導，也沒有人學習佛法，拉薩和昌珠的寺廟陷入破損失修的遭遇，各省的寺廟則遭毀壞。由於國家淪落到如此悲慘的狀況，尊貴的文殊菩薩爲了重振佛陀法教，便化身爲偉大的護法王赤松德贊出生於此。赤松德贊從印度請來許多飽學之士，來自沙霍的菩薩寂護大師即爲其中之一。虔誠的赤松德贊王修復了心愛的拉薩寺、昌珠寺、熱莫切寺，並且重新開光。然而，在準備要興建桑耶寺時，藏地的神靈、百姓、苯教巫師製造了諸多障礙，使得工程一度耽擱。於是寂護方丈建言說：「沒有任何人，」他說，「不管是人、是神、或是鬼靈，都不能傷害已證得金剛身的鄔金蓮花生大士。邀請他來這裡，否則這些逆境將會永不止息，不管是對作爲支持者的你，或是作爲老師的我！」

國王立即派遣三名朝臣前往印度，三人都是信奉佛法且受過訓練的譯師，他們的任務就是要懇請鄔金的珍貴上師前來。三名譯師平安來到上師跟前，遞上邀請之後，與上師一同回到藏地。藏王、大臣、朝臣、王妃們都對上師生起不退的信心。第一批歡迎使節遠至仲達迎接上師，第二批使節在較靠近國都的拉薩會見上師，國王自己則在所有朝臣的伴隨之下，在翁布的小園中親自迎接上師。上師和國王的心意交融一致；國王、大臣、朝臣、妃子們滿懷虔誠地直視上師，受其風采的光芒所折服，對他的每一句話語都感到無可抗拒且想要遵從；即使是寂護方丈亦向上師禮拜，並且停駐片刻，討論法教。

其後，國王及朝臣、方丈、譯師，和蓮師一起啓程前往桑耶。上師檢視了桑耶這個地點，並且給予授記。

「先祖松贊干布在世時，」虔誠的國王說，「曾興建一百零八座寺廟。然而由於彼等四散全國各處，無法善加維護，致遭毀損廢棄。故此，朕之心願是要在單一範圍之內建立同等數量的寺廟。」

上師表示贊同，運用禪定力變現出四座廟宇和八座附屬佛殿，作爲四大洲、八小洲的象徵，其間還有一座主要的佛寺，代表須彌山⑤。這一切都由一道圍牆所環繞，眾人皆能清楚見到這個景象。

「大王，」上師問道，「如此設計的一座寺廟是否能令陛下您滿意呢？」

⑤桑耶寺內圍建築構成一個巨大的曼陀羅（壇城），代表整個宇宙系統的結構。

國王感到無比欣喜，直喊：「這完全超乎朕所能想像的！眞有可能造出如此之建築？若是我等能成功如願興建，則當眞該稱其爲桑耶，意即『超乎想像』！」

「大王，不要膽怯！」上師回答，「只要行動，就一定會成功！您貴爲王，藏地的百姓都聽從您的號令，而所有的神靈都在我的控制之下，我們怎麼會失敗？」

桑耶因此建成。寺廟群的外圍結構完成，內部滿滿都是諸佛身語意的象徵物❺。僧團建立，並成立一所一百零八位大譯師的學院，這些大譯師各個都是經蓮師授記的非凡之人。同樣的，藏族十三個主要區域❻的三千名男子被傳召而來，其中三百名經由寂護方丈剃度出家，以蓮師作爲續法上師，過起寺廟生活。

譯師們開始致力於佛法典籍的翻譯工作。但是敵視佛教的苯教大臣和先前提到的苯教徒們，竭盡所能地障礙這些譯師的道途，在許多情況下使得某些譯師遭到流放。最後，在翻譯工作第三次受阻停頓之時，佛教僧伽和苯教徒決定分別成立各自的團體，苯教徒也在那時決定在雅礱建立一個墳場。君臣的和諧維持了一段時間。

此時，國王遣使至印度邀請二十一位大學者前來，四散各處的一百零八名譯師亦再度齊聚桑耶。從十三個主要人口區域而來，有數倍於三千人的男子成爲出家眾。同樣的，從象雄和其他地方來的七位苯教學者和七名苯教巫師，也被邀請到翁布的檉柳小林。

那個時候，蓮師和佛母正住在昂府虎穴，因此虔敬之王派遣大譯師堅帕．南卡⑥和三名侍者前往迎請。珍貴上師的駿馬「飛躍黑鷹」也隨隊送去，使節隊伍則各自配了一匹坐騎和馱獸。一行人疾速返回桑耶，但上師說他們要繞道拉薩停留一下。上師在拉薩做了七件事以作爲建立密乘法教的吉祥緣起，也就是在那時，釋迦牟尼佛⑦親口給予上師某些授記。他們一行人繼續往赴桑耶，在蘇卡的一座石塔前，受到一支歡迎隊伍的迎接。抵達桑耶時，人們在雍博平原上搭建起一個巨大的法座，珍貴上師落座其上。二十一位印度學者和藏地譯師們向上師

❺佛的身語意象徵即為佛像、佛經、佛塔。有關桑耶寺建立的伏魔過程，請看《蓮師傳》（橡樹林文化，二〇〇九年）的詳細述說。

❻十三個區域即日後在十三世紀時薩迦八思巴受元帝冊封還藏，劃分藏地成為十三個萬戶區。後藏有拉堆洛、拉堆絳、固莫、曲米、香和夏魯六區；前藏有嘉麻、枳貢、采巴、唐波且、帕摩竹和雅桑六區；前後藏交界處有羊卓達隆區，共為十三萬戶區。

⑥藏文拼音 *dran pa nam mkha'*，儘管文中僅略為提及，這位譯師大有其可說之處。他曾是重要的苯教師，其後投入蓮師門下，據傳曾供養許多苯教法教給蓮師，其後並納入伏藏而封藏。參見祖古．東杜仁波切所著的《藏地伏藏教法》。

⑦這應該是指覺沃仁波切，即松贊干布的王妃帶到藏地的其中一尊釋迦牟尼像，那時供奉在拉薩的主要寺廟，現在也還在。參照第七章英譯註②。

敬禮，偉大的無垢友上師❼與學者們齊聲讚歎道：「能親見鄔金上師蓮花生大士本人，是何等的奇妙！啊啦啦！這肯定是多劫以來累積福德的果報！」他們凝視上師的面容，臉上皆掛著淚水。蓮師和無垢友尊者的會面尤其是伴隨著極大的喜悅，猶如父子團圓一般，他們手牽手一起走上廟堂的主殿。虔誠之王、堪布、朝臣們在大殿上廳向他們頂禮，隨後齊赴最高的佛堂——大日如來佛堂，蓮師和無垢友尊者便在那裡落座。

蓮師宣佈，爲了讓佛法廣爲流傳，應該舉行三重的開光儀式；而爲了平息邪魔障力，應該舉行三次火供。開光儀式依言進行，但國王由於一時分心，並未請求最後一次的火供，因此蓮師亦未舉行這場火供。「因此將會發生的是，」上師預言說，「雖然佛法確然會興盛，但是邪魔也將以同樣的速度增長傳播。」

當藏曆的最後一個月來臨時，百姓們不分佛教徒或是苯教徒都聚集在桑耶，以向虔敬之王進行禮敬儀式。有五名苯教學者受邀至桑耶，他們既未認出、也不理解佛陀身語意的象徵物，更從未曾聽聞十善行的教法，故而既沒有行大禮拜、也沒有做繞行，只是向後靠著佛像坐成一列。國王和多數大臣都感到痛心。

翌日早晨，國王於進食前，在最上層佛堂的大日如來佛像之前見到苯教徒。苯教徒向國王說：「尊主陛下，上方中央那個赤身裸體的塑像是誰？那個周圍環繞八名裸身男像的塑像呢？

他們是打哪兒來的？是不是印度的大學者們？」

虔誠之王回答說：「正中央的塑像是大日如來佛，周圍環繞的是八尊菩薩。這些是佛像，我們對祂們做大禮拜和供養就能淨除惡業、積聚功德。」

「那麼，」他們又問了，「擋在門前那兩個恐怖的塑像又是什麼？那些肯定是殺人凶手的塑像。是用什麼做的？做這些塑像的目的又是什麼？」

「門邊的那兩尊像，」國王答道，「是代表吉祥雷登那波（Glorious Lekden Nakpo）。對於那些違犯三昧耶誓句的人，他是具備一切力量的忿怒摧毀者；對於那些修行佛法者，他是友伴。這些塑像是由手藝精湛的工匠們用各種珍貴之物所造成，並且經過印度大聖者蓮花生大士

7 無垢友尊者（即「毘瑪拉密札」）是大圓滿傳承的大師之一，也是五百班智達的頂冠嚴飾，他證得了無可摧毀的虹光身之相，達致大手印持明位的成就，並撰寫了無數與幻化網法教相關的論典。他從師利·星哈與智經那兒領受了大圓滿的傳承，被視為在藏地建立大圓滿法教的三位主要祖師之一，尤其對口訣部來說更是如此。無垢友尊者動身前往漢地五臺山時，允諾每一百年會回來一次，以便闡明並弘揚祕密、甚深心髓的法教「桑瓦寧體」。他的伏藏教法收錄於名為「無垢友心髓」（又稱《毘瑪寧體》）的選集中。無垢友尊者由於身為八儀軌法教甘露功德的傳承持有人，因此也被列為印度八大持明者之一，為甘露功德八函教的領受者。

的加持。他們對於傳佈教法和淨除業障是不可或缺的。」

「一個工匠用泥土塑成的東西能有什麼用呢？」苯教徒反駁說，「哦，國王！您受矇騙了！明天我等苯教之人會向您展現奇蹟，以及具有大功德的供養。我等苯教徒能讓您看見成就的眞正徵象，您將會受到啓發而生起信心。」稍晚，當他們在外面休息散步時，見到佛塔而問說：「那邊那些頂上有禿鷹羽冠、中間皺成一圈圈、底部像狗屎堆的東西，又是什麼呢？」

「那些稱作『善逝之子嗣』，」國王回答，「或者可說是『法身的代表』。這些名稱都有深奧的含義。它們是報身之圓熟，也是化身，即眾生供養之所依處，因此我們稱爲『確登』（藏文 *chörten*），即供養的所緣。盤旋的錐狀代表著佛法的十三個次第，寶傘頂飾的莊嚴象徵著佛陀的八十相好，中間凸出的圓瓶是指具備四無量功德的法身宮殿。基座是由獅子所抬起而嚴飾的寶座，代表具足一切願求的寶庫。」

「花了那麼多辛勤勞力，卻造出這麼毫無用途的東西！」苯教徒啪地回嘴，「無用得像是戰場之於勇士，無用得像是儒夫之於藏匿之處。這完全是外來的奇風異俗！我們的國王已經被黑心的印度人給愚弄了！」

不過國王和大臣們沒有追究，並未記在心上。

接著，苯教徒集合在妃眾的三座廟裡，舉行禮敬的王家儀典。佛教僧侶們被分配在八個附屬寺廟，大學者們則在馬頭明王殿中。苯教徒宣稱由於這是爲了大王所舉辦的典禮，他們需要一千頭鹿角長全的雄鹿、許多帶有綠松石韁繩的雌鹿，還有犛牛、綿羊、山羊，每一種雌雄各一千隻，以及一整套的王服。國王迅速地提供了這一切。他們又說需要各種各樣的世間物品，也同樣得到所需之物。他們要求的八種釀酒和九種穀物，全都按照要求供應。

「哦，大王！現在，」他們高聲喚道，「和您的朝臣們一起過來會見苯教！」

國王便和妃子、大臣、所有廷臣全部來到苯教徒所在之處。在那裡，他們看到苯教的九位學者於中央坐成一列，右方和左方分別是成排的九大法師和其他苯教徒們。那裡有許多「獻苯」，即獻祭侍者，每個人身上都帶著一把刀；還有許多所謂的「淨化者」，他們用金勺取用大量的水澆在鹿獸等身上。還有「黑苯」將穀物灑在眾獸身上，眾「問者」的任務則是向神靈提問和接收回答。

「獻上雄鹿！」獻苯一邊喊，一邊割開受害牲畜的喉部，獻上祭品。他們以同樣的方式，宰殺了犛牛、綿羊、山羊，劃開牠們的喉頭，作爲祭品——三千頭雄獸的大殺祭。接著，他們獻祭雌鹿，砍掉鹿兒的腿。「獻上母犛牛、母羊，獻上母山羊，」他們一邊喊，一邊活剝這些動物四肢的皮。同樣的，他們犧牲了馬、牛、犛牛和牛的混種牛、騾、犬、禽、豬，以不同的方式宰殺牠們，供上這些牲畜的鮮肉。燃燒獸毛的惡臭充斥了整個桑耶。屠夫們肢解牲品，負責分派的人分配鮮肉給在場的人，還有負責計數的人。接著是收集畜血的人，他們將銅器盛滿鮮血，放在獸皮上；在其他的獸皮上則堆放了肉。他們唱誦苯教的咒文咒語。其後，在不悅的國王、眾妃、大臣眼前，獸血開始滾沸冒煙，血霧發散出像是彩虹的亮光，他們聽見了無形靈體發出的尖銳聲音：呼咻、哈哈等刺耳的狂亂音聲。

「這些，」苯教徒喊道，「就是雍仲（卍）神明恰和揚的聲音！祂們是吉祥與富足之神。」苯教徒充滿敬畏地獻上血淋淋的牲肉和獸血。

「這樣悲慘不堪的祭祀，究竟能帶來何種利益？」國王問道。

「我們是爲了王權的穩固昌盛才做這些事的，」苯教徒回答，「這對我們信奉苯教者反而是有損害的。哦，大王，難道您沒有被激發出信心？難道您不爲此而驚歎感動？」

然而，國王的內心深深反感，其他人則覺迷惘不已，不知該如何作想。他們全都在困窘中返回主廟。

那時，佛教譯師和學者們一直留心觀看所發生的經過，說道：「一法不能有二師。東邊低了，西邊自然會高。水火永遠不容。將佛陀的教法和這些異教的野蠻習俗混在一起實在荒唐。作惡之徒應該被流放到邊遠地方去！我們一刻也不能與這些黑心之人同流合污，我們甚至不應該飲用違反三昧耶誓句者所在的山谷之水。讓我們離開到僻靜之處！讓我們修習三摩地！」

他們送出信息向國王建言，禮請國王九次：「要不是佛法立足於藏地，就是苯法盛行於此處，但是兩者一刻都無法並存。」

當此信息最後一次誦讀結束時，虔敬之王召集大臣和所有廷臣來到面前，如此說道：「嗟瑪吠！大臣和全朝廷都聽我說。苯教和佛教就像是一隻手的正反面。我們必須接受其一而放棄另外；奉行一個就得擱下其他。兩者之間沒有妥協的餘地。這是印度學者、藏族譯師和三千新近出家僧眾的建言。我們該如何是好？」

象地的苯教大臣們回答：「陛下！若是河水能與河道相容，是再好不過了！不久之前有類似的情況發生，那時必須將許多行爲不當的譯師流放外地。您應當再次採取同樣的措施，讓苯教徒繼續留在適合他們的地方，讓佛教徒待在他們該在的處所，那麼就會有和平的一天。」

於是苟長老決定了事件的發展。「假如苯教興盛，國王就不開心，而且不能果決行動。假如佛法興盛，大臣們又會缺乏信心，並且效率不彰。假如將兩者放在同一位階上，又會水火不容，形同死敵。讓我們徹底根除任何對王國的威脅。一場公開的審判將能解決這個事情，在辯論中當可區分眞理和邪見，並由表決而定。教法是錯誤的還是正確的，到時當能辨別顯露，便可了結一切。因此，國王明天將會居於上位主持，大臣和朝眾坐在國王面前，佛教僧眾於右列入座，苯教徒面對佛教徒坐在左方，隨後就讓比賽開始！哲學立場會被辯明，我們將能享用眞理，並把歪理拋得遠遠的！讓神通力作爲眞理的象徵，雙方各顯神通能力！若是證實佛法的眞實不昧，我們就奉行佛法，把苯教連根拔除；倘若苯教是眞理，就廢除佛法，確信苯教。讓我們制定一條律法確立此言的效力，無論誰犯法都會受到懲處——不管是國王或大臣，王妃或朝臣！你們所有人，起誓！」

國王和大臣、妃眾、朝臣全都表示同意，許下承諾。甚至苯教徒還宣稱要誓言守約，因爲他們認爲在神通的展現和運用方面，佛教不可能和苯教相比。於是虔敬之王對佛教的大學者們說：

噯瑪吙！

汝等飽學聖者眾，成就大師等諦聽。

佛教苯教信徒眾，如行刑者不相讓！致使王及妃臣惑，苯佛兩教皆存疑。

雙方明朝可如意，互相比試神通力，作爲眞理成就兆。

眞實教法得明辨，王臣眾等皆信奉。

不實教法盡滅除，驅逐邊疆荒蕪地。細思王臣此裁定。

所有的大學者都歡欣不已，如此回答國王：

人中具力聖陛下！此等處事甚合宜，乃爲眾法王行止！
非法將爲法所伏，眞理嚇退邪魔眾。成就大師、聖者聚，此處猶勝金剛座❽！
往昔正法伏外道，今擊苯教有何畏？
令敗陣者得懲罰，勿再停留於此處！以法驅彼誠無誤！

國王對此回答甚感歡喜，詳細跟苯教徒們說了此事，並告訴他們要好好準備。苯教徒向國王保證，他們的九大學者必會贏得辯論，苯教的九大巫師也會獲得勝利，至少他們是這樣說的。因此，就在新年的正月十五，於桑耶的雍博大平原中央樹立起一座高高的王座，譯師和大學者們帶著堆積如牆的經典從右方入座，苯教徒也同樣堆著他們的經典坐在左方，王座前方則是一排排的大臣和朝臣，四周擠滿了來自藏地所有四省的百姓們——紅的和黑的❾，出家眾和在家眾都有。

❽金剛座指佛陀成道時所坐之座，位於中印度摩揭陀國伽耶城南的菩提樹下。以其猶如金剛一般堅固不壞，故稱金剛座。這裡意指如此眾多學者和成就者雲集桑耶，世上再無更為殊勝之處，即便是在菩提伽耶也不會超過桑耶。
❾紅的當是指身著紅袍的佛教徒，黑的則是指苯教徒。

國王首先發言。「受我統治的藏地人民們！」他高聲說道，「神明與百姓、佛教徒與苯教徒、國家的大臣、王妃們以及朝廷全眾，聽聽你們的王所要說的話！從前的國王們平等扶持佛教與苯教的教法，後來苯教的發展傳佈較快，朕曾試圖追隨先祖松贊干布想平衡雙方，但是兩者如今勢同水火，以致只有一方能採納而另一方需驅離。疑忌已對朕和大臣們造成了威脅。現在，這兩種教導的差別之處將會明白揭露。贏得我們信念的那一方將獲採納，律法的力量將會滅除任何反對此決定者；證明為不實的教法則要流放到王國的邊境外，連名字都會在整個藏地全然消去。這是我們的判決和法律！敗陣者理當接受失敗，得勝者則由我們賜予勝利的榮耀，並且所有人都要追隨之。」

當大臣們從律法文卷中宣讀這份敕令並昭告九次後，所有人都表示服從。那時，偉大的鄔金上師騰空端坐在棕櫚樹般的高空中。

「嗟！」他歎道，「對佛法和苯教的教條做出區分，此行屬佳！應當舉辦一場鬥智的預賽，因為這是所有辯論的第一階段。接著對各自的傳統加以闡明解說作為基礎，這對每個傳承都確然是件樂事！最後，提出你的論述，清楚說出前提和結論，區分眞僞。如此，教義的不同處得以顯露。用展現成就實證作為結束，以便顯示力量，並且啓發王臣的信心。」上師於話語間顯現釋迦牟尼佛的身相，使得王、臣及苯教徒們都對其光彩莊嚴驚歎不已。上師之語的化身現出學者之首、經教蓮師的身相，於是譯師學者們更是感到勇氣大增。上師之意生起怖畏金剛的身相，使得執持異端邪說之人士氣大挫；怖畏金剛上師更展現了無與倫比的神幻顯現，連苯教徒也生起真誠的信心讚頌上師。

接著，阿擦惹·佩軼與苯教徒進行妙語競賽；在這場比試中，苯教獲勝。苯教人馬舉起旗幟，頌揚他們的神祇，國王賞賜他們飲品，苯教大臣們也大感高興而給苯教的參賽者送上重禮。國王感到垂頭喪氣，但是珍寶上師說，「贏得快也輸得快！雖然他們在猜謎比賽中表現得好，但這與正法毫無關聯。現在苯教的九名學者和大班智達要就宗教問題進行辯論。」於是，偉大的無垢友聖者出列說道：

萬法皆由因而起，此因如來已詳釋。
對於此因怎耗盡，大出離者曾宣說，當不造生任何惡，
修習善德臻圓滿，完全調伏彼自心。

他隨後以金剛跏趺坐姿浮在半空中，手指三彈，九名苯教巫師當場昏厥過去。這時，九名苯教學者目瞪口呆地坐在原地，狼狽地答不出話來。二十五位印度學者以及一百零八位藏地

亂。

譯師，以類似的方式，一位接著一位，先以經典論述開頭，接著進行辯論，各顯不同的成就徵象，而苯教參賽者那方則是完全啞口無言，手足無措，無法行使任何神通，因而陷入黑暗慌亂。

苯教的大臣們提出非難。「又怎樣！」他們喊道，「他們贏了辯論！但是現在要讓你們每個人各自展示神通。這些和尚用神通力使得全藏地人民、神祇都眼花撩亂，他們的駁論聽來愉悅，他們的行止尤爲迷人，百姓和他們在一起是如此快樂，這讓我們這些大臣感到被愚弄了。不管你們有什麼能力——成就徵象、神通力量、邪惡咒語，速速施展出來！」大臣們出於邪惡心中的強大怒氣，用嚴厲嚇人的話語鞭策苯教的參賽者：「這些印度來的野人已經玷污了苯教的雍仲神明。我們現在不和這些班智達比賽，等一下要用神幻法術宰了他們。現在我們應當轉向與譯師們進行比試，因爲他們都是藏地人！」

於此同時，虔誠之王正在大讚班智達，給予每人各一捧金沙、一盞金錠和錦緞僧袍。法幢高舉，法螺響起，天空甚至降下了美妙花雨。天神出現於天上，口讚詩歌；藏地的百姓大感敬歎，臉上淌著淚水，全心全意歸順佛法。

苯教隊伍那邊卻是狂降一陣冰雹和石塊，這使得苯教大臣們呼號道：「神明已經顯示了誰才是正確的！」他們並且向佛教經典進行禮拜，向眾班智達之足頂禮，向譯師們懺悔自己的罪孽。虔敬之王在淨觀中見到文殊菩薩，內心領悟到什麼才是正法、何者為非。大部分人都說佛教徒獲得勝利，佛陀教法是偉大神妙且不可思議的，因此人們開始散去，並且許諾修持佛法。

虔敬之王卻發佈命令，宣告藏族譯師和苯教徒眾應要準備進行辯論。大譯師毘盧遮那與棠納較量，南開．寧波則是與童愈對辯。同樣的，每位譯師各和一位苯教徒辯論，即使對手之中無人能夠勝過他們。國王決定，辯立確認的眞理當由一枚白石子為記，不實的論述則是一枚黑石子。毘盧遮那譯師以眞理得到九百枚白石子，棠納則得了五千枚不實的小石頭。譯師歡欣高喊，升起旗幟。努氏的南開．寧波得到三千枚白石子，而童愈取得三萬枚黑石子，譯師再次高舉自己的旗幟。措嘉對抗卻洛氏族的欲仲．苯嫫．措，在辯論中她擊敗對手，並且如後提及，展現出使苯嫫．措瞠目結舌的神通。以同樣的方式，一百二十位譯師獲得勝利，以九大學者為首的所有苯教徒眾全部潰敗，隻字難語。他們的舌頭畏縮，嘴唇僵硬，額上冒汗，膝蓋顫抖晃動，一句話都說不出來。

接著是比賽成就徵象的時候。毘盧遮那首先將三界置於單掌之中，南開．寧波則騎乘在日光之上展現許多神通。桑傑．伊喜僅用普巴杵一指就制住破壞力量，使力一揮便粉碎敵眾，還以普巴杵刺穿了拋擲飛來的石頭。多傑．敦珠疾行如風，在一剎那間繞行四大洲，並向國王呈上宇宙最遙遠處的七珍寶作為證明。馬頭明王的馬頭從嘉華．秋楊的頭頂蹦出，馬鳴聲響三次，各次都響遍一億世界，並且在一瞬間征服三界、藏日天主等眾天，還供以梵天的九輻金輪作為證明。嘉華・洛卓行走於水面而不下沉。登瑪・策芒全憑記憶便能解說整部《甘珠爾》，帶領苯教徒認識佛陀教法，並且使得母音字母和子音字母在空中出現，眾人皆見。卡瓦・佩澤馴服諸傲慢精靈令為僕役；歐准・珍努如魚一般在湖面之下遨遊；嘉納・古瑪拉使岩石流出甘露；瑪・仁千・秋可掰開一塊鵝卵石，像是吃麵包一般嚥下；佩吉・多傑毫無障礙地穿行過丘陵峭壁。叟波・拉佩手結鉤召印，配合召請咒與禪定力，使得一隻懷孕的雌虎從南方出現；堅帕・南卡・旺秋則是從北方召來野犛牛。卻洛・祿宜・嘉岑在他面前的天空中迎來三部菩薩眾；琅卓・坤秋・炯湞降下十三道霹靂，如同射箭般隨心所欲地指揮它們的去向；確瓊僅用禪定力就抓到鳥兒，使牠們不能自由行動。嘉摩的玉札・寧波在文法（聲明）和邏輯辯證（因明）方面大獲全勝，並且藉由禪定力改變他人的感知，使得這些人認為東西消失或是形狀改變。嘉華・蔣秋以金剛跏趺坐姿升至空中；登增・桑波飛上天際並在剎那間俯瞰四大部洲。同樣的，青埔的二十五位大成就者、葉巴的百位成就者、些札的三十位密行者、揚宗的五十五位瑜伽士等，都一一展示不同的成就徵象。他們將火變成水、水變成火，飛天遁地，自由穿梭於山陵岩石之間，行於水面，或是將丁點物品變成數量眾多，或是將多變少，並且展現了種種其他的神通。藏地之人不得不對佛法生起信心，而苯教徒只得告敗，偏向苯教的大臣們則變得默然無語。爲了萬無一失，措嘉女擊敗了所有與她比試的苯教徒。

那時，苯教徒開始施展邪術：

鼬鼠惡臭之力量，拋扔獵犬狼吞物，以血所滅酥油燈，
連同猛獸黝黑皮，具力「贊」和邪魔王，所有鬼靈速降臨！

他們施展九大邪咒，馬上使九名年輕僧侶遭害，面部朝下，倒地死亡。但措嘉在倒地僧侶的口中各放一些唾沫，他們就全都復活了，而且智慧更勝過往九倍。於是苯教徒再次於競賽中大敗。

措嘉手結威嚇印，指向九名巫師，口吐「呸」字九次，巫師們全都倒地不起，不醒人事，無法動彈，直到措嘉說了九次「吽」字才甦醒。同樣的，她展現了掌控五大元素的力量：她以金剛跏趺坐姿端坐空中，右手指尖放出旋轉的五色火輪，使所有的苯教徒皆感到懼怕，左手指尖放出五彩的水流漩渦，朝下捲至世界盡頭的大海；她空手劈開青埔的岩塊，並且捏成不同的形狀。她放出二十五尊與自身完全相同的化身，每一尊都展現不同的成就象徵。

在全藏地，苯教徒成了譏笑的對象。「看看！」人們嗤之以鼻地說，「連個女人都打不

過！」但是苯教徒反駁說：「明天我們的九大巫師會降下雷電，一瞬間就能把桑耶夷成一堆灰燼！」他們前往哈布日山[10]，並且確實在該處降下雷電。但是所有的落雷都被措嘉迴繞在無名指尖，並轉而用威嚇印投向在翁布的苯教聚落，將這個聚落炸成碎片，十三道雷電落在苯教徒的聚集處，他們只得前來桑耶求饒。

苯教因此在法術力量的比試上也落敗而遭驅逐。儘管如此，塔克拉、魯恭以及某些大臣由於勢力龐大而無法放逐，他們就再次前往翁布，藉由裴莫九部法系的廣簡施法，對火、地、空氣下了咒術，竭盡全力要毀滅整個藏地。國王遣使告知班智達和譯師們，尋求化解此災難的方法。那時，蓮師作出授記，吩咐措嘉尊女前去保護國王。於是，措嘉在中央佛堂開顯金剛橛壇城進行修法。七日後，她親見本尊現前，並且展現所證得的威力使惡咒回轉，苯教徒成了他們自己的劊子手。與佛法為敵的塔克拉、魯恭以及其他五名大臣瞬間慘死，九大巫師中的八名都被殲滅，只有一人倖活。如是藉由法術的力量，苯眾潰敗而衰弱。

偉大的虔敬之王立即傳喚所有的苯教徒聚集於桑耶，以溫和的手段進行懲處。上師說：「內苯與佛法是和諧共處的，因此就讓他們繼續下去。那些敗壞的苯教徒卻無異於狂熱的異端份子，但仍不應殺害他們，就讓他們流放邊疆。」虔敬之王聽取上師的建議，將所有的苯教文獻整理出來，區分為外苯和內苯。所有外苯的文書皆被燒毀，內苯的則被隱藏成為伏藏。同時將內苯之徒發配到象雄以及藏地邊境處，外苯之眾則被流放到蒙古的徹拉羌。

從那天起，國王及大臣、朝眾和所有受他統治的人們，不管藏人或是外地人，都必須遵守信持佛法、棄絕苯教的律法。於是在這片藏地上，遠至漢地的赤構，佛陀的教法普遍興揚，寺廟僧團、行者徒眾都如雨後春筍般地建立。當虔敬之王頒佈第二道宗教律法時，桑耶的法鼓大擊，法螺大鳴，法幢高掛，法座高舉。二十一位來自印度的班智達坐在九層的織錦座墊上；來自鄔金的全能之主蓮花生大士則與來自沙霍的菩提薩埵方丈（即寂護大師），還有來自喀什米爾的聖者無垢友尊者，一起坐在前方高立的黃金大法座上。毘盧遮那和南開．寧波兩位譯師坐在九層的織錦座墊上，其他譯師則坐在兩層或三層的織錦座墊上。國王供養黃金等豐盛禮品。他給予每位印度班智達九卷織錦緞、三錠金塊、三捧金沙等，物品堆積如山。對於來自鄔金、沙霍、喀什米爾的三位大師，國王則供養黃金和綠松石的曼達、大量絲綢、錦緞，以及無數其他精緻禮品，請求大師們在藏地弘揚顯、密二部教法。大班智達們甚感歡喜，微笑說道：「誠

⑩哈布日山（Hepori，藏文拼音為 *has po ri*）：亦稱海不日山，在桑耶寺東面，高六十餘公尺，號稱藏地四大神山之一。傳說桑耶寺初建之時，此地群魔作亂，蓮花生大士在此山設場作法，以巨石鎮魔眾魔，保障了桑耶寺的順利建造。也有史書記載，赤松德贊和蓮花生曾來此山勘察建寺地形，籌劃興佛藍圖。哈布日山東麓還有吐蕃時期三大譯師的舍利塔和寂護大師的舍利塔。

然善哉。」堪布、上師、無垢友尊者都許諾守護佛陀教法，直至王願達成爲止。

於一年內建立了三組講、修兼備的佛法團體。在桑耶建立一所可容納七千名學員的學院，在揚宗建立一所一千名學員的學院，在昌珠建立一所一千名學員的學院，在青埔建立一座可容納九百名行者的禪修中心。在拉薩建立一所三千名學員的學院，搭配葉巴的五百人禪修中心。最後，在拉薩建立一所百人禪修中心。除了這些宗教機構外，各地都有許多的佛學院和禪修中心，如康區的朗塘、門雅的惹瓦崗、姜地的嘉塘、瑪爾的甲倉、戎直、岡珠、波渥（即波密）的東秋、巴朗的戎朗、工布的布久、青輿、達波的黨倫、衛藏四如的促克拉、臧省的塔克登・久嫫囊、拉祁等地，遍佈整個臧省和臧戎，並且遠至阿里。

伊喜・措嘉對僧團的護持與推動

佛教傳承、寺院中心、續部學院、佛法教導，皆無礙地傳播到藏地的每個角落。來自印度、漢地、尼泊爾的聖者們心滿意足地回歸故里，滿載藏民出於感恩而供養的金銀財寶等珍物而歸。不過，寂護堪布、金剛上師、無垢友尊者則留在藏地，轉動經續二部的法輪，如是虔敬之王的由衷心願得以圓成。國王的權力和統治的範圍達到巔峰，四方邊境的敵人皆已征服，邪苯亦是衰微不振。當國王看到自己的所有理想都一一實現、毫無遺漏之時，他將王權傳給兒子木奈贊普王子。國王的心中充滿各種喜樂，毫無一絲痛苦，也無疾病侵擾，直到他要走的那一晚。當晚，國王對王子、王妃、大臣、朝眾交代一些最後的忠告後，於午夜至各寺廟供養獻花和給予祝福，接著在黎明之前，國王念誦自己禪修本尊的生起次第儀軌，隨後在破曉時分，國王處於澄澈明性之中，消融至聖文殊菩薩的心間，消失無蹤。

然而，王儲遭到一位王妃以藥草毒害，牟赤贊普⑪即取而代之，繼承王位。那時又逢反對佛法的妃子們在兩個佛法團體之間製造爭端使得雙方不合，不過，措嘉尊女以慈悲善巧進行調解，使得兩造重歸舊好。自從這個事件之後，法律就禁止再有此類的爭端。

苯嫫．措⑧這名女子那時正住在哈布日山，她屬於卻洛氏族，是內苯信徒，自幼與措嘉相

⑪根據其他史料記載，接在第三十八任贊普木奈贊普（西元七九七至七九八年在位）之後的贊普是牟如贊普（西元七九八年在位）。牟如贊普是赤松德贊的二子，即位不久吐蕃即生內亂，遭貴族廢黜流放後遇害。其後繼位的是赤松德贊的幼子赤德松贊（西元七九八至八一五年在位），他在佛教僧人的保護下免於災難，所以繼位後大力發展佛教。西元八一五年，赤德松贊去世。他有五個兒子，一個出家為僧，兩個夭折，剩下的二子，可黎可足（即赤祖德贊）崇佛，當時朗達瑪反對佛法且脾氣暴躁，可黎可足遂繼承王位恢復佛教。

⑧關於苯嫫，可參見本書第一九九頁中關於桑耶辯法的記述。

熟。苿嫫把一些有毒甘露拿給措嘉飲用，不過措嘉識破其計，喝下毒飲之後說：

嗟瑪！

知心友人請諦聽，所獻甘露具妙力，吾金剛身無染垢，誠然神妙已化彼，成為無死瓊漿液！

陰謀策劃已敗失，反為吾增諸功德。

心中莫懷嫉妒意，等量熱忱修佛、苿。

當向本尊勤祈請，對待法友以淨心，護無依者以慈心，虔心獻己予師尊。

措嘉說話時，全身化為閃爍的虹彩光芒，每個毛孔裡都有一支金剛杵。苿嫫羞愧不已，遷至他國。但王妃們卻因此對措嘉心生怨恨，將尊女流放到臧省。

措嘉首先住在喀惹・崗，她周圍聚集了三百位禪修者，因此該處日後稱作「久嫫・喀惹」，意即「尊女之喀惹」。這三百位瑜伽士中有三十九名證得成就，獲得神通。此外，這三十九位當中有二十位能行使利益眾生之事，甚至有七位證得與措嘉本人相同的道位，他們的利生事業因而能無量無邊。

其後，措嘉在久嫫・囊修行。該處有一千名尼師聚集，其中一百位能真正利益眾生，七位與措嘉的成就相等，三百位證得成就。此處因而稱爲久嫫．囊，意即「尊女之家」。其後，她繼續前往桑噶．鄔帕巄修行，她的名聲遍揚整個藏省。那裡有千名僧人和瑜伽士，以及一千三百名尼師聚集，措嘉藉由無上密乘的方便法門，引領他們達至修行成熟與解脫，眾人都證得不還果位⑨。其中七人以「臧省七福報者」聞名，八十人成爲遠近馳名的大瑜伽士。措嘉對他們所有人都賜予口傳教導，在久嫫．囊傳授精要口訣的口耳傳承，於是鄔帕巄成爲經典學習之典座，喀葸和久嫫．囊都出現了許多成就者。

在這之後，措嘉尊女有一次在香波．崗遇到七名盜匪侵犯和洗劫，她卻對盜匪們唱了這首介紹四喜之歌：

南無咕汝貝瑪悉地啥！

得見汝母吾眾子，今已領受四灌頂，此緣來自昔善德，莫因四喜韻分神！

⑨換言之，他們再也不會退轉至輪迴界中。

眼見汝母吾壇城，強大欲念於心生，藉此汝受寶瓶灌。
當觀欲念本體性，將其交融並結合生起次第之本尊，本尊於此勿他尋。
吾兒觀修汝欲念，視欲念即本尊身。
汝母壇城之虛空，汝等如今已然入。
細微脈顫大樂中，瞋恨抑止大愛生，藉此汝得祕密灌⑩。
當觀大喜本體性，交融風息並持守，大手印除此無它。大印大樂吾兒覺。
相合於母大樂空，本自難擋力所激，吾心汝意合一味，此加持賜智慧灌。
堅守大樂本體性，且與空性相交融，空樂無染此無它。勝妙極喜吾兒覺！
相合於母大樂脈，當守菩提莫漏失，自他分別即止息。
藉此本初之智慧，本覺灌頂汝已獲。於汝種種感知中，保任離戲無作意。
樂受空性相交融，除此無它大圓滿。吾兒覺此俱生喜！
此殊勝法甚絕妙，見聞即可獲解脫！當下瞬即得四灌，成熟悉地因四喜。

言畢，七名盜匪於剎那間獲得精神上的成熟與解脫，精通於細微脈與風息的掌控，熟知了四喜的韻動。由此七名盜匪所成的大成就者，甚至以其凡夫肉身前往鄔金淨土，在那裡進行難以計量的利生事業。

其後，尊女在六名弟子的陪伴下，再次雲遊至尼泊爾。在那裡，經由往昔功德主、尼泊爾國王和吉拉·吉帕的幫助，措嘉傳授了許多蓮師所傳的精要教法。也是在尼泊爾，她收了一位十四歲、名叫「空行母」的女弟子。這名女弟子的父親名為巴達納那，母親名為龍女。由於這名女弟子確然是「身系」的空行母，而且應當由密乘獲得解脫，便命名為卡拉悉地。

接著，措嘉尊女漸次由寇修行至芒域⑫，於該處開顯了與蓮師相關的續法壇城並修持一年，卡拉悉地、洛卓·吉、德千嫫、瑟察等多人都在措嘉的指導下證得成就。有兩百位之多的具信者聚集此處，由於佛陀教法先前並未在此彰顯，該國自此成為篤信佛法之地，男女居民都逐漸了解因果業則之至要法義。

其時，虔敬之王牟赤贊普派遣三名朝臣前往邀迎措嘉尊女，她遂將比丘尼洛卓·吉留在芒

⑩即祕密灌。參見辭彙解釋中「灌頂」的部分。

⑫芒域的中心位置，大致位於今日藏地西南部中尼邊境的吉隆一帶。赤尊公主入藏時，藏史記載松贊干布派人至芒域迎接，而尼婆羅（尼泊爾）臣民也將公主送至芒域。

域代爲攝理眾事，自己則在卡拉悉地和其他十一名弟子的伴隨下回到藏地。在她往赴桑耶的途中，喀惹、久嫫．囊、鄔帕巃的民眾都前來向她致禮，表達崇敬。國王爲措嘉舉辦一場盛重的歡迎儀式，以黃袍僧侶爲前行將她引至主寺。大臣、朝眾、譯師們見到她都歡欣不已，彷彿原以爲措嘉往生，如今卻發現她活著回來一樣。

對於偉大寂護方丈的舍利⑬，措嘉供養了一個由七把金沙和九匹絲綢堆成的曼達，淚流滿面地說：

嗟瑪，嗟呼！

哀哉至上聖導師，蒼穹誠然廣無垠，繁星即使數量眾，七駿所載日已去，無明陰暗誰能驅？

如今有何燈火遺，黑暗藏地光明照？無瑕火晶球何方？

缺汝慈悲光芒祐，吾等群盲誰能引？

王室寶庫財寶溢，如意寶今不復存，吾等苦難何能止？

無望於此餓鬼邦。滿願珍寶今何方？缺汝適意大恩典，吾等癇眾誰堪護？

十億界君王雖眾，然若轉輪聖王離，何能希冀獲安適，於藏蠻地得救護？

世界帝王今何方？缺汝教導戒律行，吾等啞眾誰能祐？

吾等世間中土內，飽學有成者雖眾，然若大方丈已去，誰爲教法持有者？
無等佛攝政何方？缺汝經續教法衛，吾等活屍誰堪護？
哀哉勝學寂護尊，莊嚴菩薩眾之主！
藉由怙主汝恩慈，願吾偕同他人眾，生生世世入佛門。
願由經續教導法，成熟解脫獲大樂，圓成利他諸事業，經由四攝法⑪功德，開展佛子圓滿行。
願成佛法無瑕師，勝利法幢恆高舉！
藉此舟身渡大洋，爲利教法及有情，如船長、師引領眾。

此時，從遺骨聖篋的上方傳來一個聲音：

⓭有關寂護方丈圓寂之事，請見《蓮師傳》（橡樹林文化，二〇〇九年）。

⑪四攝法，藏文拼音為 *bsdu ba'i dngos po bzhi*，是菩薩攝受弟子的四種方法：慷慨（布施）、愉悅言辭（愛語）、依個別需要進行教導（同事）、依所受教導損己利他（利行）。

嗡啊吽！
三世一切佛行止，汝皆已然善履踐！
無量無邊如天際，汝所行止廣無邊！
勝者根本支分法，傳佈遍揚至十方！
三世諸佛之母尊，攝受一切無所遺，願汝諸事昌榮盛！

在場所有人都聽見這個聲音，並為之隨喜。

此後，措嘉尊女成為國王的精神導師。她在青埔住了十一年，從未與上師怙主分離，並經由教導和修行來傳播教法。蓮師從心間祕密寶庫取出密乘所有的教法和精要口訣，毫無遺漏地全都交付給措嘉，猶如從一個滿溢容器倒入另一容器一般。

其後他說：「不久之後我就要到空行淨土拿雅，不過在此之前，我必須將廣大無盡的甚深教法遍置於這片藏地的每個角落，這些寶藏就是妳的責任。這位名叫『悉地』的女孩，名字取得很好，她屬於空行母身系的海螺部，已證得密法成就，為了要傳佈在他處未得聽聞的諸多密法精要指示，我會將她納為明妃，並將這些精要教法作為伏藏封藏。」

「如上師所願，」措嘉尊女回憶道，「我將悉地這女孩獻給上師作為明妃，並開啓《喇嘛・

貢巴・度巴》的壇城，讓牟赤贊普王達至修道上的成熟與解脫。牟赤贊普跟隨他父親的腳步，致力於佛陀教法的推展。

「就是在那時，大寶上師授為伏藏的所有教示都交付書錄，這份工作是由數名弟子共同完成：書寫速度奇快無比的南開・寧波；最為精確審慎的阿擦惹・佩鞅；措辭拼音、速度、準確度都超凡絕倫的登瑪・策芒；精於拼音綴字的卡瓦・佩澤；書法大師卻洛・嘉岑；善於聲明和因明的玉札・寧波；圓熟一切上述文字藝術的毘盧遮那；以及證得無謬記憶力的措嘉我本人，還有二十五弟子和許多心子等。眾等有的以梵文書寫，有的以空行密文書寫，有的以尼瓦爾文⑭書寫，有的以火紋書寫，有的以水紋書寫，有的以空氣之文書寫，有的以血紋書寫；有些是以藏文書寫，包括烏金體和烏梅體⑮，以及長、短、粗黑體的恰秋字體；有些則以珠和珠擦、空僧和企孃、康陵，以及康通字體書寫，全都搭配完整的標點符號。我們集結了一百萬套蓮師心

⑭尼瓦爾語是尼泊爾中部加德滿都谷地尼瓦爾人所操持的語言，屬漢藏語系藏緬語族，是該語系中唯一以天城文為書寫系統的語言。因其逐漸成為加德滿都一帶諸國的官方語言，亦被通稱為「尼泊爾語言」。另外，在錫金、西孟加拉邦和藏地等地區也有操尼瓦爾語的居民。

⑮烏金體：即所謂的有冠體，多用於印刷。烏梅體：即所謂的無冠體，多用於手寫。

意的修行法門、一萬套完整的寧體心滴：包括續法、口傳、釋論⑯等，全都是甚深教法。那些詳盡的教法確實至關重要，那些簡短的教法確實完整無缺，再如何簡單易修的法中也含有極大的加持力。這些教法雖然深奧，卻能迅速賦予成就，蘊涵一切所需。爲了給予鼓舞、帶來信心，封藏的地點表列、祕密和極密的指引、關於取藏的授記，皆加載於伏藏中。一切都妥善依序安置。」

上師和佛母伊喜．措嘉兩人，在實爲一體的心意智慧中，藉由諸多善巧方便和智慧來利益眾生。在他們實爲一體的語之證悟行中，自然開顯經續教法。在他們實爲一體的身之勝妙力中，世間一切顯現都在他們的掌控之下。在他們實爲一體的證悟智慧功德中，他們致力於眾生的福祉。在他們實爲一體的證悟事業中，已然精通四種事業。在究竟法界中，他們的名號爲昆桑．貝瑪．雅韻——普賢蓮華佛父母。他們的身、語、意、功德、事業遍滿虛空，無處不在。

一些時日過後，他們離開青埔，漸次步行遊歷整個藏地，所賜加持盈滿藏地各處。他們首先造訪了三個虎穴。在芮地巴羅虎穴的不同處所安置了伏藏，並且留下關於取藏的授記。蓮師說：「這是上師『心』之處所，無論誰在此處修行，都能證得大手印的成就。往昔當上師我在色究竟天時，我之身、語、意的這些助緣物皆自然顯現。」他隨即在一幅自然顯現的怖畏金剛像、一座自生佛塔和一處自然顯現的六字大明咒前，進行祈願並賜予加持。

他們繼續前往藏地的昂府虎穴。上師的力量使得當地所有鬼靈皆行歸順，全都受派為伏藏主和護法。上師並安置了極密授記的指引。「這是我『身』之聖地，」上師說道，「無論誰在此處修行，都能證得無死長壽的成就。當我出生於達納郭夏湖時，我之身、語、意的這些助緣物皆自然顯現。」如前一般，他在一些佛像、三字咒語、九字如盧咒語、一座佛塔、一只金剛杵前，進行祈願並賜予加持。

接著他們前往位於康區的虎穴，上師於該處的不同地點封藏伏藏，並且威使伏藏主們立誓進行守護。上師給予關於伏藏的授記，並留下伏藏地點的表列。「這是我『語』之聖地，」上師說道，「於此處的修行者將會富有盛名，並得大加持，但那些不具三昧耶者將會遇到諸多障難。共與不共的成就皆可於此處獲得。當我在金剛座和其他地方轉動法輪、降伏惡魔和具邪見

⑯ Upadesha，音譯優婆提舍。佛自論議問答而辨理者，或是佛弟子論佛語、議法相，而與佛相應者，亦名之。

者時，這三尊佛像於此處自然顯現，還有此六字大明咒、三字和十二字咒語等，以及意的助緣物亦然。」言訖，他對這些物品進行祈願並賜予加持。

欲了解上師和措嘉尊女於他處之遊歷者，應當參照蓮師的生平故事。

此後蓮師和佛母再次停留在主要佛殿，作為藏地偉大國王的精神導師。他們賜予廣泛和詳盡的口訣指示，給予關於發掘伏藏的授記，並為王、臣、妃、朝、譯師們留下教誡，接著上師便在猴年猴月初十之日乘於日光之上離去，前往西南方的拿雅洲。而措嘉則留下，以利益王等眾人，以及特別是三組佛教社群，她行使利生事業，並將蓮師的教法以伏藏形式遍佈整個大地。護法之王和眷屬護送珍寶上師到了貢塘隘口，在那裡向上師求取諸多授記和開示，隨後心中滿懷悲傷地折返。

「但是措嘉我，」尊女回憶道，「騎乘在一束日光之上，伴隨上師直到位於尼藏邊境的擦秀峽谷。我們向下而至擦秀的祕密巖洞住了三週，上師在那裡開啓了《大圓滿・阿底・嘉布速》的壇城，並且為我灌頂。然而，由於瓊內瑪⑫的多疑和放肆的態度，吉祥的機緣受到妨礙因而破壞。上師說：「雖然密法會在藏地傳佈，然而阿底，大乘的至高教法，將會受到爭議，故而無論是透過口耳傳承或是伏藏傳承，能藉此得到解脫的只有少數人，這些人對眾生所行的利益也甚爲微小。由於此一業緣，即使是密乘的一般教導也只有微小的力量，且會快速地興起和衰微。」

「他並未給予瓊內瑪灌頂。不過，對措嘉我卻是給予完整的灌頂，毫無保留。」

「此時機甚完美，」上師說，「來給妳這個教導。此法乃屬能使概念二元智識停息的殊勝法乘。若在不合宜的時刻，太早給妳這個教導，就像是把穀物一次收成，所結果實一旦摘取，便無方法讓妳在這世上停留久些。對於修行此法的行者而言，業無善惡，座無高低，無有老少，智無銳鈍。所獲之果稱爲『諸法滅寂虛空大定』。若在以前給妳此法，妳就很難確實利益眾生，並推展佛陀教法，以及爲了利他而封藏甚深寶藏，因爲妳的色身將會立時耗盡。現在，妳必須一刻都不捨對究竟實相的直接了悟來修行，如此將能保留此身且迅速成佛。從今以後，要到像是紮布或提卓等地修行。三年之內，妳對究竟自性的了悟覺受將得增長；六年之內，證得究竟本覺。到了那時，便封藏所餘的伏藏，並藉精要口訣來圓成利生事業。

⑫參見第五章，本書第一六八頁的敘述。

「此後，妳繼續在洛札·卡秋修行，展現神通妙行，有時是可見的神通，有時是不可見的神通，具福報者會因而得利。約莫兩百年後，妳的色身將會消逝，並在偉大本智境中和我相會於拿雅空行淨土。我們在那裡相融無別，將會是利益有情之佛眾。」言畢，上師乘在一束日光之上行將離去，但是我拜倒在地，含著淚水絕望地哀求他，泣訴：

嗚呼哀哉鄔金主！
吾等方聚行將離！豈非歷經生死意，生死潮汐如何止？
嗚呼哀哉鄔金主！
恆不分離至此刻，怎能轉瞬道別離？豈非所謂聚散意，如何偕汝永不離？
嗚呼哀哉鄔金主！
師近遍巡全藏地，如今所遺僅足跡。豈非所謂無常意，如何逆轉此業風？
嗚呼哀哉鄔金主！
法護藏地仍近期，如今僅成軼事聞！豈非所謂變遷意，如何掌控此變異？
嗚呼哀哉鄔金主！
不離友伴至今日，如今師將往天際，拋下吾此惡業女。加持灌頂向誰求？

嗚呼哀哉鄔金主！
汝賜吾予甚深訣，如今師往無死空，拋下受制色身女。教示除障向誰求？
嗚呼哀哉鄔金主！
乞再賜法教隻字，慈眼不棄眷視吾，祈願祝福顧藏地！

「在極度哀痛之下，我手執十三捧金沙拋向上師之身。上師乘於日光之上，在幾呎之遙處說道：

嗟瑪！
功德海女且諦聽！調伏羅剎吾今離，圓滿三身大力行，不同如沫消亡眾。
若生死如警鐘響，汝當獻身神聖法，精熟生圓⑬脈氣道：戰勝生死不復懼。

⑬參見辭彙解釋中「生起與圓滿」的部分。

嗟瑪！
善德信女且諦聽！爲利他人吾今離，無偏慈悲攝一切，不同妄念蔽目眾。
欲長聚修相應法，淨覺視萬法如師：無別僅此唯一法。

嗟瑪！
悦目妙女且諦聽！傳法利他吾今離，吾身殊勝無染垢，不同惡業所驅眾。
吾法子嗣遍藏地，我已安立成就眾。
若見無常修大印，放下所起輪涅覺，遏止業風此爲上。

嗟瑪！
具信少女且諦聽！吾將講法鬼魔地，無瑕金剛身不變，不同病苦所逼眾。
藏地上下遍置法。若堅定修持法訣，於法絕無有匱乏。
聞思修以持佛法，自他利益任運成，顛覆變異此甚深。

嗟瑪！
卡千公主女諦聽！吾往蓮花光淨土，三世佛智所召喚，不同閻王所迫眾。
汝以女身已成就，自心即主祈加持，蓮師攝政別無他。

嗟瑪！

伊喜．措嘉女諦聽！大妙淨土吾將往，無死安住空性界，不同心棄軀體者。
甚深教令汝解脫，大圓滿中色身竭。祈願觀修行息、增，唯師悲能驅障難。

嗟瑪！

熾燃藍光空行聽！昔所賜汝諸教示，總集上師相應法。
汝身頂上一掌處，蓮師吾現蓮、月上，虹光圍繞眾生師。
一面二臂持顱、杵，內袍、外罩錦緞衣，法衣、百納披肩、篷，一切法乘表徵具；
頂戴鷲羽飾蓮帽，耳飾項飾爲莊嚴，金剛跏趺放光芒，具足成佛諸相好；
五彩虹光空行繞，心之光耀吾明現。
明見吾時當受灌，且安住於見地中，未達此前精進修。
咕汝悉地心咒誦，結行將汝身語意，與師相融無分別。
祈願迴向以喚師，大圓滿界保任持，此根本界越諸行。
此教法外無能勝！不退不逝師悲心，慈悲光芒永繫藏。
祈請者前吾現身，永不分離具信者。

具邪見者不得見，於彼等前吾隱匿。吾愛永怙授記子。
往後每月初十日，吾乘如君日光來。
息增懷誅四身相⑭，如是四次顯自身，賜成就予眾法子。
下弦初十亦相似⑰，然多懷愛誅伏行。
初十五乘月光來，悲願翻攪輪迴淵，諸苦難皆得空盡，大力事業利眾生。
初八日昇日落時，騎乘知心駿馬臨，遍巡世間眾處所，廣泛賜予諸成就。
羅剎女地將轉法，吾以息增懷誅行，調伏廿一邊鑾地，
以及三十遙遠處，化現自身火或水，或為虛空、彩虹、風，
或為地動、音聲等，百萬幻化引大樂。利生諸行不止息。
汝於今後一世紀，是為藏地眾生喜，百載又一至拿雅，偕吾同為眾生怙。
熾燃藍光金剛持！汝身語意等同吾，業風、生死流將止，
散放利生諸化身，藏地轉世流相續，孜孜不倦利生行。
措嘉今當守見地，則將一刻不分離，然依俗諦且告別！
以吾大愛祈善德，願全藏地享安樂！

「上師說完後，整個天空充滿了勇父空行母，祂們奏樂吟唱，持舉寶傘、勝幢、飄幡、垂纓、華蓋、掛氈、鐃鈸、法鼓、法螺、法號、骨號、手鼓、笛簫、瓢琴、鈴鐺、風笛等所有樂器。從這廣大供養雲的中心射出一道燦爛明光，猶如召喚上師一般，上師步入明光中。我再也忍不住而哭喊道：

珍寶上師蓮師尊！
佛法唯一典範師，眾生唯一依怙父，藏地唯一眼睛者，汝乃即為吾自心！
汝之悲心何其微，汝之行止甚殘酷！嗚呼哀哉悲痛絕！

「我以大禮拜的方式，將身體投向地面，如此懇求他回來。上師回頭給了我第一份遺教，隨後轉身凝視西南方，在一團乍放的光芒中離去。然而我再次撲向地面，撕扯頭髮，抓扯面頰，在地上翻滾，向上師乞求：

⑭參見辭彙解釋中「四事業」的部分。
⑰即陰曆每月的第二十五日。

悲傷哀慟鄔金主！怎留藏地空無去？豈能撤收汝慈光，莫非棄法置一旁？
竟離藏民而不顧，拋下無怙之措嘉？祈尊慈悲垂視吾，當下即刻觀看吾！

「我那時就是這般模樣，淚流慟哭，悲苦難抑。雖然這一次上師並未再次現身，不過我清楚聽見他的聲音，給了我第二份遺教。接著整個天空再次充滿光亮，光芒穿透整個大地。在這團眩目光亮中能見到空行母眾飛快地穿梭，其後漸漸愈趨模糊，最後一切都消融而去。於是我再次將身體向岩塊不斷撞擊，碰得體肉片片落下，就連自身鮮血也一併作爲薈供，且在極度苦痛中呼喚遠方的上師：

哀哉祈請大悲空！浩瀚無垠至天際，此爲吾師事業行，如今卻於藏地絕。
各國皆有各命數，如今藏地命運臨；眾生皆各有悲喜，如今卻換吾受苦。
哀乞汝愛疾視吾！

「雖然看不見任何人影，卻有聲音傳來說：『措嘉，看向這裡！』我朝那邊一望，只見一團人頭大小的光球從天而降，落在我面前。光球內有上師的第一份贈物。光芒照亮了藏地各區，隨後所有的光束集中在一起，射往蓮師離去的西南方向，接著消逝。再次地，我因完全無力承受而哭道：『噢，敬愛的鄔金上師，不要拋下您的仁慈！看著我！您眞的能夠離我而去嗎？』

「如前一般傳來了聲音，同時有個小於拳頭的光篋落在我面前，內有上師的第二份贈物。當光亮、光束和陽光匯聚一起射向西南方後，只留下夜晚的黑暗，上師和空行母眾不復在此。就像是早晨從夢中醒來。我一想到上師就心緒紛亂，淚流不已，於再次哀泣中吟唱出此曲悲歌：

嗟瑪！

崇敬珍貴鄔金師，守護藏地唯一父，已離前往空行刹，藏地今成荒蕪地。

珍寶精萃今何方？實相中誠無去留，汝卻離去赴鄔金。

所有藏地神、人眾，彼日已於身後落，赤無衣者誰賜暖？

雙目已自眉際落，瞠視盲眾誰能導？心自胸膛剖取出，活死人眾誰堪引？

汝爲眾生利益臨，何又不恆駐此處？

唏噓，鄔金珍寶尊！

暗黑時代臨藏地，隱修處所無人居，法座墊上無人落，灌頂寶瓶乾未盈，
自誇耀者說心性，教法僅冀書頁尋，師僅存於觀想、喚，弟子需持塑、繪像，
希望寄託夢、淨相，此等惡世確然臨。
鄔金尊主嗚呼哉，祈以悲憫視吾眾！

「我如是而言後，從西南方驟然飛來一團光雲，光團末端是個小於我拇指的光盒，飄下到我前方，內有第三份贈物。因此，我獲得無畏的信心，希望與恐懼之巢落下而消失，染污煩惱的折磨已被清除。我親身體會到上師與我的不可分離，在極大的虔敬中，我開啓《喇嘛．桑瓦．杜巴》的壇城。在我修持此法的三個月中，日夜六時都能面見上師，從他那裡領受諸多授記、指導，以及口耳傳承的精要口訣。」

其後，爲了修復瓊內瑪和上師之間的三昧耶，在上師的允許下，伊喜．措嘉首先修持了眞實意嘿魯嘎（或稱清淨嘿魯嘎、吉祥眞實尊）和普巴金剛合修的《揚普札瑪》，並將此成就法傳給瓊內瑪和許多其他具信弟子。此法包含「上部事業」，內爲與眞實意嘿魯嘎根本文相關的

懺罪部分；還有「下部事業」，內爲與金剛童子相關的除障部分。措嘉將此成就法以口傳和伏藏兩種傳承方式傳下。

在此之後，措嘉動身前往芒域，僧眾、弟子和以前被她留下的虔誠的洛卓，都滿心歡喜地歡迎她，舉辦薈供慶祝，並且請求她永久留下。但措嘉只停留一個月，傳給他們許多最終的教導，給予關於消除障礙、生起禪修等的建議。隨後她前往藏省，那裡的所有居民都歡聲雷動，表示當蓮師離去往赴凶猛羅剎地時，措嘉卻回來而讓他們感到欣喜！由於他們對措嘉就像是對蓮師一樣虔信，人們群集在她的四周，人數多得使她幾乎無法行走。她給予灌頂和教學，利益了無量眾生。接著，措嘉前往祖爾巴，於該處停留一年。在祖爾巴，措嘉發現年．佩揚、貝．耶喜．寧波、拉頌．嘉華．蔣秋、年少的歐准．佩吉．珍努、朗剌．蔣秋．多傑和年僅七歲的達恰．如巴．多傑是接受教法的合適根器，便將他們收爲弟子，帶領他們得至精神上的成熟與解脫。爾後，她前往香地三年，住在帕瑪崗的岩洞中，致力於利益眾生。之後她到了紮布，安住於任運無作的阿底見地中，這是大乘教法的最高見地。一年過後，她的覺受得到強化，內心盈滿極大的喜悅，修行獲得極大的進展。也就是在紮布，她埋藏了十三部大伏藏。離開那裡後，她前往宙地的提卓，住了六年。在那裡，她的本覺達到頂點，對大圓滿的了悟通徹到體內最深之處。另有記述說她曾遊歷六十二個淨土，利益眾多空行，但該紀事被封藏於他處。

就是在那段期間，措嘉尊女做了最後的連串苦行，爲他人而犧牲自己。

如她自己所回憶的：

「香提巴那個惡臣在過去曾給我帶來諸多的痛苦磨難，他投生於稱作極熱地獄之處，但我出於慈悲，使力將他救出。關於此事蹟的詳細記述，以及我如何翻攪地獄深淵，讓投生地獄的一切眾生與我結緣，這些紀事只能在別處尋得。此外，我布施自身給猛獸，布施食物給饑餓者，布施衣物給受寒者，布施醫藥給患病者，爲有需者布施財物，爲弱小者給予庇護，爲好色者布施下肢⑮。總而言之，爲了利益他人，我獻出自己的身體和性命。就在那時，當我從事甚至能犧牲臟腑、對自己全無所執的布施善行時，帝釋天王和難陀龍王都前來考驗我⑯。

「某日在提卓，一名腿殘的男子在其他三人的伴隨下前來見我，這三人輪流背負這名殘廢者。

「『你們來自何處？』我問道，『爲何來此？』

「『我等來自藏地的翁布，』他們回道，『這人雖然清白無辜，卻遭國王冤枉用刑，扯掉了膝蓋骨。藏地的大醫者都說有一種方式能把女性膝蓋骨移植到男性身上，除此之外，別無其他醫治之法。我們聽說夫人您慈善施捨、給人一切所需，因此前來乞求。不知是否可將您的膝蓋給他？』他們一邊說，一邊嘆息。

「悲憫之情從我體內深處湧出，我說：『我會給予你們一切所需之物。我曾向上師承諾會以我的身、語、意來幫助眾生。過來拿走吧。』

「『爲了要取出膝蓋，』他們邊說邊拿出刀子，『我們必須劃出很深的傷口，您可能會有極大的痛苦。』

「『無論有何後果，』我回答道，『就把它們取出。』

「他們在我的膝蓋上劃出十字形的切口，撬出我的膝蓋骨，撬起時還發出響亮的嘎嗟聲。當圓形、血紅的膝蓋骨放在我面前時，我感到些微暈眩，但仍打起精神說：『把你們的膝蓋骨拿去吧。』隨後他們就歡天喜地的離去。

「等到我膝蓋的傷口癒合後，又來了一個痲瘋病人。他的病情比一般痲瘋病患更糟，全身

⑮這句記述和第八章，本書第二四六頁的一首偉大道歌相呼應，可以和寂天菩薩所著的《入菩薩行論》中的類似段落互為參照（第三章，偈誦八至十一和偈誦十八至二十二）。

⑯帝釋天王和難陀在第五章（本書第一四九頁）的悟道歌中已被提及。

上下流著膿、血，鼻子整個爛掉，還留下一個大創口，從他口中發出的腐敗惡臭彌漫周身一哩遠之遙。他只是不斷地哀泣。

「『哭泣又有何用？』我跟他說，『這是你往昔造業的結果。哭泣不會有任何幫助。觀想本尊和持誦咒語才能帶來莫大的利益。』

「『受疾病折磨，』他說，『這是世間生活的一部分，但我還遭遇了比這更糟的事情。』

「『還有什麼事會比你現在的情況更慘？』我問道。

「『發生在我身上的這個病，來得極快又極嚴重。』他答說，『我曾有個妻子。她就像妳一樣，美如天仙！但她現在拋棄我，跟了別的男人，把我從家裡扔出來。我想說既然妳是完全爲了利益他人而活，妳也許可以……或許……做我的老婆。』接著他又開始再次哭泣。悲心自我體內湧現，我說：『別哭！我會以任何你想要的方式服侍你。』因此我就與他同住，依他吩咐。

「類似這樣的，我歷經諸多考驗。例如有一次，七名苯教徒來我這裡，他們想爲財神『揚』做一個儀式用的袋子，向我索取我的皮膚，我便剝下皮膚給了他們。還有許多其他的人前來索取我的眼、頭、臂、腿、舌等等，我給予他們一切，並且喜悅地爲他們祈禱。

「然而過了一些時日，帝釋天王親自現身，向我獻上諸多天神樂受之物：天眾的五種天衣、滿溢的甘露寶瓶、天界的七珍寶等，並且如此讚頌我：

神妙殊勝人間女！

行如過往菩薩眾，身體性命皆不顧，布施自身予他人。

慈悲之光母親尊，吾今來此於汝處，讚頌汝尊聖神妙！

從今直至此劫盡，當爲女王恆祈禱：願汝能永轉法輪。

「他說完後就消失了，而我的身體變得完好如初。痲瘋病人也變成龍王難陀，在我面前堆聚無量的龍族財寶，虔敬地雙手合十，眼中含淚地對我唱道：

嗟瑪！

上師伊喜．措嘉母！通往蓮師祕境鑰，慈悲擔負他人苦。

遠離概念眾思惟，淨與不淨皆無擾。

熱切投入利他行，於己愛執葬地下，一切教法持有女，勝者之母吾頂禮。

吾師蓮華顱鬘力，汝爲法道姊妹眷，祈以慈眼眷視吾！

密乘一切教法海，以及蓮師甚深傳，口傳伏藏兩者俱，汝令宣揚續不衰。

唯當吾仍存世間，如影、遮蔭，守護尊，隨侍一切逆境中！

「於是他悄無聲息，入地消失。」

當年赤贊普王聽說夫人停留在提卓，就邀請措嘉前往桑耶，於是她在青埔住了六年。虔敬之王與譯師、大臣、官員、王妃等眷從，對她禮敬有加並且獻上服侍。當年在青埔和別處所建立的禪修團體，現在都出現人數減少的情形，乃因已成就自利的大成就者離去以行利他之事，其他人則因年歲增長而已圓寂離苦。依照王令，印度方丈蓮花戒舉行儀式，一次為一千五百名新的出家眾授戒，措嘉則給予他們教導，並指示他們在青埔當地進行禪修。他們所有人的修行都無一例外地有了成果，其中許多人證得成就且能展現證悟徵象。

當時有頓明和漸明⑰兩種哲學義理形成爭論。一位大乘和尚提出一種錯誤的教法，受到反對並被壓制，因此造成桑耶宗教團體的分裂。蓮花戒大師駐錫於馬頭明王寺，大乘和尚則在大慈寺堅持他的主張，一時之間爭論不休。

「那個時候，」尊女回憶道，「我，措嘉，在百名弟子的伴隨下，從青埔下至桑耶以平息紛爭。但他們不願聽從，我遂施行諸多神通，使得頓明派和漸明派都開始對我生起信心，從而彼此和解。此後，頒行了一道新的宗教律法，昭令要根據蓮花戒大師的派別來修行。大乘和尚大師和其追隨者被給予許多黃金，並送回他們的故鄉漢地。偉大的虔敬之王擴展了拉薩、桑耶、昌珠等多處的宗教團體，使得一萬三千人皈依受戒。

「當措嘉我安居青埔時，成為佛法教導和修行指示的源泉，教授的對象遍及上師原先的弟子、新的出家眾、我自己的弟子，以及所有對蓮師具有信心者——他們來自阿里、芒域、普蘭、苪、嗆、嘉、樓柔、工布、衛藏四如、北方四省、多康六崗⑱，從漢地、姜、霍爾、門雅以及其他國家前來。於是我利益眾生的事業變得如蒼穹般無盡，弟子們的諸多傳承（措嘉女的

---

⑰頓明（Tönmin）和漸明（Tsemin）是藏語化的漢話。前者指的是漢地法師大乘和尚所提出的頓悟理論，「漸明」指的則是蓮花戒大師的漸進主張。這兩位法師在著名的桑耶辯論（西元七九二至七九四年）中對辯，蓮花戒獲得勝利，結果使得和尚法師的教法在藏地消失。

⑱藏區一般分為衛藏、康巴和安多，乃依方言劃分。衛藏即是中藏，又分「前藏」拉薩、「後藏」日喀則、藏北的「阿里」等區，為藏區的政教中心。康巴或康區是指青海玉樹、雲南德欽、四川甘孜和藏地昌都等區，以康定界分關內、關外。安多則於今青海省海南、海北、黃南、果洛，甘肅省西南和四川以北草原等地。若是由高至低則劃分為「上」阿里三圍、「中」衛藏四如、「下」多康六崗；衛藏四如有藏如、衛如、耶如、勇如，為前藏和後藏的總和。「如」是指古代藏族的軍事組織。多康六崗（Dokham Gangdruk）指的是東藏的安多和康這兩個區，傳統簡稱為「處溪岡竹」，即「六山、四河」之意。所謂四河指的是：怒江、瀾滄江、長江及雅礱江；而六座山脈則包括怒山山脈、寧靜山山脈、沙魯里山山脈、大雪山山脈等分水嶺。

傳承）更是遍滿整個世界。」

封藏伏藏

本章的第三段簡述措嘉尊女為了看管佛法寶藏（伏藏）和成就眾生利益，徒步遍行所有大小聖地、祕境和重要地點的事蹟。

措嘉尊女自忖：「我已為眾生和教法帶來利益。依據上師的預示，我的壽命也過了一半。我的明覺達到極廣，我的事業亦然。因此，我當前往珍寶上師曾加持的所有地方，在那裡封藏伏藏，祈願吉祥，進行禪修。」

她首先到了提卓，在那裡停留一年又七個月，封藏了十部伏藏，並祈願一切與此伏藏有緣者，皆能獲得深遠的影響。隨後她前往雅礱的水晶巖穴，在那裡住了十三個月，以諸多的祈願，封藏了五部伏藏。她在揚宗住了一年，封藏了十三部伏藏；她在葉巴住了一個月，封藏了十部伏藏。之後，她逐漸南行，來到札里崗，在那裡停留了一年又四個月，封藏了三十個大伏藏。隨後又前往工布，在那裡總共封藏了一百五十部伏藏。之後，在南方，於尼泊爾的雪山群巒中，她逗留了十三個月，藏下三十五部伏藏。其後前往西方的拉齊雪山[19]住了四個月零七天，封藏了八部伏藏。隨後向北來到念青唐古喇山[20]的雪峰，停留了三個月零五天，封藏了三部伏藏。之後，她前往東南方加地的堪巴巄，住了一年又半個月，封藏十部伏藏之後，又前往西南方的爪普巄住了五個月又十天，藏了七部伏藏。其後前往西北方，在佳瑪巄住了一年五個月，封藏了九部大伏藏；隨後是東北方的卓瑪巄，住了十一個月，有五部伏藏被隱藏。她在雅爾布雪山山脈住了一個月又十天，藏下三部伏藏。同樣的，她在塞吉雪山停留了一年，埋藏十部伏藏；在玉龍雪山住了三個月，埋藏三部寶藏；在造訪仲傑雪山的十天裡，封藏了三部伏藏；接著再次到玉龍雪山逗留三個月，埋藏四部伏藏；在久嫫雪山住了五個月，封藏十部伏藏；在聶沃雪山停留五個月，並且封藏四部伏藏；到雜玉雪山待了二十一天，封藏一部伏藏；到那囊雪山山脈七天，埋藏五部伏藏；在洛榮雪山停留了三個月又七天，封藏十三部伏藏；在

[19] 拉齊（Lapchi）雪山位於尼泊爾和藏地邊境的山區，是勝樂金剛的二十四個聖地之一，大成就者薩惹哈、蓮華生大士、密勒日巴都曾在此修行。

[20] 念青唐古喇山脈是青藏高原主要山脈之一，雅魯藏布江與怒江分水嶺。在藏地自治區中東部。「念青」在藏語意為「次於」，即此山脈次於唐古喇山脈。山脈全長一千四百公里，平均寬八十公里，海拔在五千至六千公尺之間，主峰是海拔七一一一公尺的念青唐古喇峰。

戎岑雪山山脈居住七個月，封藏十五部伏藏；在薛藏雪山區停留兩個月又十天，埋藏五部伏藏；在白雪覆蓋的崗波山脈住了一年一個月又一日，封藏了二十部伏藏；在雀普雪山停留一個月，藏下十四部伏藏；在璞帛雪山山脈停留二十一天，封藏三部伏藏；造訪僧創雪山山脈七天，封藏兩部伏藏；到措納克雪山山脈半個月又九天，也在那裡藏下一部伏藏。同樣的，她在東部的瑪坤巄停留一個月，藏下十三部伏藏；在南部的巴恰・師利住了一年，封藏七部伏藏；在西部的章門巄停留了一個月，藏下三部伏藏；在北部的森莫多逗留了三個月，藏下四部伏藏。此外，在上札里宗、中喀惹宗、下吉爾宗、芮地的帕里宗、工布的布久宗、普沃的帕玉宗、登地的多傑宗、嗆地的納布恩宗、內林獅堡、雅里・札瑪宗、喀陵・辛波宗、拉里・遊茹宗、透瀨・佩巴宗、惹喀的普莫宗、岭地的札瑪爾宗、阯地的拉札克宗、下工布地區的札卡爾宗等許多地方，她停留了數月數日的時光，與那些地點結緣，並在其處埋下伏藏。她以同樣的方式在八大祕境逗留數年，埋藏適合該處的伏藏：亦即尼泊爾的哲莫・雄、樓虞的貝瑪貴、香地的紮布巄、枚地的構沃垌、嘉莫的穆豆垌、拉嫫・奴康・垌、嘉巄・久波巄、芮地的普杜巄。

總結而言，伊喜・措嘉遍遊二十五座雪山山脈、四大福地、十八處重要地點，以及蓮師本人曾修行的一百零八個處所。她在這些地方禪修數年、數月或數日，埋下伏藏，並且進行吉祥祈願。特別是在多康地區，她加持了因蓮師顯現八相而神聖的八處、顱鬘力五相的五處、蓮師神妙事業的十二地、經由授記加持的三地等等；她在這些地方封好伏藏，詳情如同詳盡取藏授記所載一般。

概括而言，整個藏地有一百零五個大聖地，一千零七十個小聖地，以及數百萬個其他地方，都是措嘉待過並且封藏伏藏之處。然因篇幅過長，無法一一列舉這些地名。不過，在蓮師的詳盡傳記中可見到這些伏藏如何封藏於藏地各處（桑耶、拉薩、昌珠等地）的記述。

三昧耶，嘉，嘉，嘉

咿啼，咕呀，喀唐母，曼達，囉布架

8

成就佛果

措嘉在加持藏地各大聖地並封藏伏藏之後，回到王國中央的青埔，續爲國師。她在那裡停留了一段時間，更加勤勉熱切地進行利益眾生的工作。她在噶瓊・多吉英①的廟裡，爲七名具足根器的弟子，傳授許多廣大精深、能令成熟解脫的無上教法，受法者包括虔敬之王牟赤贊普、王子牟如贊普、王妃囊瓊・佩。尤其她爲這七名弟子開啓了《喇嘛・卡桑・度巴》、《本尊・貢巴・度巴》、《大圓滿・阿底・度巴》的壇城，給予灌頂，安置他們於成熟解脫之境界。當《喇嘛・桑度》壇城開顯時，所有人都依法修持。在第七日的黎明前，他們開始修行成就法，召請並念誦：

鄔金淨土西北隅，降生蓮花胚莖上，勝妙悉地成就尊，稱揚聖名蓮花生，
圍繞如海空行眷，我今發心如尊行，請速降臨賜加持！②

「當我們念完此祈請文時，」措嘉尊女回憶道，「在一團明亮的光暈中，上師親自顯現。他在眷眾圍繞之中從西南方來，伴有樂聲、燃香的芬芳、曼妙的旋律、優雅的舞蹈和道歌。他來到壇城中央，我請國王爲上師準備法座，但他因無法承受過強的信心而昏厥，因此並未設立法座。

①噶瓊寺是由牟赤贊普所建，他是赤松德贊的二子。中譯註：本書所述的牟赤贊普應當是赤松德贊的幼子赤德松贊。赤松德贊的長子木奈贊普（或稱牟尼贊普）如第七章所述，在位不久即遭母后鴆殺而亡；次子牟如贊普在位不滿一年又逢政變，亦被害；之後繼位的是赤松德贊的幼子赤德松贊（西元七九八至八一五年在位），他繼位後大力發展佛教，包括修建寺院、恢復桑耶、翻譯佛經、優待僧侶、使王室成員出家和僧人參政等，並且與大唐往來頻繁，死後葬於今日藏地窮結縣的藏王陵區。赤德松贊陵的墓碑於八〇年代被發掘，碑文說他：「深謀遠慮，命令嚴峻。國勢烜赫，遍具福德，盛於往昔是盡人皆知。四方大小諸王，亦被臣服。」大部分藏文史料所載赤松德贊王之子僅牟尼贊普、牟如贊普（或牟底贊普）、赤德松贊等三人；牟赤贊普之名僅出現於《紅史》和《智者喜筵》，或說為次子，或說為長子，然皆載為早歿，未見繼位之事。詳見《藏地王臣記》，五世達賴喇嘛著，劉立千漢譯的註解部分第一九九至二〇〇頁，北京民族出版社，二〇〇一年出版。

噶瓊多吉英寺的「噶瓊」意為小星，先是赤德松贊意欲建一如日大或如月大之寺廟，臣民不同意，後眾議建一寺如小星般大小，故寺名小星。「多吉英」意為金剛界，指佛內證之智德，金剛界亦為密宗灌頂佛聖所居之大壇城。噶瓊寺有石碑立於西元八〇六年，亦為赤德松贊所建，碑上刻有興佛盟誓文。「拉薩」這名字，最早即見於《噶瓊寺碑》，碑文中書有「神聖贊普先祖松贊之世，始行圓覺正法，建拉薩大昭寺」。碑文詳見《智者喜筵》。

②即著名的「蓮師七句祈請文」，是向蓮師祈請最為神聖和重要的祈請文，原本是由空行母所持誦。此文幾乎在所有的伏藏中都能找到，具有多層意義，其中包括密續之外、內、祕的教導，解釋可參見蔣貢米龐仁波切（一八四六至一九一二年）所著的《白蓮花：蓮師七句祈請文闡釋》（藏文拼音 *mam bshad pad me dkar po*）（橡樹林文化，二〇一一年八月出版）。

「上師說：『在不久的將來，會有一個不肖子姪❶生於王室。大王的子嗣將無法承繼祖先的王位。不過，這位虔敬之王由於自己的強烈虔心，將不再受限於業緣之身。國王將能藉由化身來利他；其開悟和解脫會同時發生。』

「此時，牟如王子準備了許多坐墊請蓮師上座。牟赤贊普王向珍貴上師獻上一百個黃金和綠松石的曼達，頂禮並做如下祈請：

嗳瑪吙！

蓮花佛陀鄔金聖，於一切居藏地者，汝乃唯一眞實父。

吾受惡行重擔累，陷入渙散泥沼中，此即吾之眞面目，然祈慈護永不棄！

大恩慈於此現身，今後恆駐祈應允，並且再度轉法輪！

「對於國王的這番話，上師回道：

威嚴虔王聽吾言。汝大信心德田沃，將成熟，受師加持。

當解脫，女祕門啓。了悟當下心大印。三門廣空證成就！

「上師一邊說話，一邊將手放在年輕君王的頭上，國王就在那一瞬間同時獲得了悟和解脫。接著，王子牟如贊普向上師頂禮繞行，堆聚如山的供養，包括裝滿黃金的皮袋，盛滿綠松石的十三個銅盤，其中最主要的是一塊名爲『空之淵』的巨大綠松石。之後，王子說：『一名普通的王子，那就是我！貢高我慢，懶散懈怠，屈於渙散，喜好不道德之事，在行兵用刑中獲取快樂。我的所作所爲都是不善的。乞求您給予深奧但精簡的教導——容易理解且便於實行，具有大加持而迅速帶來成就，可吞噬我的罪惡並修復我脆弱三昧耶的教導！』」

「對此，蓮師回道：

勝者之子所言善！汝之願、行皆無垢，具信、守誓塞那累③。

---

❶蓮師此番話較似是對牟如贊普所說，因為牟如贊普在位一年即亡（亦如蓮師所言會早逝），而不肖子姪指的就是其弟赤德松贊之子朗達瑪。

③這裡，賽那累（Senalek）指的是王子牟如贊普。其他文獻中這個名字被給予他的兄長牟赤贊普。中譯註：賽那累（藏文拼音 *sad na legs*）一般指的是赤德松贊（即本書的牟赤贊普）。如前一註釋所言，依據蓮師教示的內容，上一段話是對牟如贊普所說，這一段話是對赤德松贊所說，則與其他史料相為應合。賽那累是赤德松贊的綽號。據《漢藏冊府》所載，赤德松贊四歲時，兄歿，當繼位，為試此子是否具有王者氣概，乃以寶冠加於其頭上，令昇大座，觀其氣度尚佳，惟因珠冠過重而致頸脖稍偏，故名塞那累．江永，意為測試頗佳的歪脖者。此名亦見於《噶瓊碑文》。以上記載詳見《藏地王臣記》，五世達賴喇嘛著，劉立千漢譯的註解部分第二〇一至二〇二頁，北京民族出版社，二〇〇一年出版。

由今經過七生世，將不再有業報身，
汝藉化身教弟子，汝心無別諸佛心。
此後再歷一劫時，汝當成佛號星光。

「上師如此說完，便開啓眞實意嘿魯嘎壇城，這是能迅速賜予成就的本尊，並且授予王子一項特別的甚深教導：《直踔·貢巴·攘卓》。上師藉此法將王子帶至精神上的成熟與解脫。

「『將此教法藏於達波·達爾的山頂。』上師囑咐，『在未來，會對眾生有極大的利益。』他又賜給王子成就上師相應的一個特別法門，稱爲《喇嘛·諾布·貝麥·春瓦》，吩咐他藏在熱莫切的峭壁裡。之後，珍寶上師爲噶瓊寺開光，住了七日。於是，就在黎明前，當他要離去返回鄔金淨土時，我措嘉女對他做出如下的請求：

嗟瑪！
尊使煩惱流沙涸，即使罪業惡行者，
僅見聞憶觸汝尊，慈師即速賜解脫。
諸佛使者蓮花生，祈永慈悲顧藏地！

吾已教盡堪受器，緊隨大悲怙主尊，祈與汝尊瞬不離。

「上師以此歌曲回道：

嗟瑪！

卡千姑娘汝諦聽。

受風息力所催動，大日之火紅水晶，致使日與夜生起，以及諸季節舞蹈。

天空本無喜或缺。完滿成熟之莊稼，雖使務農者歡喜，然卻無法長久留。

伊喜・措嘉因慧增，煩惱羈縛已解脫。封印已由身落下，彼即染垢盡除處。

不淨眾心仍欲依，然措嘉卻不能留。此爲完滿果實力，來自生、圓、大圓滿。

眾生雖渴求措嘉，然措嘉卻難久駐。

現今措嘉業耗盡，諸法現象亦窮盡，事業諸行今圓成，色身全然已竭盡，五大五色皆停息。

如今脫離諸痛苦，何等大哉勝神妙！

自今過後五十載，雞月初八拂曉時，將至蓮花光淨土，空行勇父眾來迎。

然至彼時來臨前，仍當致力利生行。

「言訖，上師從我們的眼前消逝。於是措嘉我動身前往洛札．卡秋的大巖穴，在那裡幫助南開．寧波在氣脈禪修方面取得進步。我賜予他無死成就，使得這位比丘得到共與不共的成就。

「在此之後，我平穩安住於大圓滿的無作之見。當覺受降臨時，我體驗到諸法竭盡於實相自性中，此時眾生各依所需而將我感知爲種種不同身相。

於彼饑餓受苦者，吾爲高聚諸美饌，如是我令彼歡喜。
於彼寒冷受凍者，吾爲火與日暖熱，如是我令彼歡喜。
於彼窮困有需者，吾爲財富與寶物，如是我令彼歡喜。
於彼赤身裸體者，吾爲各式諸衣裳，如是我令彼歡喜。
於彼膝下無子者，吾即彼之兒與女，如是我令彼歡喜。
於彼欲求女子者，吾爲動人美少女，如是我令彼歡喜。
於彼尋求情人者，吾爲瀟灑少年郎，如是我令彼歡喜。
於彼欲得神通者，吾賜八大悉地力，如是我令彼歡喜。
於彼身患疾病者，吾爲彼醫治良方，如是我令彼歡喜。
於彼憂慮煩惱者，吾爲彼心之所欲，如是我令彼歡喜。

於彼遭王嚴懲者，吾伴其至祥和地，如是我令彼歡喜。
於彼憂懼野獸者，吾爲彼之避難處，如是我令彼歡喜。
於彼落入深淵者，吾爲牽引使脱離，如是我令彼歡喜。
於彼遇火磨難者，吾爲滅火之水流，如是我令彼歡喜。
於彼受制五大者，吾爲彼之良藥治，如是我令彼歡喜。
於彼盲目不見者，吾即爲彼之眼目，如是我令彼歡喜。
於彼跛行瘸腿者，吾即爲彼之雙足，如是我令彼歡喜。
於彼啞口難言者，吾即爲彼之口舌，如是我令彼歡喜。
於彼畏懼死亡者，吾於其人賜不死，如是我令彼歡喜。
於彼行將就木者，吾即引至遷識道，如是我令彼歡喜。
於彼徬徨中陰者，吾即爲彼之本尊，如是我令彼歡喜。
於彼迷落地獄者，吾使炙熱轉清涼，亦使冷寒轉溫暖，
無論遭何凌虐者，吾皆成爲彼庇護，如是我令彼歡喜。
於彼徘徊餓道者，吾即爲彼之飲食，如是我令彼歡喜。
於彼無語畜界者，吾解愚癡和苦役，如是我令彼歡喜。

於彼出生蠻夷者，轉其野蠻使開化，如是我令彼歡喜。
於彼阿修羅道者，吾爲爭戰之休息，如是我令彼歡喜。
於彼天神道眾者，免除由天墮落苦，如是我令彼歡喜。
我爲守護諸有情，不受眾苦所折磨，如是我令彼歡喜。
遍凡虛空所在處，即有五大元素聚，遍凡五大所在處，即是有情眾家園，
遍凡有情所在處，即有業與諸煩惱，遍凡煩惱所在處，吾之悲心亦遍在。
但凡有所求之處，吾即現身行救助。

「於是我在洛札·卡秋的大巖穴住了二十年，有時人們看得見，有時不爲人所見。」

那時，珍貴上師過去的另一明妃從印度前來，連同她的六位弟子顯現在空中。她是智慧空行母和成就者之后：持明者婀門·嘉媖（意爲海螺尊勝女），即是曼達拉娃公主。她會見措嘉，並且共處三十九天的人間光陰。她們一起研讀口傳教法，不停地討論佛法。曼達拉娃請求

得到二十七種精要口訣，這是蓮師尚未見於印度的特別教法，措嘉就將此教法供養給曼達拉娃。曼達拉娃是長壽空行，具有無死生命之女，是故措嘉向她請求關於長壽的七個精要口訣，以及馬頭明王和其他本尊的十三個精要口訣，這些精要指示全都由措嘉封爲伏藏。那時，措嘉以這些詩句，作爲對此賓客的供養：

嗡啊吽！

無死金剛界空行，身如彩虹越天際，無礙穿透一切物，
尚能粉碎死魔主，蘊魔亦爲汝鎮伏，脱離煩惱魔桎梏，
令天子魔謙卑伏，長壽佛母空行母，豈非即爲汝自身？
色究竟天至高處，乃至三界遍顯有，莊嚴威眾女主人❷。
曼達拉娃大樂身，空性殊勝典範女，流浪者母吾禮敬！
無盡生死業流眾，磨坊轉輪所羈絆，不淨妄想洪流驅，汝爲彼關墮落門。願如尊女祈圓成。
業盡歡念消散時，妄想泥沼乾竭時，三界輪迴窮盡時，

❷您是一切崇高莊嚴者的女主人。

各自念想滅息時，大樂界之妙樂中，願永不離普賢母。

她如是祈禱，並求取許多未曾見聞於藏地的精要口訣。成就者之后曼達拉娃公主回答道：

嗟瑪！

汝於密法得成就，空中空行之舞者，行使神妙諸奇蹟，不淨身融清淨界，
飲取蓮師教法露，擷聚諸法教精華，出世智慧偉大母，豈非即爲汝自身？
步入修道而得見，一切諸法之實相，世間八法④全然捨，
勤修苦行薄飲食，一切顯有盡征服。
永保青春且無瑕，於措嘉女吾禮敬！
流轉輪迴惡業眾，狂暴業風所吹襲，善巧調伏汝引導，
樹立佛法正法教，毀滅苯教諸邪見。
至高威嚴女導師，願我與汝合爲一。
無量淨空清淨中，廣袤蓮花光淨土，蓮師大愛光芒浴，
願吾等齊放化身，廣行證悟佛事業，翻攪輪迴三有界。

祈願後，她消逝在虛空中。

接著，措嘉前往香地的紮布谷地，有十一名根本弟子伴隨著她：貝・伊喜・寧波、瑪・仁千・秋、歐准・佩吉・珍努、朗剌・嘉華・蔣秋・多傑、達恰・多傑・帕沃、衛的蘇雅・唐瓦、苘地的札西・祁珍、尼泊爾的卡拉悉地、理地的蔣秋・卓瑪、雪卡・多傑・措嫫、卡千・珍努・卓瑪，以及其他七十九名虔信弟子。她在那裡總共住了十年，廣大饒益徒眾之後，便入於諸法竭盡的禪定中。她的六名弟子具有殊勝的業緣，在貝・伊喜・寧波和忠實的昆的帶領之下，紛紛祈請她莫入涅槃，懇求她能繼續住世轉動法輪：

④八種俗務，亦稱為「世間八法」，是缺乏清明靈性洞察的常人所執著的俗務，也就是利、衰、苦、樂、毀、譽、稱、譏。對這八種情況的無動於衷，是真正精神修行者的表徵。

嗟瑪吙！
偉大法身智慧母！日月光芒融虛空，吾等凡夫依何人？祈續開顯智慧壇。
報身雨雲證悟女，精要指示融虛空，吾等嫩芽依何人？祈續降淋教法露。
化身導師皈依處，諸相隨好融虛空，吾等求法依何人？祈續成熟適法器。
嗟瑪，嗟呼！
眞實已證措嘉師！

他們如此流淚祈請，聲音哽咽。

「我的孩子們，」尊女應道，「準備豐盛的薈供，我仍將爲你們開啓許多甚深的續法壇城，並且給予修行指示。但過了本月初八，這片藏地將只留下對於我的回憶。」

因此，他們心情沉重地備妥了廣大豐盛的薈供。措嘉落座於中央，弟子們垂頭喪氣地與所有金剛手足一起坐在她面前，他們透過盈滿眼眶的淚水凝望著措嘉。於是她說：

嗟瑪吙！
聚此眾等悉諦聽，專注心耳於吾語！

隨同吾喜莫悲傷。生命無法永存續，僅諸元素暫相會。
諸根對境不實存，僅爲吾等之感知。道本身亦幻相爾，非爲眞理非實相。
基⑤本身非任何物，乃諸顯有本狀態。心乃諸多念想爾，無有基底無根源。
吾從未見實存物！
聚此虔誠手足眾，堅定祈請汝母吾。空性大樂所加持，吾等一刻不分離。
與吾業緣相連者，自然得吾之引導；他眾亦不受排除，當受吾愛化身護。
汝母不受死苦屈，故手足眾勿哀慟。
大地無他吾可教❸。
吉祥鄔金聖主言，吾利生壽兩百載，兩百餘年已流逝，吾護藏地誠長久！
吾於十三爲王妃，十六上師悲納取，二十已獲諸灌頂，始修苦行歷諸難。
三十證得諸成就，爲眾利他增福祉。
四十證師意成就，五十伏魔衛法教，六十倡學興僧伽，七十初次觸實相。

⑤基：本初純淨、空性。
❸這片大地上已再無其他我能教導的人了。

至吾八十年歲時，上師離去往西南。九十了證實相性。
至吾年歲達百齡，明覺延展廣無邊。於後經歷二十載，任虔敬王女國師。
自此而後復十載，藏地縱橫貫遍行。歲數達百又五十，爲利眾生封伏藏。
贊普駕崩十年後，彼時吾爲百七十，爲餘弟子勤奮行。
自此而後復十載，放眾化身於洛札；再歷十載會姊妹，佛母成就者之后。
彼賜無上精要訣，無死悉地吾得證，生死當下雲煙散。
兩百一十一載逝⑥，藏地吾已久護足。
如今諸天人眾等，汝等豈未感激湧？吾爲汝等堅實友，無論歡喜抑悲傷！
看似吾去即相離，然摯友伴莫苦痛，當以敏銳心常祈，
並修無作大圓滿，此外別無除苦法。
誠爲鄔金師心血，吾所受教今傳汝，當修直至證成就。
傳予確具根器者，於非法器留不授；更莫容此遭淪落，毀損三昧耶眾手；
於諸具有邪見者，亦當封存隱法教。

她在教法上封下祕印，接著爲這十一名根本弟子開啓《大圓滿》的壇城，給予他們最後的

口傳：亦即一百種精要指示，此爲一切的心髓。就在那個當下，她所有的弟子皆證得解脫。

其後，措嘉尊女離開前去帕瑪．崗的上巖洞，在此住下。就在那裡，當她兩百一十一歲生日——雞月三日時，她宣布於五天後的初八日，他們要前往紮布山的頂峰，到那裡觀看一個大神蹟。藏兜．佩日，即銅色山，會在那裡出現。

因此在十一名最具善緣的弟子眾和其他約五十名的追隨者伴隨下，措嘉前往紮布山頂。她於初七來到半山腰一個形如合掌手印的巖穴，在那裡授予弟子們佛法二十五部的所有精要指示。完成之後，依據上師成就法的儀軌做了一次盛大的薈供。

此時，所有的弟子都聚集在她跟前，尊女說道：「無常是一切生者的根本特性。」於是，

⑥依據策勒．納措．讓卓（Tsele Natsok Rnagdrol，參見《蓮師傳》，波士頓與倫敦，香巴拉出版社，一九九三年出版；中譯本：橡樹林文化，二〇〇九年出版）所述，古代藏地人使用印度六個月為一年的系統來計算時間。依據這種說法，伊喜．措嘉離開這個世間時為一百零六歲，這個數字較書中所載的數字為宜，其他史料推算也多少相為佐證。藏地時間是出名的難以精準確認，但是依據一般公認的日期記載，赤松德贊的出生和赤．惹巴僅（Tri Ralpachen；中譯註：即可黎可足、赤祖德贊，是赤松德贊的孫子，朗達瑪的兄弟）的死亡之間有九十五年；依據記載，空行母圓寂時是赤．惹巴僅在位時。也就是說，假定伊喜．措嘉和赤松德贊同年（其實措嘉可能年幼些），照道理說她活了大約一百年，這也和她最後的其中一首道歌相符合。該道歌乃致予措嘉先前的弟子兼道伴——早逝的聖薩雷的轉世：嘉華．蔣秋，他那時年約三十，也就是伊喜．措嘉離開之時。

札西．祁珍供養一個黃金曼達，做出如下請願：

大恩大愛母親尊，三界眾生唯一母，若汝不復護諸兒，唯覓食者方能活，無牙稚嬰豈不夭？
天界黃金莊嚴聖，若汝不復除心暗，唯智眼者方不迷，具凡視者落深淵。
佛陀確實攝政人，若不復育聲聞眾，僅羅漢聖得存俱，未受教僧誰堪護？
梵天妙音空行母，若不復引聚此眾，學者譯師方知理，無量眾生何人導？

嗟瑪！
哀哉尊女成就母，祈悲憐汝追隨眾，乞賜汝之語甘露，授予聚此眾眷等。

言畢，祁珍做了多次禮拜。尊女回答道：

嗟瑪！
忠實莆地女諦聽，無憾無倦措嘉女，辛勤利生已然行，全藏皆受法所護。
兩百一十一載逝，堪教眾已盡教導，別無他法令吾駐，如眾臨死難再留。然吾將留些遺示。

聚此手足眾諦聽！人身數目繁難數，心向法者寡能列，
眞實修行益稀少，得證者如晝星辰，諸界成佛量甚微。
當將汝身獻佛法，八萬四千皆法門，數量無窮然皆屬，九乘教法體系內。
至高阿底分三部，其義盡攝此勝教：即見修行與其果。
見即離思不固著，修即無作離戲味，行即無散自在安，果即圓滿三身力。
此爲佛法至關鍵：外在行止依律藏，不淨過犯自然少；
內在修爲循經藏，功德自隨發心盛；義理則當合論藏，懷疑誤解自然息。
佛法根基三藏也，無此三根法難樹。
依事部典行淨化，積習垢染得清除。依行部典修自心，善巧精熟於佛法。
依瑜伽部修見地，慈悲加持自然盈。依瑪哈者圓近修，見修行皆自然生。
依阿努者修氣脈，力量成就自然得。依阿底者淨明點，轉瞬即能成佛果。
除此毋需他法教。
汝等追隨母親吾，當信依吾畢生修，此即自他二利法。

來自尼泊爾的女孩卡拉悉地於諸多禮拜和繞行之後，做此請求：

啊，母尊！
汝將攝入虛空胎，藏修密者怎維生？誰能除障且增上？請續慈悲護藏地！

措嘉尊女答道：

嗟瑪！
傳承女嗣且諦聽！為密乘生悉地女，為流轉眾揭正法，暇滿嚴飾菩提心！
所有聚集此處眾，以及未來修密者，首當擇取誠正師，
眞實具諸相功德，其次立誓求灌頂，修習氣脈至精熟。
求第三灌貪入道，修行四喜達六月，或至徵兆體內生，男女風息交相融，
善巧融合上下風，藉此男女各相助，當自量度求進展，堅修大樂善巧法。
然若樂未合於空，偏離密乘無利益；樂空起時雙運嘗。
與伴守誓如護眼，享五誓物妙悅樂，技熟圓修守明點，
破斥障難黑暗力，若違誓當速修復。
勿迷渙散於凡庸，一失正念如俗偶。

盈滿活力行觀修，持信圓滿本尊慢——本尊主眷駐脈輪。
於語勤修密風息，未控則淪成凡媾。上提、擴展擊要處，空性、釘印以持守。
自心當與明點合，然若密處明點漏，汝即造犯殺佛業，故當竭力精熟控。
專注以貪修道要，若否密乘失其義。勝樂圓成爲貪果，此後持守果不變。
如命守護三昧耶，毀壞無人可供懺。此爲禪修吾忠告。
已入密乘法門者，野心自滿埋地底，驕傲賣弄扔河裡，
欲望渴求入火焚，美名惡行抛風中，虛矯詭詐擲虛空。
他人眼目外祕修，密法勿洩緊密存，煖熱⑦兆示藏勿炫，緊持本尊三合體❹。
食子薈供如流續，慈愛、菩提利他護。三輪體空⑧盡迴向。
修行概要略爲此。悉地容其滲入心！汝具與吾同一性，化身共怙未來眾。

---

⑦換言之，也就是道上有進展的象徵。
❹本尊即是三根本合一之體。
⑧這裡指的是用遠離三種概念作意（三輪體空）的方式迴向功德。三種概念作意即是以為有真實存在的迴向主體、迴向的功德、迴向的對象。

在這之後，貝·伊喜·寧波開口請求：

噯瑪！

母親伊喜·措嘉尊，

爲自他等輪迴眾，祈賜些許教導言，續以慈愛汝大恩，永護我等莫離去！

尊女回答道：

嗟吹！

伊喜·寧波善諦聽！祈請至尊師加持，祈求本尊賜成就、四部空行賜事業。

簡之必要汝應當，展現具力諸徵兆。

伊喜·寧波復諦聽！寺院律行育弟子，彼眾尊敬依靠汝。

汝當精進堅修密，將能迅速得成就。致力正法遵佛經，成爲經教傳學者。

本尊修持汝當行，近修次第融爲一，所欲悉地皆可得。

根除謬解循論藏，毫無疑惑得解脫！

氣脈明點專注修，煖熱徵兆速圓成。依據事部行淨化，當可速除汝垢染。
擊中見修行要點，必能了悟眞實善。修果無作大圓滿，即得諸法竭盡定。
平等無私願心懷，汝將圓成利生行。

接著，瑪．仁千．秋做出如下請求：

措嘉母親尊女師！
當您離往鄔金剎，我等聚此法眷屬，祈願行止當如何？應何方能永不離。

他邊說邊流著淚，措嘉回道：

嗟吹！
圓熟瑜伽士諦聽！密乘成就汝已證，亦善發心利眾生。
伊喜．措嘉此女子，受師慈愛予加持，已臻全然圓熟果，明日將往鄔金剎。

聚此吾前眾親等，祈禱即可獲加持，堅持聖法以自利，謙卑獻身利他行，
以見修行自解脫，以妙旋律行祈願，深自徹骨發虔誠。
觀上師爲本覺光，上師自身融一時，當此無二寬廣空——等持保任於其處。
若汝眞識措嘉吾，輪迴涅槃之女主，即見吾住眾心中。
諸大、諸根吾化現，十二因緣⑨吾即是，吾等本初未嘗離。
若汝視吾爲異體，乃因汝實不識吾。故當覓得吾根源！
如是本覺自內起，大本初智遍一切，自然大樂匯如湖，慧觀增如魚金眼。
修此覺受與大樂，熟練善德羽翼上，汝將得渡至彼岸——
諸法草原上奔騰，虛空廣袤中飛翔，本初智慧廣淵中，大樂明點如海湧，
本尊光點狂喜現，字母光鏈微閃跳，實相覺受若穩固，佔據極至本覺壘❺。
諸法滅寂本空中，如是吾等從不離。

接著，歐准．珍努．佩做出如下請求：

嗟瑪！

哀哉伊喜．措嘉母！
尊往鄔金剎土後，我等愚駑、法頑石⑩，
「見」「修」「行」怎知去從？些許開示能否予？

措嘉答道：

嗳瑪吙！
忠實珍努佩諦聽。未見危岩築巢鷹，六乘飛行技熟前，能以優美易翱翔；
有力翅拍圓熟技，藉此能過如刀風，飛至一切欲想處。
措嘉此女吾亦同。雖冀成佛需等待，直至修行臻圓熟。

---

⑨參見辭彙解釋中「十二因緣」的部分。
❺即攫取本覺的堡壘達到極致。
⑩對於教法頑冥不靈者，藏文拼音為 *chos dred*：換言之，亦即佛法不起作用者。一個人可能對法教具有超群的智識了解，但若不能將所學轉為實修，則其心依舊粗硬僵化。

生起、圓滿、大圓滿，如今皆已得精通，吾此肉身將化光，
往至鄔金怙主處，此等遺示留予汝。
「見」即諸法之本性，專注其義融自身，覺性、明性俱非空，
本自空性非有、常，此即所稱「見」之性。「見」之修習又為何？
生起次第即本尊，光芒放收即慈悲，圓滿次第即大印。
此性超越空或有，若汝轉向內觀時，看見自心之剎那，實無任何可見物。
當下「看見」之體認，簡單即名為之「見」。
「修」即諸教之基石，專注其義融自身，嫻習無散且專注，觀照而不以固著，
一切所見或體認，全皆為「見」之本性。「安住見中」此即謂。
吾等應當如何「修」？無論生起或圓滿，諸覺受示默實相。
無論生起或圓滿，不受昏沉怠鈍損，專注、憶念為封印，安住此「見」即為「修」。
「行」即教法之實踐，專注其義融自身，即以確信持守「見」，
無誤修以增上護，安住無散然鬆坦，行住坐臥盡如是。
而當如何為此行？動靜皆然各式行，無作離戲以為基。
座上座下無逆觸，諸行皆益座上修。

事業行止無論何，行食坐臥或工作，修行眞諦從不失，
即是生、圓、大圓滿，則汝行當證終果。
此僅吾人忠告言，吾今雖赴拿雅土，所遺教示遍藏地，信者當向吾祈禱。

雪卡的多傑．措女士接著開口問道：

嗟瑪！
遍全藏地王國母，尤以具信吾女主，尊離後則無人助。
且莫拋下請憐我，偕同前往蓮花光！
若吾重業致拖累，難能跟隨尊步履，但乞廣裕教法示。

她的聲音由於哭泣而顫抖，並因絕望而昏厥。當她清醒後，措嘉說：

噯瑪吙！
雪卡具信女諦聽，智慧空行多傑措！

此身血肉所形成，卑賤粗物致重累，若爲使其越天際，當致力修脈與氣。
若氣與心能得控，此即「成就」別無他。
心受欺詐五毒苦，粗蠻人性因而生。
若望清除粗重念，若汝希冀獲證悟，大印之見堅定安。
無蔽自在本智、空，此即「佛果」別無他。
奸猾有漏此色身，爲諸善惡之基地。若望消褪證虹身，當修阿底大圓滿。
一旦達此，則諸法竭盡滅寂入眞如，無作「自顯」⑪唯僅存。
翱遊天際無他法。汝粗重身未淨前，吾難帶往蓮花光，故當聽取吾教示：
禮敬祈禱根本師，淨觀、具信、眞虔敬；剎那亦莫內思量上師爲汝平等友。
祈賜加持與四灌，觀師生動明顯現，永不離於汝心中。
與師身語意合一，禪修安住大手印，否然即持守慧觀。
樂空雙運精勤修，如是禪修得增上。
離執且轉貪入道，誠信求得大圓滿，證諸法寂阿底基。
此後再經十一世，善巧教化藏地眾。爾後前往蓮花光，多傑德千貝瑪措，
其處揚名放化身，偕同南開寧波僧❻，方便智慧倆結合，

爲彼野地難計量四散蠻族游牧民，汝倆救度言難詮。
南開以慶名著稱，實稱澈慶米爾根，汝將爲彼身明妃，壽命十三萬人歲。
此後蓮花光山上，汝與怙師永不離。

伊喜．措嘉如是授記，並給予多傑．措詳長的教示。

拉頌．嘉華．蔣秋接著做了許多禮拜和繞行，並準備了一盤盛有七枚綠松石的曼達，其中有一枚稱作「燦爛千明光」的靈石⑫。供養後，他提聲說道：

---

⑪自顯（藏文拼音 *lhun grub*；英文 Self-Presence）：即明性，本覺的任運顯現。

❻此處說南開寧波為天空之本質；下方提到「慶」的完整名稱為 Che Ching Mir Gen。

⑫靈石（藏文拼音為 *bla gyu*；英文為 spirit-gem）：與人類生命力具有緊密連結的石頭。此處的靈性寶石是綠松石。

噯瑪吙！

蓮花祕語女主人，尊具無謬記憶力，至慧大樂妙音女，
黑暗藏地唯一日，確往西南措嘉母，故今祈賜大加持——
簡要教言然精闢，涵諸甚深關鍵要、迅捷敏銳修行法，能於此生證悟道。
往後尚需生世幾，方能面見天舞尊？祈請悲護永不離。

於是措嘉賜予《卡雀．楚魁．寧體》的傳授，其外部依循佛經，有十個主題⑬；內部根據密乘，含十一個主題⑭；最後，密部則遵精要訣示的傳承，共十二項究竟的教法⑮。那時，當此教法完整授予後，措嘉預言嘉華．蔣秋和其他六位弟子將於燦然明光中證得解脫，不留形骸，這後來也確然應驗。之後，措嘉授予如下的開示與授記：

噯瑪吙！

嘉華．蔣秋無散聽，確妻．棍波善諦聽！
汝聖薩雷吾勇父。往昔稱爲阿擦惹，吾等方便智慧合，
所結聖緣誠吉祥，於此甚深密乘中，故汝今生得暇滿。

然偶視吾尋常友，汝曾譏斥懷疑吾，故於未來生世流，雖為密乘成就者，
障難常隨流言苦，惡毒誹謗惡語擾，逆緣時礙利生行。
當知皆為往昔業，蓮師措嘉無別祈。
自今過後十三世，利益眾生汝將能。
最終化身現西方，崎嶇荒處此山後，彼時南卡以為名，忿怒金剛勇父子。
歷三世皆名塔香，業風止臨蓮花光。

---

⑬這些是：*mkha' 'gro sku gsum rkyang sgrub; spyod yul 'dul ba dkar po; thog 'beb drag spyod rnam gsum; bla ma sku gsum rkyang sgrub; byin brlabs dbang gi sgo mp; gzer 'joms lta ba cig chod; rtags tshad so pa dgu 'dres; gnad kyi me btsa' rnam gsum; rdzas sngags dmigs yul brgya rtsa; rjes gcod lcam bu gzer them*。

⑭*bla ma mkha' 'gro zung 'jug tu sgrub thabs; bsgom pa sgyu ma 'phrul 'gros; rtsa rlung 'gag dpm ncu pa; man ngag gcig chog zab mo; bsgyur sbyang spel ba rnam gsum; mkha' 'gro'i bang mdzod mig gcig; mkha' 'gro'i dmar ba snying cig; mkha' 'gro gnyen po srog cig; man ngag sngags kha sum sbrel; 'od zer zhags pa rnam gsum; dpa' bo gyad stobs rnam gsum*。

⑮*bla ma mkha' 'gro rang lus dbyer med du sgrub thabs; lta ba phyag rgya chen po; 'bras bu rdzog chen cig chod; man ngag gum mo gsum sbrel; gdams ngag thos chog rnam gsum; nyams len bsgom pa rnam gsum; gcig chog mun chos rnam gsum; las phran dgos pa rnam gsum; rten 'brel me long rnam gsum; rgyab chos dgos pa rnam gsum; rten 'brel me long rnam gsum; rgyab chos dgos pa rnam gsum; bka' srung myur mgyogs rnam gsum; drag sngags gnad kha rnam gsum*。

方便智慧與吾合，直至流轉眾生盡，汝將放射眾化身。

彼時善願力圓滿，密乘精髓如花綻，深奧覺受果成熟，生圓力量達巔峰，

殘業結出善收穫，廣大加持雲深拂，大悲蒼穹降雨露，聖薩雷汝得成就。

實相力將如是現，未達前當懇祈修。

初八之夜，十二位來自鄔金空行淨土的紐勒空行母出現，宣告其類空行總數達一千兩百萬名。子夜時分，十二種羅剎空行到達，包括生命女主、盜取氣息空行、食肉空行、飲血空行、嚼骨空行等，宣告其類空行共有五百萬零五千五百名，於是天上地下都滿佈這些怖畏空行。子夜過後，為數眾多的世間空行和十二時辰的空行出現，宣告其類空行共有一千兩百又一十二萬眾；她們全都騎乘座騎，包括獅子或其他猛獸、大鵬金翅鳥等不同鳥類、大象等各種家畜，以及鹿、犀牛等各色野獸；她們各自都具不同身相，有的是人首，有的是獸頭，佈滿整個大地。當黎明時，其他空行前來，宣告是來自鄔金淨土的四方和十二大洲，聚集成白、紅、綠、藍、黃等各色群體——白色者包括全身白色的空行，以及那些半紅、半綠、半藍、半黃者；黃色和其他顏色的群體也相同。她們全都手持代表自己本性的不同武器，並皆有絲巾、骨飾、寶冠和覆蓋四肢的天衣為莊嚴。她們帶著小巧的鈴器和大腿骨製的骨號、顱鼓等許多不同的樂器。這

些空行有數百萬之眾，數也數不盡，不過她們宣告的總數為五百零二十萬眾。接著在破曉與日出之間，六十八壇城眾空行與為首的貝瑪．噶爾旺．倫遮一起出現並宣說自己的名號；天空閃爍虹彩，大地吐納乳香，空氣中生氣勃勃地滿是空行母眾。稍晚，在日中到傍晚之間，三十二聖地、十嘿魯嘎聖地、八大屍陀林，從通秋到贊多和鄰近各區的所有空行都抵達，宣告自己的到來；她們姿態各異，演奏不同樂器，唱著種種歌曲，跳著獨特舞步，展現各式技藝，以種種方式做出各種華美莊嚴的供養；藉此崇敬禮讚措嘉尊女的空行，數目多到幾乎看不見地面。

接著，尊女進行盛大的薈供作為慶祝，她僅用一小塊糖蜜便神妙地使所有在場的人們飽足，空行母眾所領受的則更多；她僅用一顱器的甘露，就令每人都受到盛情款待，使眾等都歡心享用。其後，她授予空行祕語的灌頂，所有在場者都強烈感受到與空行母合一，並最終安立於「不還」果位。

於初九的黃昏，尊女離開紮布半山的心洞，上至山頂，其頂峰確實形如銅色山。在初十的黎明前，她開啟《喇嘛．圖祝．竹奇》的壇城。就在那一瞬間，無數羅剎出現，數量多到難以計算。有些三頭，有些一頭，或是無頭；有些五頭，有些九頭，或是百頭。手腳的數目也各式各樣，從一到數百到數千都有。「蓮花上師派遣吾等，」他們喊道，「前來迎接一切羅剎之女王——熾燃藍光空行母。」他們全都來到此處，聚成一大群眾。

破曉時分，一輪薈供完成後，我，嘉華·蔣秋，和十一名忠實子弟與其他人等，連同各族的人類、勇父、空行、羅刹、天人、鬼靈等眾，一起向尊女虔誠頂禮。我們眼含悲傷的淚水，做出如下請求：

嗟瑪，嗟呼，

哀哉智慧空行母，措嘉尊女我等師，藏唯一母由天離，無牙孤嬰該如何？
祈尊今後永護藏！
若今離去眞難留，乞尊預示後好壞，藏地佛法未來勢。
誰爲教法持有者；障難邪魂如何來，有何方法驅除之，如何能避其緣起。
確示汝尊化身者，名、地、事業、教法何？
請莫隱瞞僅暗示。全知女王請明言！
汝廣簡傳共三份，兩種口傳前與後——
母子口耳相傳法，尤《康卓·楚魁·寧體》，
當以口傳或伏藏？當授何人具福者？若爲封藏於何處？
取藏者誰、緣何事？精確授記請慨賜。

聚此我等眷如何？誰能信任可仰賴？
臨終建言何人予？驅除障難何人爲？

嗟瑪，嗟呼！
請速慈悲視吾等！

伊喜·措嘉的完整回答記載於「詳版授記」。但簡要而言，此即爲回覆：

噯瑪吹！
藏地人天眾諦聽！善業具信者諦聽！
汝母開悟之措嘉，利藏地逾兩百載。
赤惹巴僅護法王，金剛手菩薩化身，高舉經續法齊天；
然而其弟名爲朗⑯，陰魂不散邪魔者，將與惡臣共密謀，弒男長親且篡位。

⑯參見第五章所載的傷牛事件。這裡指的是朗達瑪王。

經教法座修道處，盡皆摧毀名不存，十惡五逆罪為由，彼將立法反佛法。
至誠僧眾遭屠害，次等流放下為奴；
然而密乘金剛眷，在家眾繫正法存，拉薩桑耶淪廢墟。
佩吉多傑憶授記⑰，將弒魔王逃梅康，瑪爾、佑復律藏焰⑱，
朗塘卓瑪十僧集，其後衛、藏一切處，教法明燈將得傳，法教再興遍雪域。
緣於具力學者、僧，將以密乘圍大地。
然起歧途修道謬，故此鄔金語化身，寂護轉世阿底峽⑲，廣傳經續二部法；
措嘉化迦雅喀惹，彼時種氏譯師徒。
人壽盛年七十時，法教得增盛傳揚，經續廣興耀全世。
人壽盛年六十時，化身名薩護法王，持舉法教王脈衰，霍爾巴❼成護法者。
卓彌蓮師身化身，起而宣揚道果法，建立經續二學處，如釋佛臨無人及。

⑰參見第五章，本書第一七〇頁。
⑱指在遭到朗達瑪的迫害後之寺廟制度重建。下康區，或稱梅康，是寺院（出家）傳承受到保存的其中一地，當宗教迫害解除後，寺院傳承從康區再次開始傳佈。

⑲此段和下述三段談及藏傳佛教新譯派（藏文拼音 *gsar ma*）的興起。新譯派在朗達瑪被暗殺後的佛法復興時期開始傳佈。阿底峽尊者（西元九八二至一〇五四年）是印度戒香寺大學的著名教師。他生命中的最後十二年都在藏地振興法教，並為寺院傳承注入新生命，是出家傳承的堅定護持者。或許令人驚奇，但阿底峽最親近的弟子是在家居士種敦巴（西元一〇〇五至一〇六四年）。種敦巴建立了瑞亭寺（Reting：藏文拼音為 *ra bsgrengs*），並創立著名的噶當派。噶當派主要強調嚴格認真的修行和對於教導的完全了解。雖然噶當派傳承並未實際存續至今，但對藏傳佛教的四大教派都有廣大影響。

薩迦派所倡立的《道果》（藏文拼音為 *lam 'bras*）教法是由卓彌．伊喜（西元九九三至一〇五〇年）譯自梵文。此派的領袖後來暫時擔負藏地的政教權，可說是以喇嘛為王的第一個朝代；他們對漢地的皇帝具有宗教修持方面的影響力。中譯註：如八思巴大師擔任元世祖的國師。

噶舉派立基於噶當派教法以及新譯密續。達波噶舉的創始人為瑪爾巴譯師（西元一〇一二至一〇九九年），他是卓彌．伊喜的學生。瑪爾巴多次旅行至印度和尼泊爾，從眾多的印度大師處學習大手印。他的傳承傳予著名的弟子密勒日巴，接著再由密勒日巴傳予達波的岡波巴。

帕竹噶舉由帕摩．竹巴．多傑．嘉波（Pagmo Trupa Dorje Gyalpo：西元一一一〇年，卒不詳）所建，師從岡波巴接受大手印的教導。

噶瑪噶舉是由噶瑪巴．杜松．虔巴（西元一一一〇至一一九三年）所創立，他也是岡波巴的學生，後來成為漢地皇帝的國師，並受封為「噶瑪巴希」（Karma Pakshi）。中譯註：噶瑪巴希為二世噶瑪巴之稱號；第五世噶瑪巴由明成祖封號為「大寶法王」。其他的噶舉支派包括由帕摩．竹巴的弟子覺惹仁波切（Kyura Rinpoiche：西元一一四三至一一九二年；中譯註：指覺惹家族的覺巴．吉天．頌恭）所創立的直貢噶舉，以及達隆．札西．佩（Taklung Trashi Pel：西元一一四二年，卒不詳）所創立的達隆噶舉。林傑．惹巴（Lingje Repa：西元一一二八年左右至一一八八年）是帕摩．竹巴的另一名大弟子，他則創立了竹巴噶舉。

善律教法指的是格魯派，由著名的出家學者宗喀巴．洛桑．札巴（西元一三五七至一四一九年）所建立。格魯派後來發展成為藏地政教的執政派別，一直持續至今。中譯註：故而藏地政教領袖是由格魯派領袖達賴喇嘛擔任，並由班禪喇嘛互為師徒，輪替執政。

❼霍爾巴（Horpa）泛指北方各游牧民族，如回鶻、蒙古等胡人。

釋迦脈統崩散後，五十歲始衰老時，帕嫫⑧教法將興起，善律法傳復如今。
南方峽谷瑪爾巴，蓮師意化身傳密，措嘉將爲彼佛母。
復現名曰密勒者，修持苦行證成就。
功德化身現達波，直、達、噶、竹四支派，
如神山⑨河湧流出，賜大樂法海遍處。
四十歲始衰老時，法教崩潰瓦解散，
霍、蒙牧民以爲依，藏地劃爲大小處，形貌猶如潰爛膚。
蓮師事業因緣現，教法再傳遍藏地，法壽得延三十載，六字密音國土響。
三十歲始衰老時，善律教法將出現，蓮師眞如化於衛，藏地喜樂如天道。
大力人主沙霍裔，廣傳法教衛、藏、康，然而盡逝  ⑳，
藏地淪難遍傾毀，盡從霍蒙求援助。
二十歲始衰老時，蓮語化身現洛札，重建眾生之安樂，肩記法王理地興⑩。
人壽十歲成熟時㉑，住異域法漸衰退，此周期將至谷底，化身不過假面、影，
大地精華轉衰弱，此地將入黑暗期，敦珠・拿波・嘉秋也。
直至彌勒來降臨，一切方能再復甦。其後一衰二盛期，第三第四等周期。

此爲簡要粗略言，且閱蓮花生教導，以禦過渡期紛擾，眞實不虛蓮師語。
伊喜．措嘉之悲心，常繫藏地永不棄。散放化身善巧光，引導未來眾得樂。
身語意功德事業，各自顯現五化身，二十五恆守藏地。
各自再化五乘五，每一化身再乘五，成數百萬眾降臨，
直至輪迴眾空盡，直至眾聚喜悅空，大樂普賢佛母空。
簡言五百年之後，重兵戰場藏地成，碉堡遍覆高低處，
魔女僞法欺眾人，僞施身法遍全國。
吾身之語化卓瑪，身之身貢嘎桑嫫，身之意衛地帕嫫，

---

❽帕嫫在此處可能是指金剛亥母（多傑帕嫫），指的是下一段所述噶舉教法的興起。金剛亥母是噶舉派祖師瑪爾巴、密勒日巴的祕密本尊。
❾岡仁波齊峰，或說岡底斯山，原文音譯凱拉希（Kailash）。
❿肩膀上有胎記的一位護法王，將會從「理」地興起。
⑳此句出現的祕密文字仍然是個謎。據解釋，可能暗指二十世紀時覆蓋藏地的那場大災難。
㉑命濁，壽命漸減，和傳統佛教宇宙觀中「住」的中劫相關，其中人壽逐漸增減，由八萬歲到十歲繼而再度增益。據說我們這個世紀大約是接近某一中劫的最低時點。

身功德葉如地普，身事業康地當玉，深奧密法再昭揚。
般若波羅蜜多義、施身法教得闡明，獅子四子行教化。
其後沙霍噬藏地，衛藏猶如骰子點，
佛教好似溢油燈，燈燄忽明又忽暗，惡障捲似狂沙暴。
其後現百伏藏師，恰如蓮師曾預示，密乘佛法眾寶藏，帶來世界之喜樂。
非百師㉒邪藏亦現，腐僞致命巫術物㉓。
彼時措嘉語之身，化身阿里名年札，鑑定伏藏辨眞僞。
語之語化身於衛，出家尼師號鄔金，禪行修院將建造，展示徵兆證成就。
吾語之意化貝瑪，出生塔秀伏藏師，與其結緣甚具義，彼將引領徒眾悟。
語之功德現工布，名普能慰低下眾，並除伏藏師障礙。
語之事業現臧省，久嫫建修亥母處，亥母儀軌傳各處。
其後外敵侵藏地，如夏狂浪猛攻略。薩與直持相異見，邊境紛爭益惡化。
派系教義分歧盛，舊新偏狹行分裂，所修教法眞僞迷。
措嘉意之身化身，名鄔金現尼雅薩，覺受證量大成就。
吾意之語現北方，索南佩准似俗女，能利一切有緣者，臨終示現實成就。

彼賜成就予福者，然以隱蔽間接法。
意之意名誒於衛，領具緣至空行剎，諸瑜伽士得教導，修持氣脈解脱道。
意之功德現洛札，諸相引有緣至樂。意之事業生尼國，善巧導眾入法道。
虔敬王有五化身，臧省統治如螢爍，王宮則形同鬼域，捷報似天曲難聞。
權威惡言蜜衣毒，法教師如將滅燈。
霍蒙韃靼護法座與師座墊相鄰時，措嘉功德身化身，
現於衛地空行母；功德語康地卓瑪；功德之意現聶莫；
功德之德北方師，德之事業於臧戎。諸相天賦妙神通，領具緣至妙樂剎。
其後上下藏地崩，關隘峽谷遭割據，家户冊記土地分，
財富盡落霍爾土，人皆穿戴異族服。

㉒百位：更確切應為一百零八位真正的主要伏藏師。

㉓據說（參見祖古·東杜仁波切的《舊譯寧瑪派伏藏教法源流》）曾發掘一些假伏藏，那是過去具邪心者想要毀壞伏藏教法的大邪願力所致。有時是因有人缺乏靈性成就且受惡力影響，因而造出貌似偉大利生、實則無法引致證悟的著作。因此在藏地，所有新發掘的伏藏都要經由公認的大師們來進行查驗鑑定。

僧侶領徒各爭鬥，寺廟執事取兵器，騎乘駱駝爲馱獸；
尼師反做苦力工，外行俗漢傳教法。幼童命定惡行終。
大水淹沒拉薩地，颶狂風襲廢桑耶，昌珠四省傾塌滅。
彼時事業五化身，身化身於青埔現，語化身於阿里顯，
意化身臨普沃地，功德化身現多康，事業化衛女領袖。
諸化身各異身相，導無量眾輪迴盡，引具緣者至樂土。
吾亦化身眾祕境，福者得助障難除。
故自今至輪迴空，大小化身流不斷。
來世氣脈修行者，措嘉將顯吾自身，
直接顯現爲上者，次由淨相下者夢，吾化凡人或密伴。
爲持誓者除障難，並使彼修益增上，速證大樂煖成就。
汝母廣簡三傳記，廣版藏此紮布頂，
簡版洛札・南卡千，中版藏於洛榮・康。
至於空行心髓法，前後口傳二教授，當依個別吾指示。
善緣蔣秋、貝與瑪，未來掘藏此三人。

此傳取藏九祥緣：若由確旺先掘取，聲名利益遍全國，此傳遠揚至漢地。
若失此機仍隱示，拉特一名札西者，滿頭髮辮可取出，
效益遍及衛藏康，尼國邊界影響達。
若失此機仍隱示，洛榮雪山南多傑，將以帕沃㉔名著稱，
若彼取出則此傳，揚名多康達霍爾。
若失此機仍隱示，香波惹匝瑜伽士，彼亦具取此藏力；
或爲普沃某多傑，或爲東部貢嘎男。各次利益漸減半。
若此六人皆未取，終有三女或自顯，然影響僅限掘處。
未來九名授記子，相聚同一世代時，教法彰顯將傳播。
往後五乘五百時㉕，此處東方噶陀㉖處，

㉔這可能是指伏藏師帕沃．塔杳．多傑，也稱為塔杳．桑天．林巴，事實上正是此伏藏的取藏者。
㉕五乘以五百個時期：是指佛陀教法演進的五個階段，每一階段包含五百個時期。這些時期指的並非註定的期間，而是佛法壽命的興衰順序，會依因緣而有不同的長短。
㉖噶陀為寧瑪教派最重要的寺院之一，位於康區，由噶當巴．德謝（一一二二至一一九二年）所創。

獅吼上師⑪傳法地，蓮師十三次加持。
山巒形如高貴獅，喉部甚深伏藏具，因緣成熟時刻至，伊喜．措嘉佛母傳事業盛。
當巴嘉晨吾化現，密乘阿底法恆駐。
縱然此法間或衰，具業緣者漸增長，措嘉最後弟子眾，將現彼處並安住。
勸言指示已盡留，今難再留措嘉駐。
當速祈禱與禪修，此處、未來弟子眾，牢記授記吾開示！

隨後，措嘉以右手碰觸苒地女孩札西．祁珍，祁珍化為一朵八瓣的藍色烏巴拉蓮花，花瓣上有「吽」字和「呸」字為記，此花融入措嘉的右心。接著，措嘉用左手觸摸尼泊爾的卡拉悉地，卡拉悉地化為一朵十六瓣紅色蓮花，花瓣上有十六個母音字和「啥」字為記，花融入措嘉的左心。

當初九的夜晚降臨時，出現了以四位守護王為首的一群靈眾，他們各屬於八部和十二部的內誓及密誓束縛者，前來謁見措嘉。「現在，」他們高聲說道，「所有來自空行拿雅剎土的迎請信息與護衛都已到達，因此，請來吧，哦，持明熾燃藍光！」

藏地的天神人眾再度九次祈求措嘉尊女延緩離去，就像在其他地方所記述的那般。當時全國的大力神祇都出現了，各有一位特別的眷屬伴隨，包括來自藏省的善金剛、來自東部的瑪千・彭惹⓬、來自南方的戎岑・美巴、來自北方的措門・嘉摩、來自西方的崗藏・昊、來自衛的利津・哈雷、來自年的唐拉・崗岑等。措嘉特別垂愛十二位永寧地母，回答了許多問題，並且賜予授記等給天神、靈眾。此處限於篇幅，故不詳述。

終於，當初十第一道晨曦出現在天空時，四位空行母抬著一座形如八瓣蓮花的光轎出現在措嘉面前。措嘉立身，右手持手鼓，左手持顱器，步入光轎中。

於此同時，所有的聚眾皆悲慟號哭。「嗚呼，我們當該如何？」他們泣言，「我們要對藏地人如何說？」

措嘉尊女回答道：

嗟瑪！

忠實藏民善諦聽！吾將融入遍基空，無疫疾苦染吾身。

⓫獅子吼上師是蓮師八種化現（蓮師八變）之一。

⓬瑪千・彭惹（藏文拼音為 *rma chen spom ra*）：康區一帶的魔靈，為二十一尊主要的土地神祇之首。

不淨措嘉今綻淨，不淨苦憂無棲處。幻化色身今融逝，療癒術行已不需。
眾生自性今昭顯，無有眞實恆久物。聖法所煉此光身，非暗沉屍污液囊。
汝措嘉母消融「啊」㉗，此非哭號吶喊時。
外內諸大母子融，於吾再無土石物。
上師慈愛從未離，其化身遍滿世間，眾等現此邀迎我。
「尊女」狂野堪諸行，歷經諸事不復存；難留已夫放蕩女，今爲法身普賢母；
厚顏無恥彼浪女，矯作之姿往西南；風騷潑婦易勾搭，已耍伎倆融法界；
舉國皆棄頹寡婦，今嗣佛果勝威權。
故莫絕望當祈禱，信者措嘉永不離，向吾祈禱吾必在，吾友自返且祈禱。
妙樂安祥願增盛。

措嘉說完後，煥發五彩光輝，變得明亮不已，難以目視，隨後融成一團形如芝麻的深藍光球而消失。四位空行母手捧蓮花花瓣，抬起蓮花座，閃爍的光芒在空中越升越高，最終消逝。

那時，所有的人都同聲哀泣：

嗟瑪，嗟呼！

伊喜・措嘉母親尊！汝之悲心何其微！

藏地守護今若斷，內疚罪人能信誰？母親已逝往淨土，誰能護藏此污地？

母入究竟清淨空，惡業熟者誰引導？母雲遊至妙樂界，輪迴苦眾誰引導？

母已往至蓮花光，誰領藏地深淵眾？母已往蓮師尊前，誰護迷難自衛眾？

嗟瑪，嗟呼！

請續悲憐視我等！乞您稍祈吾國安，乞您爲藏遺簡言。

聚此眾怎離悲傷？尊女母親續憐憫，乞您領至蓮花光。

如此，他們悲淚交加地遙喚遠方的措嘉，舉身投地，流淚哀號。措嘉並未現身，而是從一團燦爛光雲中答道：

㉗啊（A，讀作Ah）：是藏文的最後一個字母，象徵空性，即一切諸法現象的究竟自性。

嗟瑪吙！

藏地忠實眾人聽！

伊喜·措嘉已得道，不淨色身攝淨空，吾成蓮花光剎佛，故莫悲傷當喜樂！

無盡悲苦藏民溺，皆因往昔所造惡，已身不幸源己業。

當依三寶可離苦，祈請三寶唯一怙。

吾此伊喜·措嘉佛，諸大清淨入天空，神妙化身護眾利，故莫悲傷當喜樂！

粗重色身惡行果，亦爲染垢業因基，欲獲善果循正法，十善法教當力行。

吾此伊喜·措嘉佛，果熟逝入淨廣空，圓滿事業遺予汝，故莫悲傷當喜樂！

種種行所造惡業，結成果熟落地獄；

當知清淨惡道法，即修身和語善行，三門合一置善道。

吾此伊喜·措嘉佛，已至妙樂無染剎，曾授具緣不還法，故莫悲傷歌喜樂！

無盡輪迴大苦海，當識可怖其本質，欲離唯有依聖師，求具格師循其教。

開悟措嘉汝之母，已入空淵蓮花光，將生無瑕蓮胚中，故莫悲傷當具信！

荒野藏地多苦鬥，高崖谷峪若不貪，

捨無用行居幽處，修持氣脈與明點，力修大圓滿大印。

開悟措嘉汝之母，清淨虔行得圓成，受持上師慈愛中，
已往蓮花生之處，故莫悲傷當祈禱！
業身如沫難以護，時時刻刻轉瞬逝，見此無常身本性，汝行莫如將永存。
盡汝形壽於修行，諸法寂滅證阿底。

嗟吹！

停止啼哭當諦聽。吾對汝愛全無變，汝行如執常見者！
吾未逝或離汝等，亦未往至他處所，祈禱當確見吾容。
從今直至末世者，虔者將得賜悉地。
藏地大悲怙主剎，蓮師傳法使成熟，聖文殊爲法教師，
密主金剛手力護，故此教法海永駐，離於異域外道傷。
惡魔邪力調伏時，願持經教者力增，經由密乘修證量。
願修行眾遍全國，藏地中土人民眾，願今起至未來世，
以三寶爲苦樂證，增十善行捨十惡。
諸行念想依聖法，是非聽循蓮師語，世俗事遵虔王律。

國法當依佛教法，四境邊敵正法伏，本尊三寶悲力屈。
僧尼當持續修行，依循經典之所教。
在家眾當持淨覺，無邊敬意尊上者，毫無保留施下者。
為自利持六字咒，怙主蓮師虔信祈。
汝等所有聚此眾，當具虔信受四灌，高聲呼喚措嘉名，
請求四灌之賜予，融合汝心於吾心。無念禪定座中修。
簡言藏地今來眾，蓮師為汝命定師。
若欲成就相應法，當觀己師為蓮師，慈悲加持將盈流。
修上師意廣簡法，即生成佛誓能成。蓮師心咒亦當持。
月盈月虧第十日，以及初八初十五，持行薈供與供養。
一薈供斷惡趣門，不還果位誓能成。
確實眞理當知解！蓮師咒即師本質：

吽：過去、現在、未來三世一切諸佛的生命力量；

地：一切勝利本尊的成就；

悉：具誓者和空行母的圓滿事業；

瑪：斷除如母流轉眾生的妄念煩惱；
貝：三世諸佛的無上妙土；
汝：關閉業力之門；
咕：授予本智之悲的灌頂；
札：即大手印，空而不可摧毀；
班：智慧虛空的象徵；
吽：化身——爲了教導眾生而化現的身相；
啊：殊勝正法，報身；
嗡：普賢如來，法身，本初純淨。

蓮師精要十二字，反轉持誦十萬次，能淨身語意過犯。
二十萬遍三世惡，三十萬得不還果，七十萬即身見師，百萬次成四事業，
六百萬空輪迴淵，千萬次證等彌陀，且確獲諸欲悉地，尚有無數他利益。

若行尋常持誦法，驅除痛苦超越苦：
嗡：一切如來善逝的五身結合；
啊：萃取五重智慧語（五方佛語）的精華；

吽：即眞如身，智慧意的五面向（五方佛意）；
班：不可摧毀的徵示和印記；
札：金剛慈悲的事業開展；
咕：三世的上師嘿魯嘎；
汝：成熟與解脫的明點；
貝：妙樂淨土的入門處；
瑪：安住於不動的大樂之胎；
悉：具大力量的慈悲；
地：能滿足一切所需的成就；
吽：獲得本初基的掌控。
此咒確同如意寶，因淨十二因緣故，即十波羅蜜本性，即能滿願大勝母。
故聚此與未來眾，皆當精誠持此咒。
汝分別心今尚存，吾似離然當堅強！
分別心止時即知，吾等實乃未分離。願安樂遍盈天際！

措嘉言訖，一道強烈的光芒射出，閃耀飛舞，射往西南方，最後消逝無蹤。在場的所有人都進行無數的禮拜和祈禱。他們的內心因悲傷而麻木，胸口因苦悶而緊繃，心和胃像是卡在喉嚨般。他們淚水盈眶而看不清楚前方的路，雙腿幾乎支撐不了身體而蹣跚行走，氣息難順且滿心悲苦地回到紮布的心洞，抵達時正好夜晚降臨。

貝・伊喜・寧波、拉頌・嘉華・蔣秋及瑪・仁千・秋等三名弟子開啓上師和空行母成就法的壇城，在紮布居住了七個月修持此法。他們證得了與上師和空行母無別之境，並得到許多授記和開許。

護法之藏王赤・惹巴僅在那時頒佈了第一道疎令，召集所有的譯師入朝。在這次集會中各自述說關於措嘉尊女的般涅槃，有人說曾親眼見到措嘉在幕提・帕瑪・崗的巖洞中，展現她證得諸法竭盡的徵示，並遺留下鼻膜、牙齒、指甲、頭髮，他們還說這些遺物化成如珍珠般的舍利，如是成爲大眾信心的所依物。此外，他們還說她的色身消失，已經成佛。

其後又有其他人說，措嘉尊女在雞年雞月的初八賜予教示；在初十傍晚降伏魔眾，當天子夜轉法之輪，爾後入定直至黎明獲得證悟。其後破曉時，她的身體直坐而入涅槃。她的身體化爲一堆小珍珠。他們還說這些舍利已被送往藏地的護法王處，如今安置在一舍利塔內。

然而，事實是，我，嘉華・蔣秋和貝・伊喜・寧波、瑪・仁千・秋、歐准・佩吉・珍努、達恰・如巴・多傑・帕沃、衛的尼瑪、理的蔣秋女士、雪卡的多傑・措女士，以及當時在場不下百位的其他善緣弟子，都親眼看到於此記述的景象。

咿啼，咕呀，欽旺母，曼達

三昧耶，嘉，嘉，嘉

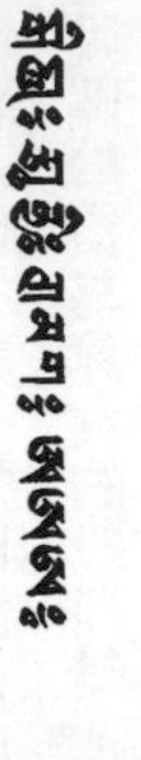

我，嘉華・蔣秋，曾得措嘉賜予加持並在一生中證得成就；洛札的南開・寧波與不染生死的偉大上師蓮花生則無二無別。我和南開・寧波一起將尊女的這些教言寫在黃紙上，對於尊女的行止毫無增添或刪減，亦未誇大或另做解釋。爾後我們將此文託付予黑水主童玉，令他起誓送往措嘉所授記的法嗣手中。這些話語如是封印。於未來，願善緣者能得見。

達廷母，咿啼，嗺布，嘉，德，嘉

伏藏師所造之跋

我是如此之人：
從南方而來的南方人，自陡峭染污峽谷落下。
那是未受蓮師澤被而鬱鬱不樂的荒地，是罪業和惡行之巔，
是眼睛看向黑暗，正法光芒逃離之處。
邪惡之地，獵人之地，
黑民身穿黑衣，食用黑物，飲取黑酒；是黑行致使輪迴不斷之地。
來自黑屋居民的邪惡鄉土，那就是我！
黑法婚嫁之罪惡雙親子裔，因業力而黑生，
帕沃·塔香，即是我黑名！
我從黑水主之手獲此，以黑墨汁寫在紙上，
於黑暗密林中進行，至初廿九黑日完成。
願一切黑暗眾生無餘成佛，願諸黑行盡絕。

雖爲黑，願其皆度脫！

而我，願我的罪行和障蔽，以及黑財①得淨化。

願我，於至上藍黑之色究竟天，

哦，藍空行母，耀眼熾燃藍光，願我與您無別同在。

願此時此地之此祈禱成眞！

嘿，嘿，此爲神妙難思量！

此文躍入吾心且由我書錄！

此爲帕沃·塔香·多傑之佛法伏藏。

芒嘎朗母，欸旺母，巴啼，斯哇啼，啥忒，喀棠母

---

①黑財（藏文拼音為 *dkor nag*）：指將僧伽所有物和一切奉獻給宗教之物不當佔用或挪為私用。

中譯者後記

若非上師慈愛恩，劣等如我仍混沌，若非佛母淨願力，行者何能見法義？
眾生無明流轉處，上師佛母悲憫住，唯願修成證慧德，利益有情享安樂！

從參與《蓮師傳》的翻譯校對，到兩本《佛母傳》的合譯出版，其間相隔不下五年；而這一切何以如此愧對上師、耽誤讀者，都要從開天闢地那一刻無始的無明說起。

人生的際遇，高低起伏，從世間的眼光來看，乃屬正常。未曾學佛之前，總覺得不過紅塵爾爾，一痞天下無難事矣。一旦踏入佛門，自以爲生活會從此「平鋪直敘」——不是說放下一切嗎?!還一度想要身著袈裟，來個形式上的出離。然而，彷彿是在取笑我的無明一般，生命事件反而更加變化無常，甚至能翻滾到我胃腸痙攣、手足虛脫，痛苦當然是更加百倍。這擺明是業力現前，理論上應該要感恩上師加持弟子清淨業障，但實際心中卻常想逃離，質問自己究竟怎麼會走到這個地步?!夜半獨醒、淚痕未盡之時，我經常會想到的人，不是上師，而是伊喜·措嘉佛母。

還記得當年原本青澀年華的我，第一次聽到措嘉佛母的精簡故事時，一方面隨喜她能跟隨蓮師、學習密法，一方面也讚歎她能身負重任、封藏伏藏，不知怎地就淚流滿面，想著自己不知能否仿效佛母，對佛法做出貢獻。其實，從傻乎乎地連《心經》都不懂，到第一次正式在法會上口譯，中間不到一年的時間，若不是三位主要上師——洛本天津仁波切、欽智依喜仁波切、宗薩・欽哲仁波切，對我的恩慈，以及諸多法友的耐心教導和包容，這二十二年的踉踉蹌蹌，別說對佛法有何貢獻，自己就都快支撐不住了！回首雖然不堪，儘管沒有過關斬將，卻也是一一走出關卡，而這一路激勵我的力量，就是佛母那股即使遇到逆境、依然堅毅不屈的勇氣。

十多年前，即有法友發心將當時出版的英譯佛母傳 *Sky Dancer*（一九九六）翻譯成中文並助印贈予同修，那時有幸取得一本，雖然多處並未讀懂，但是佛母遇見強盜攻擊卻因生起淨觀反而收爲徒兒的故事，經常在心中反覆思量。其實我有幸曾爲法會口譯，經常是許多法友羨慕的對象，因爲可以隨侍上師，好像有親近上師的特權，還可以隨時請教上師，應該是最好的修行道路之一。然而我當時不懂珍惜，反而是不求長進之時，遠多於眞正求法之心。反觀佛母，無論上師是否在她身邊，精進修道、苦行利眾，沒有一刻不認眞、沒有一時不努力。即使在瀕臨死亡之際，依然不放棄，仍舊求上師，爲的不是自己修得成、修不成，而是要不負師恩！

誠如宗薩・欽哲仁波切所說，伊喜・措嘉佛母乃是佛的化身，本書則提及她是普賢王佛母、白衣佛母、妙音天女的化身。甚至，於不同的世界中，每個都有蓮師和佛母的化現。更難以思議的是，如釋迦牟尼佛在圓寂後，仍有弟子在別處看到他在傳法；密勒日巴尊者在荼毘後，依然現身藏地開示；曼達拉娃佛母於印度化為虹光身後，也到藏地和伊喜・措嘉佛母交流法教。對大多數人來說，這些都是解不開的謎——我們連自己的來龍去脈都毫不清楚，遑論其他。而就如許多人一樣，我也很好奇轉世仁波切究竟和我們凡人有何不同？這是某位仁波切的答覆：如果眞有什麼不同，就是我們對佛法的信心較強、對佛法的學習較快，這是來自宿世因緣；但是，我們既然有了色身，就和大家一樣有色身的煩惱，只是我們比較願意用佛法來對治這些煩惱！

是的，就像許多上師所提醒的：你們啊！快樂的時候都不會想到佛法，痛苦的時候則只想要上師加持；懺悔的對象是你自己的親友，在佛前跪拜的是你請來修法的喇嘛，誰眞正把學到的佛法拿來修心？難怪是越修越煩惱啊！就從佛母的故事來看吧，她的身世在遇到蓮師之前，那段兩王搶婚的慘況，眞的是讓我瞠目！跟隨上師之後，以及自修苦行之時，受人揶揄、遭人指點不說，還被當作惡魔待以砍殺威嚇。而她總是以對三寶和三根本的絕對信心，度過了一切難關。既然就連佛的化身都要遭受苦難、持續修行，那更別說我這區區微小的造假虔誠心，怎麼可能蓋過我那漫天大海的障蔽啊?!

當初拿到吉美・欽哲仁波切所指導「蓮師翻譯小組」的譯作*Lady of the Lotus Born*（一九九九），就很想趕快翻譯出書，也請教宗薩・欽哲仁波切對於佛母傳中文版的看法，他表示這個想法很好，要我把它完成。然而俗事重重、凡業連連，一拖就是兩三年，還好法友Miinaksii資助版費並協助撮合出版事宜，三位譯者共同努力，再加上許多法友的關心和鼓勵，今日終能付梓。如註解所說，這本伏藏原本即有三版英譯本（《蓮師傳》則是伏藏本身就有不同版本），我們希望未來還能有其他法友發心翻譯不同的中譯版，如此當能補足我們因福德智慧不足所難以信、雅、達的部分。

謹以本譯作獻予我們的智慧之母宗薩・欽哲仁波切，作為汗顏追隨上師廿一載的首份生日禮物，上師於今年三月在台北的伊喜・措嘉佛母灌頂法會中，顯現破二元之見的無性別相，以方便善巧為無明我等教示法義，恩德難以思量！此份中譯若有少份功德，願以迴向二世欽哲佛母康卓・策琳・確諄融攝法界、乘願再來！康卓・策琳佛母乃是伊喜・措嘉佛母成就女弟子雪卡・多傑・措的化現，也是偉大取藏者轉世欽哲・確吉・羅卓的佛母，她的在世，彷彿伊喜・措嘉佛母再世，對女性修行者來說，更是個謙沖懷愛的堅毅典範。她於二世欽哲仁波切圓寂（一九五九）後，一直到因健康不佳由宗薩・欽哲仁波切帶離錫金至西方就醫，將近五十年間從未變動佛堂和房間的一切，總是坐在她的蒲團兼床墊上持著念珠默念經咒。任何人向她頂禮，一定遭到溫和的回絕（請改向二世欽哲的舍利塔頂禮！）；任何人找她請法，必然是受邀坐下來禪修，因爲她的上師、佛父指示她，不用開口傳授，單單她的存在，就已能廣大利益眾生！！

謹願

如母上師康健長壽，如母有情不再悲苦，如母大地無有災難！

普賢法譯小組召集人

楊書婷 Serena

完成于藏曆鐵兔年薩噶達哇（氐宿月）釋迦牟尼佛入胎、成道、涅槃三重節

辭彙解釋

【一劃】

一髻佛母、獨髮母（藏文 Ekadzati；梵文拼音爲 Ekajati）：續部教法中的一位女性智慧護法，是普賢佛母的化身。請參閱「護法」的說明。

【二劃】

二重目的（Twofold goatl；藏文拼音爲 *don gnyis*）：證悟是爲了利益自己，以及爲了立即和究竟地利益他人。

八大嘿魯嘎、八儀軌法教（Eight Great Herukas；藏文拼音爲 *sgrub oa bka' brgyad*）：瑪哈瑜伽續的八大主要本尊和儀軌，分別是(1)大威德金剛身（Yamantaka；藏文拼音爲 *gshin rje gshed*）；(2)馬頭明王語（Hayagriva；藏文拼音爲 *rta mgrin*）；(3)眞實意（或譯爲揚達、吉祥眞實尊、清淨嘿魯嘎；Vishuddha；藏文拼音爲 *yang dag*）；(4)甘露功德（Amrita；藏文拼音爲 *che mchog*）；(5)普巴事業（Kila；藏文拼音爲 *phur ba*）；(6)召遣非人（或瑪莫嘿嚕嘎；Lame Heruka；藏文拼音爲 *ma* *mo rbod gtong*）；(7)猛咒詛詈（或非常忿怒施咒本尊；Tobden Nagpo；藏文拼音爲 *dmod pa drag sngags*）；(8)供贊世神（或半忿怒本尊；Drekpa Kundul；藏文拼音爲 *'jig rten mchod bstod*）。最後三儀軌是屬於世間法的本尊（藏文拼音爲 *'jig rten pa'i sde gsum*）。

十二因緣（twelve interdependent links；梵文拼音爲 *pratityasamutpada*）：相依緣起的十二個鏈接，輪迴經驗的整個輪轉由此定義。這些是：(1)無明（藏文拼音爲 *ma rig pa*）；(2)制約因素（行）（藏文拼音爲 *'du byed*）；(3)識（藏文拼音爲 *rnam shes*）；(4)色與心（名色）（藏文拼音爲 *ming dang gzugs*）；(5)六種感官（六入）（藏文拼音爲 *skye mched*）；(6)觸（藏文拼音爲 *reg pa*）；(7)受（藏文拼音爲 *tshor ba*）；(8)愛（藏文拼音爲 *sred pa*）；(9)取（藏文拼音爲 *len pa*）；(10)有（藏文拼音爲 *srid pa*）；(11)生（藏文拼音爲 *skye pa*）；(12)老與死（老死）（藏文拼音爲 *rga shi*）。

十方（ten directions：藏文拼音爲 *phyogs bcu*）：四個主要方位和四個中間的方位，以及上方和下方。

十出世善德（ten transcendent virtues）：請參見「波羅蜜多」的說明。

十善（ten virtues：藏文拼音爲 *dge ba bcu*）：在佛教中，善行被歸類爲十種有益的行爲。關於身的三種包括不殺生、不偷盜、不邪淫；關於語的四種是不妄語，不挑撥離間（兩舌），不作粗暴、攻擊之語（惡口），不作無意義的閒語（綺語）；關於意的三種是不貪、不瞋、不具邪見（癡）。

【三劃】

三身（梵文 Trikaya；藏文拼音爲 *sku gsum*）：根據大乘教法，圓滿佛果的出世實相被描述爲二、三、四、甚至五身。第一種情況的二身是法身（實相身）和色身。法身是佛果的究竟、空性面向；色身被分成報身（受用身）和化身（顯現身），因此有上述所謂的三身。只有高度開悟者才能見到報身——佛果任運自顯的明性面向；化身（慈悲的面向）則能被尋常人所見。雖然不一定全部都是如此，不過在我們的世界，化身通常現爲人類。四身的體系則包含剛指出的三身，以及體性身（眞如身），指的是前三身的融合。偶爾亦會提及五身：三身，以及不變的金剛身（佛果不可摧毀的面向）和圓滿證悟身（功德的面向）。

三門（three doors）：身、語、意。

三昧耶（梵文 samaya；藏文拼音爲 *dam tshig*）：金剛乘中上師與接受灌頂的弟子間建立的神聖約定和誓言。三昧耶亦指同門弟子間的神聖連結，以及弟子和自己修行間的連結。

三界（Three worlds；藏文拼音爲 *khams gsum*）：輪迴存有的一種分類方式，即：(1)欲界，包括從地獄道到天道的前六天；(2)色界的天道；(3)無色界的天道。

三根本（Three Roots；藏文拼音爲 *rtsa gsum*）：續部教法所示的皈依三對象，分別是(1)上師：加持的根本；(2)本尊：成就的根本；(3)空行母：事業的根本。

三部（three families）：請參閱「三部怙主」的說明。

三部怙主（Lords of the three Families）：文殊菩薩、觀世音菩薩、金剛手菩薩。三部在這裡分別指的是佛的身、語、意。

三層世界（three levels of the world：藏文拼音爲 *sa gsum*）：請參閱「三層世間」的說明。

三層世間（three dimensions of existence：藏文拼音爲 *sa gsum*）：人和動物的世界位於地表，天神和鬼靈住在天界或地上的空中，龍族等的王國則位於地底。英譯亦作「三層世界」。

三摩地（梵文 samadhi；藏文拼音爲 *bsam gtan*）：禪定的狀態。在色界有四種層次的三摩地（四禪天）。亦請參閱「三禪定」的說明。

三禪定（threefold concentraion）：菩薩修行的三種最高禪定，始於見道。如幻定（mirage-like concentration；藏文拼音爲 *sgyu ma lta bu'i ting nge 'dzin*）是視諸法爲幻的禪定，爲尚未清淨的前七地菩薩所修。健行定（concentration of heroic fearlessness；藏文拼音爲 *dpa' bar 'gro ba'i ting nge 'dzin*）是清淨地的菩薩才有，能消除一切證悟事業的障礙。金剛喻定（vajra-like concentraion：藏文拼音爲 *rdo rje lta bu'i ting nge 'dzin*）消除障蔽圓滿正覺佛果的最細微障，實質上幾乎等同成佛，因爲只有在第十地最高處的菩薩方可得證金剛喻定。

三寶（Three Jewels, Triple Gem：藏文拼音爲 *dkon mchog gsum*）：佛、法、修行團體（僧伽）；佛

教徒皈依的對象。

三寶（Triple Gem）：見 Three Jewels。

上師瑜伽（梵文 Guru yoga；藏文拼音為 *bla ma'i rnal 'byor*）：續部佛教最重要的修行，包括：觀想上師，祈禱和請求加持，領受加持，將自心和上師的證悟智慧心相融。

口傳教示（梵文 Agama；藏文拼音為 *lung*）：闡明某部續法之義的文典。中譯註：梵文原來的拼音在佛法辭典上是指《阿含》，原為佛陀所說教法之總稱，後專指聲聞乘的佛經；但此處依藏文解釋，並非混淆。

大人相與隨形好，諸相隨好（great and lesser marks of enlightenment：藏文拼音為 mtshag dang dpe byed）：三十二大人相與八十種隨形好是佛的身形特徵。其中包括手掌腳掌的輪狀記號（足下千輻輪相）、身體的金色光輝（眞妙金色相）、銅色指甲等等。

大手印（梵文 Mahamudra；藏文拼音為 *phyang rgya chen po*）：即諸法空性的封印。指的可以是道（大手印的教法和修行），也可以是果（大手印的成就）。大手印和寧瑪派的大圓滿教法相似，不過兩者間有細微的差別。

大日如來，毘盧遮那（梵文 Vairochana；藏文拼音為 *rnam par snang ndzad*）：五方佛中如來部的佛，對應的是法界體性智，即「色蘊」和「癡」的清淨本性，與任運成就的四種證悟事業相關。

大成就者（梵文 Mahasiddha；藏文拼音為 *grub thob chen po*）：請參閱「成就者」的說明。

大乘（Great Vehicle）：見 Mahayana。

大乘（梵文 Mahayana；藏文拼音為 *theg pa chen po*）：大乘佛教的修行主要是在北亞的國家，漢地、日本、韓國、蒙古、藏地和喜馬拉雅地區。大乘的特點是大悲，以及希望一切有情眾生都能遠離痛苦和造成痛苦的起因。為此目的，大乘的目標是證得至上的佛果，修行之道則包括六波羅密多。哲學方面，大乘主要包含兩個學派：中觀宗和唯識宗（瑜伽行宗）。佛教續部教法的金剛乘也是大乘的一個分支。

大悲怙主（Great Compassionate One；藏文拼音為 *thugs rje chen po*）：觀世音菩薩的名號之一。觀世音菩薩是代表慈悲的菩薩，是阿彌陀佛的報身顯現，蓮師則是阿彌陀佛的化身顯現。

大圓滿（Great Perfection；藏文拼音為 *rdzogs pa chen po*；梵文拼音為 mahasandhi）：大圓滿是寧瑪派的究竟見地，是空性與本覺的結合，是本淨（藏文拼音為 *ka dag*）與任運顯現（藏文拼音為 lhun grub）的雙運。

大樂，極樂（Great Bliss；藏文拼音為 *bde pa chen po*）：心的自性中俱存的喜樂，完全超越一般凡俗感官之樂。

大鵬金翅鳥（梵文 garuda；藏文拼音為 *khyung*）：印度和藏地神話中的鳥，傳說其體形巨大，雛鳥破殼而出時即具羽毛並能立即飛翔，是本初智慧的象徵。

【四劃】

不空成就佛（梵文 Amoghasiddhi；藏文拼音爲 *don yod grub pa*）：事業部之佛，相應於成所作智，即「行蘊」和「疑」的清淨本質，與「誅除」的證悟事業相連。

不還、不退轉（Nonreturner）：修行成就的一個果位，至此境界後就再也不會落入輪迴的痛苦中。中譯註：即第三果的阿那含果。

中土（central land；藏文拼音爲 *yul dbus*）：指佛法興盛並有人修持的國家。

中脈（central channel）：見梵文 avadhuti。

中脈（梵文 avadhuti，音譯爲阿伐督帝；藏文拼音爲 *rtsa dbu ma*）：身體內的微妙中脈，藉由修持圓滿次第（藏文拼音爲 *rdzogs rim*），能使氣（如風的能量）匯入中脈，是生起無二智慧的方法。衍伸而用，「阿伐督帝」也常被用來泛指無二智慧。

中陰、中有（bardo；藏文拼音爲 *bar do*）：一種居中的過渡狀態，通常指死亡與再投生之間的狀態。

中觀（梵文 Madhyamika；藏文拼音爲 *dbu ma*）：大乘佛教的最高哲學見解，由西元二世紀的龍樹所提出。

五大元素（five elements：藏文拼音爲 *'byung ba lnga*）：地大、風大、火大、水大、空大，是固體、運動、熱能、流體及無礙的元素。

五佛部（five families：藏文拼音爲 *rigs lnga*）：即佛部、金剛部、寶部、蓮花部、事業部（羯磨部），代表佛果的五個面向，各有一五方佛爲主尊，通常在壇城中的排列如下所述：藍色的大日如來（毘盧遮那佛）在中央（佛部），白色的金剛薩埵在東方（金剛部），黃色的寶生佛在南方（寶部），紅色的阿彌陀佛在西方（蓮花部），綠色的不空成就佛在北方（事業部）。

五身（five bodies）：請參閱「三身」的說明。

五明（five sciences：藏文拼音爲 *rig lnga*）：傳統上班智達所精通的五門學科，也就是：工巧明、醫方明、聲明（文法）、因明（邏輯）、內明（哲學）。

五智（five wisdoms：藏文拼音爲 *ye shes lnga*）：佛陀「意」的五個面向，分別與五佛部的五方佛相關：法界體性智（大日如來）、大圓鏡智（金剛薩埵）、平等性智（寶生佛）、妙觀察智（阿彌陀佛）、成所作智（不空成就佛）。

五種三昧耶物（five substances of samaya：藏文拼音爲 *dam tshig gi rdzas lnga*）：精、血、尿、糞、肉。當這些一般被視爲污穢物質的清淨本性受到了悟時，便被轉化成五甘露。

五蘊（five aggregates：藏文拼音爲 *phung po lnga*）：身體（色）、感覺（受）、認知（想）、制約因

素（行）、意識（識），這些是形成「人」存在的元素。當它們一起出現時，就生起有一個「自我」作爲獨立存在的單獨個體的錯誤想法。

元素、大種（elements；藏文拼音爲 *'byang ba*）：請參閱「五大元素」的說明。

六十種妙音功德（sixty qualities of melodious speech；藏文拼音爲 *gsungs dbyangs yan lag drug bcu*）：經部和續部對於六十種功德的敘述不盡相同。

六字大明咒（mantra of six syllables）：即「瑪尼」，觀世音菩薩的咒：嗡瑪尼貝美吽。

化身（Nirmanakaya）：請參閱「三身」的說明。

天、神（god；藏文拼音爲 *lha*；梵文拼音爲 deva）：優於人類的一種眾生，極度長壽但非不死。值得注意的是，在梵文和藏文中，deva 與 *lha* 往往被用來指壇城中的本尊和其他神眾、佛、上師，以及任何偉大的身相，例如國王。如同拉達克里希南（Radhakrishnan）曾指出的，deva 這個字和給予的行爲有關，與許多印歐語系語言裡代表「給予」的字具有不容置疑的關連性。創世者被稱爲 deva 是因爲創世者「給予宇宙」，deva 用來指日月是因爲它們給予光明，用來指國王是因爲他給予保護，用來指佛、上師是因爲他們給予教法。藏傳佛教雖然常常提到神和本尊，但這並不表示它是某種多神教。

天杖、卡杖嘎（梵文 katanga；藏文拼音爲 *khatvanga*）：續部瑜伽士特別是蓮師所持的一種獨特的三叉戟杖。有如在故事中措嘉藏於蓮師的天杖中，無疑地，天杖被視爲精神伴侶（明妃）的象徵。

手印（梵文 mudra；藏文拼音爲 *phyag rgya*）：字面意義是一種儀式的手勢、信號、印。手印分爲四類，根據所使用的場合而具有眾多層次的不同意義。

手鼓（梵文 damaru）：一種修法用的小鼓。

文殊菩薩（梵文 Mañjushri；藏文拼音爲 *'jam dpal dbyangs*）：象徵諸佛智慧的菩薩。

【五劃】

比丘（梵文拼音爲 bhikshu；藏文拼音爲 *dge slong*，音譯格隆）：受具足戒的僧人。

功德、福德（merit；藏文拼音爲 *bsod nam*）：善業，經由身、語、意的善行而產生的正面能量。

功德田、福田（field of merit；藏文拼音爲 *tshogs zhing*）：修行者信仰、供養和祈禱的對象；在通往證悟的道上，功德智慧得以在其中累積增長。

四天王、四天王天（four great kings, realm of four great kings）：各自統治欲界某層天的四種精神力量。四天王與四大方位有關，被視爲四方的守護者。

四事業（four activities；藏文拼音爲 *phrin las bzhi*）：開悟者所施展的四種事業，以幫助他人，消除逆境，分別是息災、增益、懷愛、誅伏。

四部空行母（Dakinis of the Four Classes）：指的是金剛部、寶部、蓮花部、事業部等四佛部，相應於四種事業。

四喜（four joys；藏文拼音爲 *dga' ba bzhi*）：完全轉化凡俗歡愉的四種覺受，本質即智慧。與第三灌的修行有關。

四無量（four immeasurable qualities；藏文拼音爲 *tsad med bzhi*）：四種普及所有眾生的念想，因此被稱作不可計量的，分別是無量慈、無量悲、無量喜、無量捨（平等、沒有分別）。

本尊（deity）：請參閱「神」的說明。

本尊，禪修本尊（yidam deity；藏文拼音爲 *yi dam*）：在密乘中作爲禪修所依的佛的身相。禪修本尊可以是男性或女性、寂靜相或忿怒相，與禪修者的心意不可分。

本尊與其佛母（deities and their consorts；藏文拼音爲 *yab yum*）：代表智慧與方便、現象與空性無別融合的一種方式。

母（mother；藏文拼音爲 *yum*）：象徵空性或智慧的女性本體。請參閱「偉大之母」「般若波羅蜜多」的說明。

永寧地母、丹瑪女神（tenma goddesses；藏文拼音爲 *brten ma bcu gnyis*）：十二位與藏地山脈相關的神靈，她們曾在蓮師面前立誓守護法教以及藏地人民。

《甘珠爾》（Kangyur；藏文拼音爲 *bka' 'gyur*）：收錄一百零八部佛祖釋迦牟尼親自開示的佛教經典。中譯註：原字義爲「翻譯出來的聖言」，幾乎皆是由梵文經文所譯而來，分爲律部、般若、華嚴、寶積、經部、續部與總目錄等七個部分。

甘露（梵文 Amrita；藏文拼音爲 *bdud rtsi*）：Amrita的字面意義指無死甘露，有時英文譯爲ambrosia，是一種經由續法儀式所製的液態或固態物質，象徵智慧。

生起和圓滿（Creation and Perfection）：續法修行的兩個主要階段。生起次第（藏文拼音爲 *bskyed rim*）是關於禪修身相、音聲、念頭分別爲本尊、咒語、智慧。圓滿次第（藏文拼音爲 *rdzogs rim*）指的是將觀想的身相融入空性，以及對這個過程的體驗；圓滿次第亦指對於身體的脈、氣、明點進行禪修。

生起與圓滿（generation and perfection）：見 creation and perfection。

【六劃】

卍（梵文 swastika；藏文拼音爲 *gyung drung*）：卍在本文中全都作爲苯教的記號出現，然而事實上金剛乘佛教亦使用此符號。在金剛乘中，這個符號代表不變和不可摧毀。

亥母（Varahi）：「金剛亥母」的同義詞。

伏藏（Treasure；藏文拼音為 *gter ma*）：蓮師和其他開悟者所封藏的教法與聖物，以待未來在最能利益眾生時取出。伏藏教法以空行母祕密文字或其他的方式書寫，有時僅有數語，有時是完整的教文。伏藏被藏於諸大元素的本質中（例如水、石頭等），或是藏在弟子的心意中。這些弟子與蓮師共處時已經完全了悟這些教法的意義，因此是唯一能夠在未來生世中重新掘取這些教法者。祕密文字的目的其實是為了喚醒伏藏師心中對於蓮師囑託這些教法的記憶。

伏藏（藏文 *Terma*）：見 Treasure。

因乘（causal vehicle；藏文拼音為 *rgyu mtshan nyid kyi theg pa*）：基於經教的法乘。因乘認為眾生具有成佛的潛能，但此潛能必須逐步發展以獲得完全的實現。相對地，金剛乘或續部教法的看法是此佛性本俱圓滿，不需再行發展，並基於此見解來修行。因此，金剛乘或密乘被稱為果乘，其修行目的是為了去除形成障蔽的染污。

地（ground；藏文拼音為 *sa*；梵文拼音為 bhumi）：大乘佛教中菩薩成佛的十個階段，涵蓋「見道」與「修道」。

如幻定（mirage-like concentraion）：請參閱「三禪定」的說明。

如來（梵文 Tathagata；藏文拼音為 *de bzhin gshegs pa*）：字面意義是「如是已去者」，佛的名號之一。

成就，不共的與共的（accomplishment, supreme and ordinary；藏文拼音為 *dngos grub*；梵文拼音為

siddhi）：不共的殊勝成就即是證得佛果。共的成就是指在修行過程中所獲得的神通力，佛教之外的其他精神傳統也承認這些神通的眞實性，但在佛教內，神通並不被視爲修行的目的，而是當成進步的徵兆，並在有利教法或弟子時才可使用。

成就法、儀軌（梵文 sadhana；藏文拼音爲 *sgrub thabs*；英文爲 method of accomplishment）：一種續部禪修方法，包括本尊觀想與持誦相關的咒。

成就者（梵文 siddha；藏文拼音爲 *grub thob*）：經由金剛乘的修行，已經獲得成就的人。

自性身、體性身（梵文 Svabhavikakaya）：見梵文 Trikaya。

色究竟天（梵文 Akanishta；藏文拼音爲 *'og min*，音譯即「奧明天」）：一般而言，色究竟天指的是最高的佛土。事實上，色究竟天分爲六層，從色界的最高天上至法身的究竟淨土。

行續（梵文 Upatantra；藏文拼音爲 *spyod rgyud*）：亦名爲「二俱」（Ubhaya）或「行部續」（Charyatantra）。闡明瑜伽續的哲學見解和事續的戒律。

西南（southwest；藏文拼音爲 *lho nub*）：請參閱「拿雅」的說明。

【七劃】

佛（梵文 Buddha；藏文拼音爲 *sangs rgyas*）：從無明沉睡中覺醒，並且心中綻放出一切知識者。根據大乘的觀點，有無數的佛，歷史上的釋迦牟尼佛只是其中一位典範。

佛土、淨土、佛國（Buddha-field；藏文拼音爲 *zhing khams*）：佛或大菩薩所顯現的世界。眾生可以住於佛土，習法增上趣近證悟，並且從此免於落入輪迴存有的較低狀態。事實上，任何地方，只要視爲自生智慧的清淨顯現，就是佛土。

佛塔（梵文 stupa；藏文拼音爲 *mchod rten*）：字面意義是供養的所依物，象徵佛之心意。佛塔是佛教最常見的紀念建物，大小尺寸不一，其中經常存有開悟者的遺骨舍利。通常具有一方形基座，圓形的中間部分，上部爲長形圓錐體，頂端有日月。

佐千（Dzogchen；藏文拼音爲 *rdzogs chen*）：請參閱「大圓滿」的說明。

劫（梵文 kalpa；藏文拼音爲 *bskal pa*）：包含四階段的一段時節，一個宇宙系的四個階段分別是形成（成）、持續（住）、崩解（壞），以及在下一宇宙系形成之前的空無時期（空）。

吞米・桑布札（Thönmi Sambhota）：松贊干布王的大臣，留學印度後，撰立藏語的文法，並且創造藏文字母。

妙音天女（梵文 Sarasvati；藏文拼音爲 *dbyangs can ma*）：藝術、知識、音樂、語言的女神，傳統上被視作最初教導梵語者。

赤松德贊（Trisong Detsen；藏文拼音爲 *khri srong sde'u btsan*；西元七九〇至八四四年）：藏地第

三十八任贊普，三大護法王中的第二位，據說是文殊菩薩的化身。

赤・惹巴僅（Tri Ralpache；藏文拼音爲 *khri ral pa can*）：藏地的第三位主要佛教徒國王。處於十一世紀，爲了翻譯梵文經典而對藏文文法、字彙的系統化進行研究，後來被兄弟朗・達瑪所暗殺。據說赤・惹巴僅是金剛手菩薩的化身。

身（Body）：請參閱「三身」的說明。

身（梵文 *kaya*）：見「羅刹」的說明。

【八劃】

事續（梵文 Kriyatanra；藏文拼音爲 *bya rgyud*）：根據寧瑪派的九乘體系，事續是三外續的第一部，強調身和語的淨化。

咒語（梵文 mantra；藏文拼音爲 *sngags*）：在修法或觀想的時候念誦的字母或句子，能使修行者的心免於世俗感知。咒語也是本尊以聲音之形式的降臨顯現。咒語可分成三類：(1)明咒（vidya-mantras；藏文拼音爲 *rig sngags*）：屬外續的咒，是善巧方便法門的精華；(2)陀羅尼咒（dharani-mantras；藏文拼音爲 *gzungs*）：出世智慧的精華，得自《般若波羅蜜多經》的教導；(3)密咒（藏文拼音爲 *gsang sngags*）：與瑪哈瑜伽、阿努瑜伽、阿底瑜伽相關的咒。

季（dri；藏文拼音爲 *'bri*）：母犛牛。

念珠（梵文 mala；藏文拼音爲 *'phreng ba*）：一百零八顆珠子的串珠，誦咒時作數數用。

忿怒蓮師、怖畏金剛上師（Dorje Trolö，多傑綽羅；藏文拼音爲 *rdo rje gro lod*）：蓮師的一種忿怒身相。

拉脫脫日（Lathothori）：藏地國王（約生於西元一七三年）。在他統治期間，佛法以舍利子和梵文佛教經典的形式，首度出現於藏地。雖然拉脫脫日王並不了解這些著作，卻認知到這些典籍的神聖，因而恭敬地保存這些典籍。藏地的首位佛教徒國王松贊干布，在四代之後出現。

拙火（tummo；藏文拼音爲 *gtum mo*）：修行同名的瑜伽修行（拙火瑜伽）時所產生的內部煖熱，這是屬於阿努瑜伽的修行。

昌珠（Trandruk；藏文拼音爲 *Khra 'brug*）：藏地最神聖的地方之一，是松贊干布王在拉薩南邊所建的寺廟。

明點（essence, essence-drop；藏文拼音爲 *thig le*）：外在層次上被視爲色身的精要元素，細微層次上則用以指稱「究竟菩提心」，即心的自性。

松贊干布（Songtsen Gampo；藏文拼音爲 *srong btsan sgam po*）：藏地的第一位佛教徒國王，活躍於七世紀，據說是觀世音菩薩的化身。其後經過四任統治者就是赤松德贊（第八、九世紀）。

波羅蜜多（梵文 Paramita）：見 perfection。

波羅蜜多，六波羅蜜多或十波羅蜜多（perfections, six or ten：藏文拼音爲 *pha rol tu phyin pa*；梵文拼音爲 paramita）：代表大乘法道的基本修行。六波羅蜜分別是布施、持戒、忍辱、精進、禪定、智慧。十波羅蜜包含剛提到的六波羅蜜，不過最後的智慧波羅蜜被分成方便善巧（藏文拼音爲 *thabs*）、力（藏文拼音爲 *stobs*）、願（藏文拼音爲 *smon lam*）、本初智慧（藏文拼音爲 *ye shes*）。它們被稱爲出世的（transcendent），因爲和智慧一起就能夠帶領行者超越輪迴。

法（梵文 Dharma；藏文拼音爲 *chos*）：即教法，佛陀或其他開悟者給予的教授，教示通往覺醒之道。有兩種層面：(1)傳授之法，亦即經典與開示；(2)了悟之法，這來自精神修持的功德。中譯註：「法」，梵文音譯爲「達摩」，有多種意義，例如也可泛指一切現象（諸法）。

法性（梵文 Dharmata；藏文拼音爲 *chos nyid*）：現象的究竟自性。

法界（梵文 Dharmadhatu；藏文拼音爲 *chos dbyings*）：究竟實相的廣空，亦即空性。

空行母（梵文 dakini；藏文拼音爲 *mkha' 'gro*）：發音以第一個音節爲重音：dàkini（札基妮），是智慧的女性人格化。區分成已經完全證悟的「智慧空行母」和雖然尚未完全證悟，但卻擁有精神力量的「世間空行母」。在藏地，空行母亦被用來尊稱高度證悟的瑜伽女。

近、修（approach and accomplishment：藏文拼音爲 *bsnyen sgrub*）：修行續部生起次第的漸進次第，

瑜伽士在此過程中逐漸運用觀想和持咒而將自身視爲本尊。

金剛（梵文 vajra；藏文拼音爲 *rdo rje*）：金剛杵兵器，象徵不可摧毀和慈悲。金剛杵也是一種小型法器，在續法儀式中與鈴一起使用。

金剛手（梵文 Vajrapani；藏文拼音爲 *phyag na rdo rje*）：體現一切諸佛心意的菩薩。

金剛亥母（梵文 Vajravarahi；藏文拼音爲 *rdo rje phag mo*）：女性本尊，通常被描繪成有一豬首從頭頂伸出。金剛亥母是普賢佛母的報身。

金剛身（diamiond Body, vajra Body）：請參閱「三身」「虹身」的說明。

金剛持（梵文 Vajradhara；藏文拼音爲 *rdo rje ’chang*）：佛的報身相，代表五佛部的結合。亦被用於對喇嘛——精神上師的尊稱。

金剛乘（梵文 Vajrayana；藏文拼音爲 *rdo rje theg pa*）：基於續部的教法和修行主體，續是教導心之本初清淨的經典。金剛乘是果乘，相對於因乘的聲聞乘和菩薩乘。金剛乘與密乘是同義詞。

金剛座（Diamond Throne, Vajra Seat；藏文拼音爲 *rdo rje gdan*；梵文拼音爲 Vajrasana）：指印度的菩提迦耶，釋迦牟尼佛在菩提樹下開悟成佛之地。

金剛座（梵文 Vajrasana）：見 Diamond Throne。

金剛眷屬、金剛昆仲（vajra kindred；藏文拼音爲 *rdo rje mched grogs*）：經由續法三昧耶而連結在一起的修行者。

金剛喻定（vajra concentration）：請參閱「三禪定」的說明。

金剛童子（梵文 Vajrakumara）：請參閱「金剛橛」的說明。

金剛跏趺坐（vajra posture；藏文拼音爲 *rdo rje dkyil krung*）：一種坐姿，雙腿盤起，雙足置於大腿上，如此使得身體處於一種平衡的狀態，特別有利於禪修。

金剛瑜伽母（梵文 Vajrayogini；藏文拼音爲 *rdo rje rnal 'byor ma*）：佛的女性報身身相。

金剛橛（梵文 Vajrakila, Vajrakilaya；藏文拼音爲 *rdo rje phur ba*）：寧瑪派的主要本尊。金剛橛（或稱普巴金剛）是金剛薩埵的忿怒化身。

金剛薩埵（梵文 Vajr asattva；藏文拼音爲 *rdo rje sems dpa'*）：字面意義是「不可摧毀者」。金剛部的佛，相應於大圓鏡智，是「識蘊」和「瞋」的清淨本性，相連於證悟事業中「息災」的事業。

阿努瑜伽（梵文 Anuyoga）：在寧瑪派的九乘架構中，屬第二內續。阿努瑜伽強調的是續部修行的圓滿次第，以體證空性和禪修身體的氣、脈、明點爲特徵。

《阿毘達摩》《論藏》（梵文 Abhidharma；藏文拼音爲 *mngon pa*）：是《三藏》的第三部分。《阿毘達摩》是佛教有關形而上學的教導集成。

阿底、阿底瑜伽（梵文 Ati 或 Atiyoga）：內續的最後和最高的部分，是寧瑪派九乘分類體系的頂點。

請參閱「大圓滿」的說明。

阿修羅（梵文 asura；藏文拼音爲 *lha min*）：非天，輪迴六道眾生的一種。

阿彌陀佛（梵文 Amitabha；藏文拼音爲 *'od dpag* 或 *snang ba mtha' yas*；或稱無量光佛）：蓮花部之佛，相應於大圓鏡智，是「想蘊」和「貪」的清淨本質，並且與「懷愛」的證悟事業相關。參見「五佛部」的解釋。

阿擦惹（atsara）：藏文對於梵文 Acharya（阿闍梨，教師之意）的變形，後來在藏文中延伸成指稱所有印度人的字眼。

阿羅漢（梵文 Arhat；藏文拼音爲 *dgra bcom pa*）：字面意義爲「殺敵」，指的是已征服煩惱之敵因而確定從輪迴痛苦中獲得解脫者。阿羅漢果位是基礎乘——聲聞乘（Shravakayana）教法的修行目標。

青埔（Chimpu；藏文拼音爲 *mchims phu*）：桑耶寺上方的山坡，也是許多閉關巖洞的所在處。

【九劃】

勇父（梵文 daka；藏文拼音爲 *dpa'bo*）：有時候英譯爲 hero（英雄）。在續部裡，勇父等同於佛或菩薩。

南日・贊布（Namri Tsenpo；藏文拼音爲 *gnam ru btsan po*）：藏地之王，松贊干布王的父親。中譯註：亦號朗日松贊、南日松贊。

南開・寧波（Namkhai Nyingpo：藏文拼音爲 *nam mkha'i snying po*）：蓮師最主要的弟子之一，是出自努氏的大譯師、僧侶和成就者，主要駐錫地是洛札・卡秋。

奏（dzo；藏文拼音爲 *mdzo*）：犛牛和母牛的混種牛。

帝釋天（梵文 Indra；藏文拼音爲 *brgya byin*）：欲界天道三十三天的統治神祇。

度母（梵文 Tara；藏文拼音爲 *sgrol ma*）：根據教法的不同層級，是女性報身或是菩薩，是大悲的化身，寂靜和忿怒相都有。最爲人所知和最常被修行的是綠度母與白度母。第一章所提到的「七眼度母」指的是白度母，向來被描繪成前額有第三隻眼，手掌腳掌也都有眼，象徵祂遍觀一切的慈悲。

律（梵文 Vinaya；藏文拼音爲 *'dul ba*）：佛教中闡述倫理道德的教導，特別是關於寺院紀律的規定。

持明（梵文 Vidyadhara；藏文拼音爲 *rig 'dzin*）：字面意義是「知識／智慧持有者」，是具有高度精神證量者。根據寧瑪派，有四種果位的持明，相應於經乘十個次第的了悟以及佛果。四持明位分別是：(1)異熟持明；(2)長壽持明；(3)大手印持明；(4)任運持明。

施身法、斷境修（chö；藏文拼音爲 *gcod*）：字面意義是「切斷」。一種基於《般若波羅密多經》教法的瑜伽修行，由印度大師帕當巴・桑傑帶到藏地，其後由瑜伽女瑪姬・拉准所弘揚。這種修行目的在於切斷一切對自我的執著。

洲（continent；藏文拼音爲 *gling*）：在本文中指的不是當代地理上的某個區域，而是環繞須彌山的區域。在佛教宇宙觀中，須彌山是一個宇宙體系的中軸。

苯（Bön）：藏地的古老原始宗教，存在於西元八世紀佛教引入藏地時，並且存續至今。在此書的翻譯中，Bön指的可能是苯教，也可能是追隨苯教者，雖然後者有時被稱爲苯波（Bönpo）。佛教和苯教的關係非常複雜。苯教一般區分爲白苯和黑苯，相應於故事中的內苯和覺苯。內苯存續至今日，被達賴喇嘛視爲第五個宗教派別；內苯有許多與佛法共通的教法，並且和佛教非常接近。

虹身（rainbow body；藏文拼音爲 *'ja lus*）：依據寧瑪派的大圓滿修行，虹身等同於成佛的金剛身（rdo rje sku）。有三種虹身：虹光身（藏文拼音爲 *'ja lus*），光蘊身（藏文拼音爲 *'od sku*），大遷轉虹身（藏文拼音爲 *'ja lus 'pho ba chen po*）。第一種是得自修行「立斷」法：修此法有成者，死亡時身體會放出虹光並且非常明顯地縮小；若遺體不受干擾，約一週後會完全消失，只剩下毛髮、手腳指甲。經常有獲得此種成就的瑜伽士，直到今天仍確實有這樣的例子。光蘊身是經由修行大圓滿的「頓超」法而成就：死亡時，身體直接化光消失，不留任何遺物。至於大遷轉虹身，則是修行有成者將肉身轉化爲虹光形成的不毀身形，能繼續生活數百年，只要有利眾生，就仍然能被見得，直到此顯現再無意義後，修行者就會將自己的身體融入光身，其後消融至本初淨基（Primordial Ground）中。

食人妖、羅刹（cannibals）：見「羅刹」的說明。

食子（torma；藏文拼音爲 *gtor ma*）：音譯爲「朵瑪」，「朵」是根除對希望和恐懼的二元執取，

「瑪」是與諸法現象的究竟自性結合。食子是一種用於法會、儀式的物品，有各種形狀，用不同的東西做成。視情況而定，食子可被視爲一種供養，或者是本尊的象徵性代表，或者是給予加持之物，或者是驅逐障礙的武器。

乘，六乘和九乘（vehicle, six and nine；藏文拼音爲 *theg pa*）：根據寧瑪派的教導，佛的教法分爲九個部分或說是九乘，即經教的三乘：聲聞乘、緣覺乘、菩薩乘；續部的三外乘：事、行、瑜伽；以及續部的三內乘：瑪哈、阿努、阿底。六乘指的是三種經乘和三種外密乘。

【十劃】

拿雅（藏文 *Ngayab*；梵文拼音爲 Chamara）：依據佛教的宇宙觀（參見「須彌山」的說明），是贍部洲（我們這個世界）西南方的一個中洲。蓮師的佛土就位於此洲。中譯註：一般漢譯依梵文之音恰瑪拉而作「遮末羅洲」，或意譯爲「貓牛洲」。

桑耶（Samye；藏文拼音爲 *bsam yas*）：字面意義是「超越想像」。赤松德贊王所建的寺廟，位於中藏哈布日山附近的雅魯藏布江旁。中譯註：藏地最早的寺廟，文革時被毀後，由頂果欽哲法王重建並開光。

氣、風息（energies, wind-energies；藏文拼音爲 *rlung*）：在體內細微脈中循環的細微能量，作爲支持心的明點的傳達工具。

涅槃（梵文 nirvana；藏文拼音爲 *myang 'das*）：字義是超越痛苦之地。此詞意指不同果位的證悟，聲聞乘和大乘的教導皆有所闡述。

班智達（梵文 pandita）：通曉五明的學者。請參閱「五明」的說明。

眞實意，清淨嘿魯嘎（梵文 Vishuddha；藏文拼音爲 *yang dag*）：金剛部的嘿魯嘎，代表心，是瑪哈瑜伽續的一位主要本尊。

神足、迅走（fleet-foot；藏文拼音爲 *rkang mgyigs*）：世間成就的一種，指能夠極端飛快且毫不費力而能到遠處的瑜伽能力。

神通（clairvoyance；藏文拼音爲 *mngos shes*）：有六種神通，或說是六種超自然的知識。例如，知道自己或他人的過去生（宿命通）。第六種是漏盡通，只有佛才享有。

祕境（hidden land；藏文拼音爲 *sbas yul*）：基本上有兩種祕境：實存地表的，以及存在非此世間向度的地方，然而特定的某些人卻得以進入彼處。嚴格而言，藏文中的 *sbas yul*（或 *béyul*）指的只是第一種，而第二種通常稱爲卡雀土（*Khachö*；藏文拼音爲 *mkha' spyod*）。*Béyul* 是經過蓮師或其他具有極大證量者特別加持和封印的地區、祕密山谷等地，作爲在未來佛法衰敗時保護法教的處所。除了具有特別因緣或是運氣極好者以外，其他人無法進入或甚至見到這些地方。

脈、氣、明點（channels, energies, and essece-drops）：細微脈（梵文 nadi；藏文拼音爲 *rtsa*）、風息（梵文 prana；藏文拼音爲 *rlung*）及身體的精華（梵文 bindu；藏文拼音爲 *thig le*），無上瑜伽的修行對這三者進行巧妙的操弄，並且獲得對於它們的掌控。

脈輪（梵文 chakra；藏文拼音爲 *'khor lo*）：位於身體中脈的細微風息（氣）中心。

般若波羅蜜多，般若智慧（梵文 Prajñāparamita；藏文拼音爲 *shes rab kyi pha rol tu phyin pa*）：出世智慧，對於空性的直接了悟，因此是一切諸佛之母。也被稱爲超越的智慧。

馬頭明王（梵文 Hayagriva；藏文拼音爲 *rta mgrin*）：蓮花部的忿怒本尊。

【十一劃】

乾闥婆、樂神（梵文 gandharva；藏文拼音爲 *dri za*）：天龍八部之一，據說是以香氣爲食，以貌美著稱，與音樂相關。

偉大之母（Great Mother；藏文拼音爲 *yum chen mo*）：即般若智慧、出世智慧、對於空性的直接了悟。如此稱呼是因爲此了悟是佛果的根源，即佛果之「母」。

健行定（concentration of heroic fearlessness）：請參閱「三禪定」的說明。

曼達，壇城（梵文 mandala；藏文拼音爲 *dkyil 'khor*）：這個字有多層的意義。最基本的理解是作爲一種結構，空間上的一種概念性單位。例如，本尊壇城是指以一智慧本尊爲中心的神聖區域。曼達也可以被理解是供養的擺設，是累積功德的一種很有威力的方法。可以有不同的形式，開始是供養令人想要的物品，包括自己的身體，一直衍伸到象徵性的供養，像是整個宇宙，甚至三身。此詞也用作敬語，例如說上師之身的壇城。

曼達拉娃（Mandarava）：一位印度公主，是沙霍王的女兒。曼達拉娃成爲蓮師的弟子和明妃後，她的父親極爲震怒，下令燒死他們兩人。當他們在燃燒的柴堆上時，蓮師施展神通將火堆變成一片蓮花湖（現在名爲措貝瑪，位於印度的雷瓦沙），這使得國王對於蓮花生大士的大智慧和力量感到信服而請求蓮師傳法，並且允許女兒擁有去追尋命定的精神修行的自由。曼達拉娃作爲蓮師的明妃，和蓮師一起前往瑪拉帝卡巖洞（Maratika，位於今尼泊爾境內），他們在瑪拉帝卡證得了無死持明位。曼達拉娃留在印度，但曾數次造訪藏地。

寂護（Shantarakshita）：傳統上也被稱作堪布菩提薩埵、菩薩方丈。大乘佛教的印度大師，那爛陀寺的方丈，受赤松德贊王所邀而至藏地。

密乘（Secret Mantra, Secret Mantrayana：藏文拼音爲 *gsang sngags*）：請參閱「金剛乘」的說明。

悉地（梵文 siddhi：藏文拼音爲 *dngos grub*）：請參閱「成就」的說明。

梵天（梵文 Brahma）：印度神祇，在佛教體系中屬於色界。

梵音（Voice of Brahma；藏文拼音爲 *tshangs pa'i dbyangs kyi yan lag drug bcu*）：妙語的六十功德，在經續二部中皆有不同的記述。

欲界（world of desire；藏文拼音爲 *'dod khams*）：指輪迴六道的一個概括性的詞，其中包括：地獄道、餓鬼道、畜生道、人道、阿修羅道，以及天道的前六天。

淨土（pure field, pure land；藏文拼音爲 *dag pa'i zhing*）：請參閱「佛土」的說明。

頂髻（梵文 ushnisha；藏文拼音爲 *gtsug tor*）：頭頂的突起，是成佛的一個記號（相好），在所有傳統佛像中都能或多或少地見到寫實或寫意的頂髻。

【十二劃】

勝妙、極樂（Felicity, Great）：請參閱「大樂」的說明。

喇嘛（lama；藏文拼音爲 *bla ma*；梵文拼音爲 Guru）：精神導師，是藏文 *bla na med pa* 的簡稱，意爲「至高無上者」。這個稱謂有時候泛指佛教僧侶，或甚至任何自稱爲教師者。傳統上這個頭銜僅限於具有廣博知識和高度證量的大師。

報身（梵文 Sambhogakaya）：請參閱「三身」的說明。

普巴，橛（phurba；藏文拼音爲 *phur ba*）：一種形如匕首、釘的法器。也是本尊金剛橛

（Vajrakila）、金剛童子（Vajrakumara）的藏文名稱。

普賢王如來（梵文 Samantabhadra；藏文拼音為 *kun tu bzang po*）：全然開悟的心，純淨、不變、遍在、無礙的。以一尊佛的身相來代表，此佛身赤裸，色為無量空之深藍色。普賢王如來是寧瑪派續部教法傳授的來源。

普賢王如來（藏文 *Kuntuzangpo*）：見梵文 Samantabhadra。

普賢佛母（梵文 Samantabhadri；藏文拼音為 *kun tu bzang po*）：普賢王如來的佛母，空性的象徵。

智慧，本初智慧（Wisdom, primal；藏文拼音為 *ye shes*）：清淨的本覺，從無始以來就在眾生的心中任運自顯。

無垢友（Vimalamitra；藏文拼音為 *dri med bshes gnyen*）：印度佛教最偉大的大師和班智達之一，將大圓滿法教帶至藏地。

無量光（Light Unbounded）：參見「阿彌陀佛」的說明。

無量壽佛（梵文 Amitayus；藏文拼音為 *tseh dpag med*）：阿彌陀佛的一個面向，常以報身相顯現。觀修無量壽佛可得長壽。

無間地獄（Torment Unsurpassed；藏文拼音為 *mnar med*；梵文拼音為 Avici）：熱地獄的最低處，依據佛教所言，此地獄的特徵是最為強烈和持久的痛苦。中譯註：即阿鼻地獄（梵文拼音為 Avici

Niraja），阿鼻是梵文的音譯，表示「受苦無間斷」的意思，是最底層的地獄。

無間罪（sins of immediate perdition；藏文拼音爲 *mtshams med lnga*）：五種惡行，惡業重大造成死後立即墮入惡道，包括弒母、弒父、殺阿羅漢、惡意出佛血、造成僧團分裂（破和合僧）。只要犯下此行者，據說死後立即往生地獄的無間道，甚至不需要經過中陰的階段。

無謬記憶（unfailing memory；藏文拼音爲 *gzungs*）：藉由了悟空性而奠下基礎，之後在「見道」及「見道」以上進一步發展。無謬記憶是最高證量的一個特質。一般可分爲八種不同力量（在本文中說是七種），例如可以滔滔不絕地解釋或是教授一個字詞。

善巧方便與智慧（skillful means and wisdom）：大乘佛教很重要的一對，指的是空性的智慧（藏文拼音爲 *shes rab*）和諸法現象的空分（面向），以及慈悲的善巧方便（藏文拼音爲 *thabs*）和諸法現象的顯分（面向）。善巧方便和智慧是不可分離的。

善逝（梵文 Sugata；藏文拼音爲 *bde bar gshegs pa*）：字面意義是「已經往至大樂者」，是佛的稱號。

菩提心（梵文 bodhichitta；藏文拼音爲 *byang chub kyi sems*）：世俗諦上，指的是爲利一切眾生而發願成佛的願心，以及所需的修行；勝義諦上，指的是無二的智慧、心的究竟自性與諸法實相。在某些續法場合，亦指作爲心的所依物之身體精華物質。

菩薩（梵文 Bodhisattva；藏文拼音爲 *byang chub sems dpa'*）：爲了利益一切眾生，出於慈悲而致力於獲得圓滿證悟佛果者。菩薩可以是「凡夫的」或是「聖者的」（有時分別稱為世間的或出世間的），端賴是否證得大乘修道的見道並且住於菩薩十地的其一。

象雄（Zhang Zhung）：藏地西部的地區，是苯教的發源地。

須彌山（Mount Meru；藏文拼音為 *ri rab*；梵文 Sumeru）：根據古印度的宇宙觀，須彌山是群山之王，也是世界的中軸。須彌山四周環繞著四大洲和八中洲，如此形成一個宇宙。宇宙的數目無量無邊，但是所有宇宙都具有同樣的配置。

須彌山（梵文 Sumeru）：見 **Mount Meru**。

門（Mön）：大致相當於今日不丹的喜馬拉雅地區，不過尚包括連接藏地的某些地區。

【十三劃】

嗟吙，嗟瑪（Kyeho, Kyema）：藏地的詩和其他形式的勸言往往以驚歎詞語開頭，指出要講的內容和主要語氣。例如，「嗳瑪吙」表達讚歎，「吙」表示勇氣和決心，而「嗟瑪」「嗟呼」則表示悲痛。

業（梵文 karma；藏文拼音為 *las*）：行為，因與果的心物原則。根據因果業緣，一切現象都起自於先前的行為。造成快樂的業行被定義為善的，帶來痛苦的業行被定義為惡的。

業手印（梵文 **Karmamudra**；藏文拼音為 *las kyi phyag rgya*）：在這裡是指修行善巧法門的伴侶（參

見「灌頂」說明中「第三灌」的部分）。業手印是樂空智慧的來源。

獅子吼上師（Guru Senge Dradok）：是蓮師八種化現（蓮師八變）之一。

瑜伽續（梵文 Yogatantra；藏文拼音爲 *rnal 'byor rgyud*）：三外續的第三部，強調禪修和心的重要性以圖了悟空性，然而卻並不因此就忽略身和語的外部紀律。

經（梵文 sutra；藏文拼音爲 *mdo*）：佛教經典，對於佛陀教導的書錄，分爲大乘的和小乘或聲聞乘的佛經。

聖地（Sacred Lands and Places）：勇父和空行母所居住的二十四國、三十二處、八大屍陀林。它們具有身心方面的意義，與細微身的特定點相連。

聖者（梵文 arya；藏文拼音爲 *'phags pa*）：字面意義爲「高貴者」，指的是已經轉化輪迴存有者。有四種果位：阿羅漢、緣覺佛（辟支佛、獨覺佛）、菩薩、佛陀。

道（path；藏文拼音爲 *lam*）：大乘和小乘都將達致證悟的階段分爲五道，或可說是五等級的證量，雖然兩乘的分法不同。五道向上依序名爲：資糧道、加行道、見道、修道、無學道。大乘中，資糧道和加行道的菩薩被稱爲「凡夫」或「世間的」，因爲此時的修行尚未能使自己脫離輪迴。大乘的見道和修道（得以直接體驗空性）的菩薩被稱爲「高貴者」「優越者」，也就是「聖者」。亦可參閱「地」的說明。

鄔金（Orgyen）：也稱作鄔迪亞納，是古印度西北方的國家，被認爲是現在喀什米爾的斯瓦特河谷（Swat Vally）。上師蓮花生大士即出生於此處。

鄔金・桑巴（Orgyen Sambha）：蓮花生大士的名號之一。

鄔迪亞納（Oddiyana）：請參閱「鄔金」的說明。

【十四劃】

僧伽（梵文 Sangha；藏文拼音爲 *dge 'dun*）：所有佛法修行者的社群，從一般人到證得「見道」以上的聖者都包括在內。

寧瑪（Nyingma；藏文拼音爲 *rnying ma*）：舊派。是藏傳佛教的一個宗派，也是起源的根本派。如此稱呼是爲了與日後成立的其他宗派有所區別。

寧體（Nyingtik；藏文拼音爲 *snying thig*）：大圓滿口訣部的最密教導。

瑪尼（Mani）：請參閱「六字大明咒」的說明。

瑪姆（Mamo；藏文拼音爲 *ma mo*）：空行母，通常是忿怒相的；一種食人的女魔。

瑪哈瑜伽（梵文 Mahayoga）：寧瑪派九乘次第中，三內續的第一部，主要強調生起次第的修行。

誓言繫縛（oath-bound）：請參閱「護法」的說明。

銅色山（Copper-colored Mountain：藏文拼音爲 *zangs mdog dpal ri*）：蓮花生大士在拿雅的佛土。請參閱「拿雅」的說明。

【十五劃】

嘿魯嘎（梵文 *heruka*）：通常泛指男性本尊或禪修本尊（一般而言是忿怒或半忿怒的）。無論身相爲何，嘿魯嘎代表心的究竟自性。

蓮花生（Padmasambhava；藏文拼音爲 *pad ma 'byung gnas*）：字面意義是「生自蓮花」。印度的咒乘大師，據說是神奇誕生於鄔金國的蓮花中。釋迦牟尼佛曾在數部經、續中預言他的出現。他在九世紀應赤松德贊王之邀，鎮伏妨礙佛法在藏地傳播的力量，並且將金剛乘引入藏地，進而發展。他的名號在本文中所提到的包括有蓮師、珍寶上師、大寶上師、忿怒蓮師、鄔金上師或鄔金尊主、鄔金怙主、鄔金大師、鄔金．桑巴、獅子吼上師、怖畏金剛上師、蓮花顱鬘力等。他的詳細生平故事，請參閱伊喜．措嘉所著的《蓮師傳：蓮花生大士的生平故事》。

蓮花光（Lotus Light；藏文拼音爲 *pad ma 'od*）：蓮師宮殿的名字，在淨土拿雅的吉祥銅色山中。

蓮花戒（Kamalashila）：寂護大師的主要弟子之一。蓮花戒傳續了上師對中觀和唯識的融合。

蓮花顱鬘力（Padma Thödrengtsel；藏文拼音爲 *pad ma thod 'phreng rtsal*）：字面意義是「具有骷顱

鬘鍊的大威力蓮花」，是蓮花生大士的名號之一。

輪迴（梵文 samsara；藏文拼音為 *'khor ba*）：存有的流轉之輪；未開悟的狀態，受貪、瞋、癡三毒所奴役的心，無可控制地從此狀態移動到彼狀態，經歷無盡的身心經驗之流續，而這一切體驗的特質就是痛苦。請參閱「欲界」「輪迴六道」的說明。

輪迴六道（six realms of samsara；藏文拼音為 *rigs drug*）：傳統上將輪迴眾生的經驗大致分成六類，稱為「道」或「界」，是之前行為或業行的結果。雖然在這些界中所受的痛苦程度有所差別，但全都是不如人意的。三上道或三善道是指世間神祇的天道、阿修羅（非天）道、人道；在這三道中，暫時的歡愉能減輕痛苦，或是樂多苦少的狀態。三惡道中，痛苦遠多於所有其他的體驗。三惡道是畜生道、餓鬼道、地獄道。

餓鬼（梵文 pretas；藏文拼音為 *dvags*）：饑餓的鬼靈，受到缺乏食物的折磨。餓鬼構成輪迴六道其中一道的眾生。

【十六劃】

噯瑪吙（Emaho）：請參閱「嗟吙」的說明。

霍爾巴（Horpa）：中亞的一個民族，很可能是維吾爾人，土庫曼族的游牧部落。中譯註：霍爾巴一般泛指北方各游牧民族，包括匈奴、東胡、鮮卑在內的北方胡系游牧民族，藏文史籍中亦曾用來指回鶻、蒙古等。例如，蒙古僧人固始葛居巴・羅桑澤培所撰寫的《蒙古佛教史》，原本全名爲：「大霍爾地區正法如何興起情況講說闡明佛教之明燈」，即是用霍爾來指稱蒙古。

龍（梵文 naga；藏文拼音爲 *klu*）：佛教和印度教世界觀中常見的一種生物，具有魔法力量和很大的威力。龍族一般和蛇聯想在一起，據說是住在地底的水大元素或地區中。

【十七劃】

優婆提舍（梵文 Upadesha；藏文拼音爲 *man ngag*）：續部修行的精要指示。

優曇婆羅花，優曇缽羅花（梵文 udumbara）：傳說中的一種蓮花，極大且罕見。據說一劫中只開花一次。中譯註：據佛經記載，優曇婆羅花是一種特殊的花，釋迦牟尼當年預言此花三千年後開放，花開之日即是轉輪聖王在世間出現之時。

彌勒（梵文 Maitreya；藏文拼音爲 *byams pa*）：字義是「慈愛者」（慈氏）。現在住於兜率天的菩薩，將會是此劫的第五佛。

聲聞（hearer；藏文拼音爲 *nyan thos*）：見梵文 Shravaka。

聲聞（梵文 Shravaka；藏文拼音爲 *nyan thos*）：聽聞佛陀教法，其後教授他人，並且修行佛教者。聲聞的特點是以阿羅漢果位爲目標，也就是尋求個人從輪迴獨自解脫，而非爲了一切眾生去追尋圓滿證悟成佛。聲聞是小乘或根本乘的修行者，因此小乘亦稱聲聞乘。

薄伽（梵文 bhaga；英文 Womb）：即子宮。衍伸意指法界、空性。

薈供（梵文 ganachakra；藏文拼音爲 *tshogs*）：宴供或是聖餐之意，是佛教續部的一種供養儀式。在儀式中，食物和飲料被加持成爲智慧甘露，供養給本尊以及自身壇城中的本尊。

【十八劃】

聶赤贊普（Nyatri Tsenpo）：根據佛教說法，是藏地的第一個國王。印度人後裔，藏地的第一個石堡「雍布拉康」即是由其所建。

羅刹（orcs, orges, cannibals；藏文拼音爲 *srin po*；梵文拼音爲 rakshasa）：在印度教和佛教世界觀中的一種非人有情，很危險而且食人。

【十九劃】

藥叉（梵文 Rakshasa；藏文 *srin po*）：見「羅刹」的說明。

贊（tsen；藏文拼音爲 *btsan*）：一種有力的忿怒靈體。

【二十劃】

寶生（梵文 Ratnasambhava；藏文拼音爲 *rin chen 'byung gnas*）：字面意義是「珠寶的來源」。是寶部的佛，相應於平等性智，即「受蘊」和「我慢」的清淨自性，與「增益」的證悟事業相連。

覺、明覺、本覺、覺性（awareness；藏文拼音爲 *rig pa*）：心的本初狀態，明淨、覺醒，遠離執取，是空性與明性的雙運。

釋迦牟尼（Shakyamuni）：喬達摩，我們這個時代在歷史上曾出現的佛，是佛教的創立者。

灌頂（empowerment；藏文拼音爲 *dbang*）：此文中的 empowerment（授權）和 initiation（開許）作爲同義詞而使用。這兩者中，initiation 雖然在許多方面不盡如意，但優點是能指出作爲進入續部修行的入門之意。另一方面，empowerment 與藏文的字義較爲相近，指的是智慧力的轉移，從上師傳到弟子，授權和幫助弟子從事修行以及獲得成果。一般而言，有四種層級的續法灌頂。第一種是寶瓶灌，能淨化身的垢染和障礙，授予「金剛身」的加持，允許弟子修生起次第瑜伽，使弟子得證化身。第二種是祕密灌，能淨化語的垢染和障礙，授予「金剛語」的加持，允許弟子修圓滿次第關於自身氣脈明點的瑜伽，使弟子得證報身。第三種是智慧灌，能淨化意的垢染和障礙，授予「金剛意」的加持，授權修「使者道」（方便道；Skilled Path）的瑜伽，使弟子得證法身。最後一種灌頂通常簡稱作「第四灌」，即文字灌，能淨化身、語、意的垢染和所有業障與所知障，授予「本初智慧」的加持，授權弟子修大圓滿，獲得證體性身的可能。

這是個極端複雜的主題，以上只是簡化的說明。値得一提的是，這些灌頂只有在弟子眞正覺受上師傳來的精神力時才眞正發生，此弟子因而受到完全的轉化。若沒有達到這點，嚴格而言，灌頂並未眞正發生，這也是大多數人的情況。在絕大多數的例子中，就只是象徵性的灌頂儀式，亦即所謂的神聖加持。不過，這些加持也非常重要，事實上是不可或缺的，因爲含有能夠進行修行的授權，以及建立吉祥緣起，使弟子做好對於眞正灌頂發生時的準備。無庸說明，在蓮師和伊喜・措嘉的例子中，他們是眞正地傳授和領受灌頂。

【二十一劃】

續（梵文 tantra；藏文拼音爲 *rgyud*）：具有數層次含義的詞。這裡主要是指金剛乘佛教的祕密典籍，闡明心的本自清淨。

護法（梵文 dharmapala；藏文拼音爲 *chos skyong*）：教法的守護者。通常非人類，有時是佛、菩薩的化現，有時是當地的神鬼因受修行大師的降伏而被誓言繫縛成爲護法。一般認爲，在藏地對於佛法的保存方面，利用他們的力量來服侍法教扮演了決定性的角色，從一開始佛法的傳入到現在都是如此。例如，護法以神諭的方式至今仍對藏人的生活發揮直接的影響力，像是涅瓊神諭。

魔（demon；藏文拼音爲 bdud；中譯註：梵文 mara，音譯爲魔羅）：非做明顯比喻時，這個辭彙或指鬼靈，或指象徵性的修道障礙。「蘊魔（五陰魔）」指的是五蘊（色、受、想、行、識），如同佛教教導中所言，是造成「我」、個人自我想法的基礎，這構成了造成輪迴痛苦的根本原因。「煩惱魔（染污魔）」指的是受到染污的情緒，像是貪執、瞋恨、愚癡、驕傲、嫉妒等，會造成痛苦。「死魔」指的不只是實際的死亡，亦指一切現象諸法的短暫無常，是痛苦的本質。「天子魔（天魔）」指的是心理上的放逸，以及執取諸法爲眞實存在的想法。

【二十五劃】

觀、慧觀（梵文 vipashyana；藏文拼音爲 *lhag mthong*）：對現象之究竟自性的覺知。

觀世音菩薩（梵文 Avalokiteshvara；藏文拼音爲 *spyan ras gzigs*）：「能見一切之怙主」，是涵攝一切諸佛慈悲的菩薩之名號。音譯「阿縛盧極低濕伐羅」，有時也稱「阿縛盧奇塔」（Avalokita，「觀」之意），是阿彌陀佛的報身化現。

顱器（梵文 kapala；藏文拼音爲 *thod phor*）：用人的上部顱骨（天靈蓋）所製的杯或碗類容器。續法儀式使用顱器，象徵不執著於自我以及不存在自我。

橡樹林文化 ❖❖ 善知識系列 ❖❖ 書目

JB0001	狂喜之後	傑克・康菲爾德◎著	380 元
JB0002	抉擇未來	達賴喇嘛◎著	250 元
JB0003	佛性的遊戲	舒亞・達斯喇嘛◎著	300 元
JB0004	東方大日	邱陽・創巴仁波切◎著	300 元
JB0005	幸福的修煉	達賴喇嘛◎著	230 元
JB0006	與生命相約	一行禪師◎著	240 元
JB0007	森林中的法語	阿姜查◎著	320 元
JB0008	重讀釋迦牟尼	陳兵◎著	320 元
JB0009	你可以不生氣	一行禪師◎著	230 元
JB0010	禪修地圖	達賴喇嘛◎著	280 元
JB0011	你可以不怕死	一行禪師◎著	250 元
JB0012	平靜的第一堂課——觀呼吸	德寶法師 ◎著	260 元
JB0013	正念的奇蹟	一行禪師◎著	220 元
JB0014	觀照的奇蹟	一行禪師◎著	220 元
JB0015	阿姜查的禪修世界——戒	阿姜查◎著	220 元
JB0016	阿姜查的禪修世界——定	阿姜查◎著	250 元
JB0017	阿姜查的禪修世界——慧	阿姜查◎著	230 元
JB0018X	遠離四種執著	究給・企千仁波切◎著	280 元
JB0019	禪者的初心	鈴木俊隆◎著	220 元
JB0020X	心的導引	薩姜・米龐仁波切◎著	240 元
JB0021X	佛陀的聖弟子傳 1	向智長老◎著	240 元
JB0022	佛陀的聖弟子傳 2	向智長老◎著	200 元
JB0023	佛陀的聖弟子傳 3	向智長老◎著	200 元
JB0024	佛陀的聖弟子傳 4	向智長老◎著	260 元
JB0025	正念的四個練習	喜戒禪師◎著	260 元
JB0026	遇見藥師佛	堪千創古仁波切◎著	270 元
JB0027	見佛殺佛	一行禪師◎著	220 元
JB0028	無常	阿姜查◎著	220 元
JB0029	覺悟勇士	邱陽・創巴仁波切◎著	230 元
JB0030	正念之道	向智長老◎著	280 元

JB0031	師父——與阿姜查共處的歲月	保羅・布里特◎著	260 元
JB0032	統御你的世界	薩姜・米龐仁波切◎著	240 元
JB0033	親近釋迦牟尼佛	髻智比丘◎著	430 元
JB0034	藏傳佛教的第一堂課	卡盧仁波切◎著	300 元
JB0035	拙火之樂	圖敦・耶喜喇嘛◎著	280 元
JB0036	心與科學的交會	亞瑟・札炯克◎著	330 元
JB0037	你可以，愛	一行禪師◎著	220 元
JB0038	專注力	B・艾倫・華勒士◎著	250 元
JB0039	輪迴的故事	慈誠羅珠堪布◎著	270 元
JB0040	成佛的藍圖	堪千創古仁波切◎著	270 元
JB0041	事情並非總是如此	鈴木俊隆禪師◎著	240 元
JB0042	祈禱的力量	一行禪師◎著	250 元
JB0043	培養慈悲心	圖丹・卻准◎著	320 元
JB0044	當光亮照破黑暗	達賴喇嘛◎著	300 元
JB0045	覺照在當下	優婆夷　紀・那那蓉◎著	300 元
JB0046	大手印暨觀音儀軌修法	卡盧仁波切◎著	340 元
JB0047X	蔣貢康楚閉關手冊	蔣貢康楚羅卓泰耶◎著	260 元
JB0048	開始學習禪修	凱薩琳・麥唐諾◎著	300 元
JB0049	我可以這樣改變人生	堪布慈囊仁波切◎著	250 元
JB0050	不生氣的生活	W. 伐札梅諦◎著	250 元
JB0051	智慧明光：《心經》	堪布慈囊仁波切◎著	250 元
JB0052	一心走路	一行禪師◎著	280 元
JB0054	觀世音菩薩妙明教示	堪布慈囊仁波切◎著	350 元
JB0055	世界心精華寶	貝瑪仁增仁波切◎著	280 元
JB0056	到達心靈的彼岸	堪千・阿貝仁波切◎著	220 元
JB0057	慈心禪	慈濟瓦法師◎著	230 元
JB0058	慈悲與智見	達賴喇嘛◎著	320 元
JB0059	親愛的喇嘛梭巴	喇嘛梭巴仁波切◎著	320 元
JB0060	轉心	蔣康祖古仁波切◎著	260 元
JB0061	遇見上師之後	詹杜固仁波切◎著	320 元
JB0062	白話《菩提道次第廣論》	宗喀巴大師◎著	500 元
JB0063	離死之心	竹慶本樂仁波切◎著	400 元
JB0064	生命真正的力量	一行禪師◎著	280 元

JB0065	夢瑜伽與自然光的修習	南開諾布仁波切◎著	280 元
JB0066	實證佛教導論	呂真觀◎著	500 元
JB0067	最勇敢的女性菩薩——綠度母	堪布慈囊仁波切◎著	350 元
JB0068	建設淨土——《阿彌陀經》禪解	一行禪師◎著	240 元
JB0069	接觸大地——與佛陀的親密對話	一行禪師◎著	220 元
JB0070	安住於清淨自性中	達賴喇嘛◎著	480 元
JB0071/72	菩薩行的祕密【上下冊】	佛子希瓦拉◎著	799 元
JB0073	穿越六道輪迴之旅	德洛達娃多瑪◎著	280 元
JB0074	突破修道上的唯物	邱陽・創巴仁波切◎著	320 元
JB0075	生死的幻覺	白瑪格桑仁波切◎著	380 元
JB0076	如何修觀音	堪布慈囊仁波切◎著	260 元
JB0077	死亡的藝術	波卡仁波切◎著	250 元
JB0078	見之道	根松仁波切◎著	330 元

橡樹林文化 ❖❖ 成就者傳記系列 ❖❖ 書目

JS0001	惹瓊巴傳	堪千創古仁波切◎著	260 元
JS0002	曼達拉娃佛母傳	喇嘛卻南、桑傑・康卓◎英譯	350 元

橡樹林文化 ❖❖ 蓮師文集系列 ❖❖ 書目

JA0001	空行法教	伊喜・措嘉佛母輯錄付藏	260 元
JA0002	蓮師傳	伊喜・措嘉記錄撰寫	380 元
JA0003	蓮師心要建言	艾瑞克・貝瑪・昆桑◎藏譯英	350 元
JA0004	白蓮花	蔣貢米龐仁波切◎著	260 元

成就者傳記系列　JS0003

伊喜・措嘉佛母傳：修道上的追尋與成就

伏 藏 書 錄／嘉華・蔣秋、南開・寧波
取　　藏／塔香・桑天・林巴
中 譯 者／普賢法譯小組
審　　定／白玉・秋竹仁波切
編　　輯／劉昱伶
業　　務／顏宏紋

總 編 輯／張嘉芳
出　　版／橡樹林文化
城邦文化事業股份有限公司
台北市民生東路二段 141 號 5 樓
電話：(02)25007696　傳眞：(02)25001951
發　　行／英屬蓋曼群島家庭傳媒股份有限公司城邦分公司
台北市民生東路二段 141 號 5 樓
客服服務專線：(02)25007718；(02)25001911
24 小時傳眞專線：(02)25001990；(02)25001991
服務時間：週一至週五上午 09:30 ～ 12:00；下午 13:30 ～ 17:00
劃撥帳號：19863813；戶名：書虫股份有限公司
讀者服務信箱：service@readingclub.com.tw
城邦讀書花園網址：www.cite.com.tw
香港發行所／城邦（香港）出版集團有限公司
香港灣仔駱克道 193 號東超商業中心 1 樓
電話：(852)25086231　傳眞：(852)25789337
E-mail：hkcite@biznetvigator.com
馬新發行所／城邦（馬新）出版集團【Cité (M) Sdn. Bhd.(458372U)】
41, Jalan Radin Anum, Bandar Baru Sri Petaling,
57000 Kuala Lumpur, Malaysia.
電話：(603)90563833　傳眞：(603)90576622
email:services@cite.my

內頁版型／歐陽碧智
封面設計／耳東惠設計
印　　刷／韋懋實業有限公司

初版一刷／ 2011 年 11 月
初版九刷／ 2023 年 11 月
ISBN ／ 978-986-6409-27-1
定價／ 400 元

國家圖書館出版品預行編目資料

伊喜・措嘉佛母傳：修道上的追尋與成就 / 嘉華・蔣秋、南開・寧波◎伏藏書錄；伏藏師塔香・桑天・林巴◎取藏；普賢法譯小組中譯 . -- 初版 . -- 臺北市：橡樹林文化，城邦文化出版：家庭傳媒城邦分公司發行 , 2011.11
面；　公分 . --（成就者傳記系列；JS0003）
譯自：Lady of the Lotus-Born : The Life and Enlightenment of Yeshe Tsogyal
ISBN 978-986-6409-27-1（平裝）

1. 伊喜措嘉（Ye-ses-mtsho-rgyal, 8th century.）
2. 藏傳佛教　3. 佛教傳記

226.969　　100021155